La Navaja Bendita

por

Renán Jusino

La Navaja Bendita: Monólogo de un Barbero

Autor: Renán Jusino

Publicado por: Ancestral Dreams Publishing

www.blessedblade.net

(Copia de tapa blanda)   ISBN: 979-8-9881755-3-7

(Copia de tapa dura)   ISBN: 979-8-9866776-5-1

(Copia Digital)   ISBN: 979-8-9866776-3-7

Renán El Barbero

enán comenzó a cortar cabello cuando tenía 13 años de edad. A la joven edad de 18 años, se convirtió en un barbero licenciado. A tan temprana edad, ya había logrado dos licencias profesionales, una por barbería y la otra por cosmetología. Su especialidad siempre fueron los cortes de cabello clásico y probó la calidad de su trabajo participando en diversas competencias, en las que siempre obtuvo el primer o segundo lugar.

En su país natal, Puerto Rico, tuvo el honor de ser contactado por el director del prestigioso y primer instituto de barbería en la isla, Puerto Rico Barber College y Modern Hairstyling Institute. Antes de trasladarse a Miami, Florida, para practicar su arte, estuvo trabajando solamente en barberías exclusivas. Buscando constantemente lo mejor que la Florida tiene para ofrecer, Renán dio inicio a la barbería Blessed Blade para darte "la mejor experiencia de barbería clásica".

Dedicatoria

edico este libro a mi hermano Malcon, mis padres, mi familia, amigos cercanos y clientes que me apoyaron en tiempos difíciles. Comparto mis bendiciones con todas las personas que de alguna forma me inspiraron a escribir este libro. A mi amada isla, Puerto Rico.

La barbería y el estilismo constituyen una forma de arte. También viene a ser una destreza, un deporte, y un servicio que aprendí a ofrecer con exquisita paciencia, confianza, entendimiento, práctica constante y pasión. En ello pongo todo el amor para hacer mi trabajo lo mejor posible.

Renán

Capítulos

espués de más de 30 años trabajando como un barbero, decidí compartir mis experiencias y escribir sobre mi trayectoria durante todos estos años laborando en esta profesión. Han sido muchos años excelentes y memorables trabajando alrededor de la silla de estilismo. Durante mi trayectoria, he estado colectando historias únicas del diario vivir en mi trato directo con distintas personas. Puedo compartir algunas historias, anécdotas, experiencias, secretos, y pensamientos del diario vivir, desde otra perspectiva, La perspectiva social y emocional que da la óptica del barbero. Los barberos somos psicólogos por experiencia porque las personas se abren y confiesan en las sesiones del polo rojo, azul y blanco.

Durante todos estos años, he conocido buenas, humildes y honestas personas. También he conocido y trabajado con personas que actúan y tratan a los demás como si fuesen el rey de Francia Luis XIV o tal vez Enrique VIII rey de Inglaterra. Quizás sea duro e imposible complacer a todas las personas. Hay clientes excelentes y bien fáciles de trabajar, que te permiten conectar con tu musa y no son tan exigentes. Pero hay personas que describen el corte de cabello que desean como si fuesen el arquitecto que diseñó el mapa de Game Of Thrones y los siete reinos. Me gusta la serie de televisión frecuente, cruel y gráfica, pero eso es confuso hasta para mí.

Si usted emplea más de seis palabras para describir un corte de cabello, usted está sobre-explicando. La sobre-explicación se asemeja a la confusión. No hay nada mejor que mostrarle una fotografía al barbero para describir un corte de cabello deseado o estilos que no desea. Es vital para trabajadores de servicio, como yo, conocer dos diferentes tipos de personas (fáciles y exigentes), para sobrevivir a la jornada y al día de trabajo. Ahí es cuando nuestra inteligencia psicológica y callejera, nos resulta útil.

Todos los seres humanos tenemos secretos; ya sean angélicos o diabólicos. Durante todos estos años, mi clientela varía, desde doctores y abogados, hasta narcotraficantes, exconvictos y asesinos. He visto ir y venir lo mejor y lo peor, sentado tranquilamente sobre mi silla de barbero. Todos parecen iguales debajo de mi capa de estilismo. En la silla de barbero, todo funciona alrededor de la confianza.

No me voy a referir a ningún nombre en específico. Utilizo los acuerdos confidenciales que usan los abogados y doctores. Respetaré el anonimato de los clientes escribiendo este texto literario. Después de todo, ellos solo buscan satisfacer una necesidad básica que todos tenemos. Algunos clientes, buscan un amigo, más que un servicio. Esperan encontrar alguien a quien puedan confesar sus problemas y confiar sus inquietudes. Todos, hasta los calvos tenemos que cortarnos el cabello. La creación de Dios es tan perfecta que les dejó cabello a los lados a los hombres calvos para que nosotros también pudiéramos cortarlo. Incluso, recluido en un hospital, el enfermo va a necesitar un corte de cabello o una afeitada. Hasta después de la muerte, ciertos cabellos y uñas continúan creciendo.

A algunos clientes les agrada conversar mientras reciben un corte de cabello. Por el contrario, a otros no les gusta hablar y prefieren mantenerse en silencio. Yo también soy bastante callado. Para algunos, en cambio, la conversación es importante. Tan solo, con estar cerca del cliente, podemos sentir su aura. Los barberos podemos sentir si usted está teniendo un día bueno o un día malo. Podemos detectar si está pasando por un período difícil de su vida. Incluso, sin hablar, podemos detectar a las personas que no tienen buenas intenciones.

El barbero es un coleccionista de historias que vienen de sus clientes. Tengo muchas historias que mis clientes han compartido conmigo. Algunas con finales felices, tristes e incompletos. De cierta manera, nosotros somos psicólogos. En el principio de la profesión, los barberos fueron llamados "barberos cirujanos". En los tiempos medievales, en Europa, los barberos realizaban algunas prácticas médicas. Ellos hacían todo lo que se les pudiese ocurrir, desde cortar cabello, ofrecer consejería y hasta removían dientes. También los barberos hacían cirugías menores y amputaciones.

Nosotros podemos ayudar a las personas a ver la vida desde otra perspectiva o punto de vista diferente. Comparamos la experiencia de unos con la situación que otros clientes han experimentado en circunstancias similares a las de otra persona, al momento de estar en nuestra silla. Nosotros podemos tener como amigo o como cliente, el "ángel" que uno necesita para resolver ciertos dilemas. Si nosotros no sabemos cómo resolverlo, definitivamente, podríamos tener el número telefónico de alguien que sí sabe.

Hasta en los momentos de mayor reto, históricamente, nuestra profesión fue vital. Nosotros hacemos sentir mejor a las personas en tiempos de guerras y colapsos económicos. Después de recibir un corte de cabello, las personas se sienten mucho mejor. Se sienten frescos, y su autoestima es más alta. Eso es, claro está, si afortunadamente usted no recibe un mal corte de cabello.

Amo mi trabajo, está en mi sangre, está en mi naturaleza hacer el bien a las personas. Tengo la creencia firme de que nada es una coincidencia, todo pasa por alguna razón. Yo mismo me hice una pregunta. ¿Yo empecé a cortar cabello por una coincidencia? o

¿porque fue parte del destino? Después de largos años trabajando, he llegado a la conclusión de que fue parte del destino.

Mi profesión me llevó por un trayecto que no estaba esperando. Por situaciones económicas y por la búsqueda de mejores oportunidades, fui forzado a trabajar en barberías con diferentes personas y culturas. Fui muy afortunado en descubrir mi talento cuando estaba en mi temprana adolescencia; 13 años para ser exacto. Algunas personas envejecen sin saber quiénes son, cuál es su talento, o en qué son buenos. La respuesta está siempre por ahí, en tus alrededores. Está en la naturaleza, en el cielo, la playa, en los pensamientos de los niños, en un bosque, y algunas veces, está enfrente de tu cara. Esté siempre alerta, si ve algo más de una vez de forma extraña, ¿cuáles serían las posibilidades de que eso fuera la respuesta a tu pregunta?

Algunas veces tenemos que escuchar claramente a las personas cuando están buscando ciertas respuestas. Es vital escuchar lo que las otras personas tienen que decir. Algunas personas escuchan, otros no. Aveces somos subestimados, o porque ya no tenemos tiempo para otros o debido a que tenemos muchas preocupaciones en nuestra cabeza y en nuestro diario vivir. No pierdas tu tiempo con las personas que no escuchan.

Durante el transcurso de nuestras vidas vamos a conocer dos tipos de personas: las constructivas y las destructivas. Las personas destructivas nunca hablan con su corazón. Tus padres solían verlo solo cómo una mala influencia para ti. Ellos no te escuchan con sinceridad y tratarán de evitarte si necesitas ayuda con algo. Te dan cualquier respuesta o cualquier pensamiento inmediato que tengan en su mente para deshacerse de ti. Nunca uses este tipo de personas para compartir tus sueños, planes o problemas domésticos. Podría ser un poco difícil descubrir quienes son porque usualmente estas personas están vistiendo con una "máscara". Se volvieron realidad después que los viste en tus oscuras pesadillas cuando eras niño.

Los conseguimos donde quiera, hasta en la iglesia, templo, mezquita o sinagoga, si es que asistes a alguna. Aunque pienso que no necesitamos personas destructivas, sí es necesario saber como "sobreponernos" a ellas. Uno de mis objetivos en escribir esta narración, es que tengas mejor entendimiento de quiénes son estas personas y por qué actúan como lo hacen.

Las personas constructivas son esenciales para nosotros. Ellos pueden balancear una familia o un matrimonio de una forma buena. El primer contacto que tenemos con ellos son nuestros padres, familiares, o amigos cercanos. Ellos abrirán su corazón para ti. Ellos darán lo mejor de sí desinteresadamente porque quieren ayudarte. Tengo la creencia de que los humanos nacemos para hacer buenos con otros y con la naturaleza. Ninguno de nosotros fuimos creados bajo el mismo techo ni con la misma familia. Tenemos diferentes configuraciones, valores, y circunstancias. Confrontamos la realidad cuando llegamos a ser viejos, cuando nos ponemos en contacto con diferentes caracteres, experiencias, y situaciones económicas.

Usualmente, recibimos los mejores consejos de vida de los adultos mayores. Ellos tienen experiencia en todos los aspectos de la vida. La vida es un ciclo, necesitamos tiempo para organizar y descubrir todo lo que está en el misterio. Cuando digo misterio me refiero al planeta tierra, nuestro mundo. ¿Es un gran misterio, verdad? Ojalá aprendamos esto mas pronto que tarde. Algunas veces ignoramos las personas viejas. No los tratamos de la mejor manera, pero ellos son un libro de historias y experiencias de muchas décadas. Úsalos como tu mejor opción para recibir un consejo. Si te fijas, ellos siempre están callados y observando. Son muy cautelosos con sus respuestas cuando están contestando preguntas. Después de todo, ellos vivieron en tiempos mejores, como dice él dicho "los buenos viejos tiempos".

Cada día nos complicamos más la vida con invenciones que probablemente no necesitamos, y que nos van a hacer más vagos. Esta es la razón por la cual hoy día estás pagando más por un corte de cabello que en los viejos tiempos. También, por la invención de herramientas lujosas creadas en tiempos modernos, creando un incremento en los precios en los cortes de cabello. Los barberos modernos tenemos que gastar mucho más dinero en herramientas actualizadas para estar bien preparados y cortar todo tipo de cabello y para poder crear varios estilos.

Tenemos que aprender lo que es importante para nosotros. Yo entiendo la invención del control remoto. Pero ¿por qué pagar más por un teléfono qué no puedes notar la diferencia entre la cámara que tenías y la nueva? Después de todo, no siempre somos fotógrafos profesionales.

Por otro lado, las personas jóvenes, son inseguras porque aún no tienen experiencia en la vida. Sus destrezas de sentido común apenas se están desarrollando. Aunque actúan como si lo supieran todo, algunos de ellos solo piensan en ellos mismos. Pero admito que podríamos recibir algunos de los mejores consejos de personas jóvenes y hasta de niños. Ellos ven todo de una manera simple. Ellos están contentos con tan solo un caramelo o una paleta. Tú no estás satisfecho si no tienes la nueva tecnología. Ellos no tienen en su mente los pensamientos abrumadores que tenemos los adultos. Sus diminutos cerebros no están pensando en pagar facturas, impuestos, mantener un trabajo o lo que debiera ser lo menos importante, tratar de complacer a las personas.

Si eres suficientemente afortunado como para llegar a ser viejo, entenderás esto cuando te vuelvas más sabio. Al final de la jornada, cuando estés satisfecho con tus bienes materiales, te darás cuenta de que todo vuelve a la familia. Ellas son las personas importantes que probablemente no viste frecuentemente porque estabas ocupado trabajando. Lo más importante es que al final de recorrer este maratón, termines con buena salud mental y física. Sin ella, no somos nada. Nunca olvides de tomarte un descanso, es decir, irte de vacaciones. Después de cierto tiempo, todos necesitamos un reinicio. Tu mente y tu cuerpo lo necesitan. Tu clave va a ser cuando sientas la agobiante monotonía. Cuando pierdas interés en la vida cotidiana y en ser feliz. Cuando le des prioridad a los bienes materiales antes de disfrutar una vida simple.

No necesitamos mucho para estar satisfechos. La parte favorita de mis viajes a Europa fueron las áreas rurales y la forma en que viven las personas en estas aldeas. Probablemente, muchos de ellos eran más felices que las personas atrapadas en el ajetreo diario de vuelta a casa. Me tomó varios años en escribir esta narración, que constituye solo mi experiencia. Únicamente imagina, si cada barbero en el mundo escribe de sus propias experiencias. Estoy seguro de que podríamos hacer una serie de televisión con capítulos infinitos. Espero que este libro te ayude a entendernos mejor como seres humanos mediante otra perspectiva. Como barbero, comparto, desde lo más profundo de mi corazón, mis experiencias en el trabajo después de 32 años en la industria. Espero que lo disfrutes y que Dios te bendiga.

Capítulo 1

"Coincidencias"

ntes que todo, quisiera comenzar este capítulo escribiendo un poco sobre mi pasado y de dónde vengo. Fui nacido y criado en Carolina, Puerto Rico. Si alguna vez has estado en La Isla del Encanto, probablemente has estado en esta ciudad. Está localizada en el área noreste de la isla. Si viajas en avión, el capitán, aeromoza o copiloto les da la bienvenida a los pasajeros a la ciudad de San Juan. Cómo San Juan no tiene un aeropuerto internacional y es la capital de Puerto Rico, la mencionan, pero en realidad es Carolina. San Juan queda a 15 o 20 minutos de Carolina.

Esta ciudad es hermosa y tiene de todo: playas, ríos, granjas, montañas, lagos, áreas urbanas, zonas rurales y algunas de las mujeres más hermosas en el mundo. No estoy fanfarroneando; sólo estoy mencionándolo. Puerto Rico es dueño del tercer lugar con más ganadoras del concurso Miss Universo por país, y ha ganado cinco coronas, después del primer lugar, que le pertenece a Estados Unidos, que tiene ocho coronas. En segundo lugar está Venezuela, al que le pertenecen siete coronas. Las cinco Miss Universo puertorriqueñas son: Marisol Malaret (1970), Deborah Carty-Deu (1985), Dayanara Torres (1993), Denise Quinones (2001) y Zuleyka Rivera (2006).

Mayormente, ciudadanos pertenecientes a la clase media viven en Puerto Rico. Eso será hasta que la clase media continúe existiendo.

Los habitantes de Carolina son personas muy trabajadoras, cómo mis padres. Es el lugar de nacimiento de Roberto Clemente, el primer jugador de béisbol latinoamericano exaltado al salón de la fama. Él jugó 18 temporadas como jardín derecho para los Piratas de Pittsburgh, exhibiendo el número 21 en su camiseta. Ese número fue retirado el 6 de abril de 1973. También es el lugar de nacimiento de la poeta y activista Julia de Burgos y el puertorriqueño más alto Felipe Birriel Fernández "El Gigante de Carolina" con 7 pies y 11 pulgadas de altura.

Es el lugar de nacimiento del reggaetón moderno como lo conocemos hoy en día. Las raíces y orígenes del género musical del reggaetón comenzaron en Jamaica a principios de los años 1980. El género musical tuvo su origen con motivo de un género musical llamado dancehall. Inmigrantes de Jamaica trajeron su música a Panamá, donde los locales comenzaron a cantar dancehall en español. El General y Nando Boom de Panamá fueron dos de los primeros músicos en cantar reggae en español. Vico-C y Rubén DJ de Puerto Rico fueron dos de los pioneros del género de musical rap, hip-hop y reggaetón en español. Daddy Yankee, Don Omar, Tego Calderón, Ivy Queen y Wisin y Yandel, por mencionar algunos, también fueron pioneros del reggaetón. Sólo era cuestión de tiempo que el género musical llegara la isla a principios de los años 1990. Inmediatamente, todo tipo de personas le dio la bienvenida.

La isla es muy conocida por sus talentos musicales y gracias a la salsa, la bomba, y la plena. El merengue y la bachata nacieron en la República Dominicana. Pero también tuvieron una gran influencia en la música puertorriqueña. Las primeras composiciones del género musical de la bachata fueron grabadas en Puerto Rico por uno de sus pioneros, José Manuel Calderón. Él es considerado el primer dominicano en grabar bachata.

La distancia entre Rincón, Puerto Rico y Punta Cana, República Dominicana, es un promedio de 127 km o 65 millas náuticas. El tiempo en volar en avión desde el aeropuerto internacional Luis Muñoz Marín (SJU) al aeropuerto de Punta Cana (PUJ) es de 50 minutos. La distancia es menor que desde Key West, Florida hasta la ciudad de Havana, Cuba.

A principio de los años 1990, las personas jóvenes estaban escuchando y siendo influenciados por la música hip-hop. A las personas más adultas les gustaba más la salsa, el merengue y la bachata. El género musical del hip-hop es una cultura, un estilo de vida en el que las personas querían verse bien y mostrar un estilo. Mi generación, (X) queríamos vestir como en los videos musicales de hip-hop que veíamos de Run-DMC, Public Enemy, Wu-Tang Clan, Brand Nubian, y Lords Of The Underground, solo para mencionar algunos.

Cuando alcancé la edad de 13 años y cursaba en mi octavo grado, estaba en un proceso de cambio de ser un niño a convertirme en un adolescente. Por supuesto, quería verme bien. Quería atraer a las chicas en la escuela intermedia. Yo soy producto de un matrimonio roto, por lo tanto, la custodia y decisiones inmediatas eran hechas por mi madre. El estilo y la manera en que mi cabello lucía también eran su decisión.

Mi madre solía llevarnos a una tienda por departamentos dentro de un centro comercial donde había un pequeño salón de estilo en el segundo piso. Allí ella seleccionaba al estilista de su preferencia y escribía el nombre de mis hermanos y mi nombre en una lista de espera. Nuestro estilista era un caballero alto de 6 pies de tez blanca parecido a Bon Jovi pero con cabello largo y rizado como el de Weird al Yankovic. Todavía recuerdo con incomodidad la manera en que sus uñas raspaban mi cabeza. Sus cortes eran perfectos porque él era un estilista, no solo un barbero. La mayoría de su clientela eran mujeres.

Él tenía más experiencia trabajando cabellos largos. En aquel tiempo, él no sabía, a la perfección, cómo hacer un desvanecido ni el cerquillo que yo quería.

En los años 80, a las personas que escuchaban salsa les gustaba un estilo de cabello, cuya mejor manera de describirlo sería algo así como un "playero". Yo solía recibir el mismo estilo de cabello cada mes o seis semanas, que no está nada mal, para una madre soltera sacándole provecho a su salario de maestra y a la pensión mensual de nuestro padre. Desde mi punto de vista, claramente era tiempo para efectuar un cambio de estilo.

Más tarde, por distintas recomendaciones, encontramos un nuevo barbero. El solía cortar cabello en una barbería no muy lejos de nuestra casa, así que también era nuestro vecino. A él le interesaba hacer un dinero adicional fuera de la barbería en su tiempo libre. Cuando él estaba libre, solíamos ir a su casa, donde él nos cobraba una fracción de lo que mi madre solía pagar en la barbería donde él trabajaba. Era solo una breve caminata desde mi casa.

En su casa, él tenía una humilde estación de barbero improvisada. Él era un barbero excelente, y hasta el día de hoy, lo recuerdo como uno de mis grandes estímulos para ser barbero. Él no me enseñó cómo cortar cabello, pero por su dedicación, lo considero como uno de mis mentores. Sus cortes de cabello eran tan buenos como el primer estilista que mencioné, al que mi madre solía llevarnos cortar el cabello. Pero con un estilo moderno y afilado. Sus detalles eran bien marcados, típicamente logrados por un barbero de calidad. Esto incluía cerquillos bien definidos, degradaciones, y la introducción al pelo "punk", supuestamente desarreglado para mí, como bien se sabía en los años 1990 que era la nueva moda. En aquel tiempo, no teníamos productos para el cabello como los hay hoy en forma de pomadas o las cremas. Prácticamente, todos los adolescentes usaban en su cabello gelatina o aerosol.

Cuando me miraba en el espejo, me quedaba asombrado de lo que era posible hacer con mi cabello. El único problema sin resolver era el exceso de cabello en la parte de atrás de la cabeza, algo que mi madre pedía porque le gustaba mucho. Mi estilo de cabello se parecía al de George Clooney en la serie de televisión "The Facts of Life". Como en esa edad yo no escuchaba salsa, y no quería ser asociado con el estilo de cabello que usaban los que escuchaban salsa, no me gustaba. Yo prefería verme como un artista de hip-hop y no como Frankie Ruiz, uno de los mejores cantantes de salsa de todos los tiempos. Quería verme como uno de los cantantes de hip-hop que veía en televisión o quizás como Will Smith en la serie de televisión "The Fresh Prince Of Bel-Air".

Esa fue la primera vez que vi un corte de cabello desvanecido. Me preguntaba ¿cómo se veía en mí? El racismo es inexistente o muy limitado en la bella isla de Puerto Rico. Como casi no había racismo era muy normal querer verme como él. Yo no estaba prestándole atención al color de su piel, solamente a su estilo de cabello. Estoy muy satisfecho de que fui criado de esta forma. Todos somos iguales, no importa el color de nuestra piel. Como dijo Bob Marley en su canción "War" (Guerra), el color de piel de un hombre no tiene más importancia que el color de sus ojos.

Todos tenemos esperanzas y sueños. Somos más fuertes unidos que divididos. El título de este capítulo es "coincidencias" por lo que voy a explicar a continuación. En nuestro núcleo familiar, siempre tuvimos una mascota. A mi madre siempre le gustaron los perros pequeños y peludos. Durante mi infancia, tuvimos varios perros. Esa era la mascota de preferencia de mi madre. Nosotros solíamos tener una perra peluda de cabello blanco llamada Dindi. A ella le crecía mucho el pelaje, mi madre solía llevarla cada mes o dos al barbero de perros. El barbero le cobraba cerca de $30 a $35, allá para los años 90, equivalentes a $60 o $65 estos días. La tarifa incluía cortar el pelo de Dindi, pintar sus uñas y poner adorables lazos de colores en sus orejas.

Después de varios cortes, mi mamá se dio cuenta de que este era un gasto que tal vez pudiese eliminar de su lista de pagos. Un día ella llegó a la casa con una máquina de cortar cabello marca Oster, probablemente uno de los primeros modelos. Nunca me pasó por la mente que esa máquina iba a ser mi primer instrumento de trabajo. Esa máquina estaba allí para cambiar mi vida para siempre. Cuando la perra estaba lista para su próximo corte, mi madre trató de cortar el pelaje de la perra. Después de tratar varias veces y ver el pelo del animal completamente desfigurado, ella decidió llevar la perra nuevamente al barbero de perros.

Un día aburrido en la casa y sin tareas, decidí tratar de cortar también el pelo de la perra. Era cuestión de tiempo en que me diera cuenta de que yo tampoco era muy bueno para cortar pelo de perro. Mi madre me hizo muy claro que el resultado no fue bueno. La perra me odiaba cómo quiera y solía morderme durante todo el proceso del corte con dientes que parecían tenedores. El corte, sin embargo, no fue tan terrible. Pero el resultado fue como si el barbero de perros hubiese cortado el pelaje del animal con una pupila dilatada después, de un examen de ojos.

La máquina de cabello estaba guardada en la casa sin uso alguno y oxidándose. A esa edad en particular no teníamos video juegos en la casa. Tuvimos video juegos más tarde cuando éramos más grandes. La mayor parte del tiempo solíamos jugar afuera cómo hacían los niños de nuestra generación. De niño, aburrido en la casa y buscando algo que hacer, un día, busqué la máquina y fue difícil resistir la tentación de agarrarla y cortar el pelo de la perra una vez más. Ese día, después de cortar el pelo de la perra, mi madre salió a hacer unas diligencias. Simultáneamente, mire el cabello de mi hermano y la máquina, y fue ese día cuando decidimos cortarnos el cabello por primera vez.

Mi hermano mayor cortó mi cabello, y yo corté el suyo. Después de varias horas, cómo nos podemos imaginar, nuestros cortes de cabello no quedaron bien. Así es como mi madre lo recuerda, había cabello por el piso y por todas partes. Nuestra madre estaba furiosa y muy disgustada. A ella le gustaba cómo se veía nuestro cabello en aquellos días. Lo primero que mi hermano y yo hicimos fue deshacernos del exceso de cabello en la parte posterior de la cabeza. Usamos la número cero desde el nivel de nuestros ojos hasta la parte de atrás de la cabeza y finalmente afeitamos todo el cabello hasta el área del cuello. Para nosotros fue un alivio.

Para serte sincero, me encantó el corte de cabello. Me veía diferente de una buena manera. Mi hermano, como era mayor, tenía más control de su pulso que yo, por lo tanto mi corte de cabello resultó ser mejor. Por otra parte el suyo fue como si yo le hubiese hecho la gráfica del mercado de valores de la compañía Enron. Nos dejamos todo el cabello en la parte de arriba. Para mis ojos y a la edad de 13 años, me veía muy a la moda. Mi nuevo corte de cabello era como una edición limitada o deportiva de mí mismo. Casi me miraba cómo Vanilla Ice o Big Daddy Kane pero con diferente cabello. Mi cabello se vuelve ondulado cuándo es largo.

Al día siguiente cuando fui a la escuela, las chicas que me miraban como un don nadie, como Jonah Hill Y Michael Cera en la película (Superbad) comenzaron a mirarme y hasta querían tocar y "sentir" la sensación del cabello afeitado. Comencé a vestir diferente y añadir gelatina a mis rutinas en la mañana. Ahí fue cuando descubrí cuán poderoso es el cabello en un adolescente o joven adulto tratando de verse bien. Mi cabello era una buena herramienta para "cazar" potenciales novias en la escuela.

No es de extrañar porqué las mujeres gastan lo que sea (como un alcohólico en un bar) en el salón de belleza para verse bien. hasta mi abuela en sus últimos 80 tiene un presupuesto para ir al salón hacerse el cabello y las uñas por lo menos de vez en cuando y en ocasiones especiales. Esperé que el cabello de mi hermano y el mío creciera para hacerlo de nuevo. Solíamos cortarnos el cabello cada semana. Mi madre estaba tratando de ahorrar dinero, y lo hizo. Pero no de la manera que estaba esperando. Se estaba ahorrando $30 a $35 cada mes por cortar el pelo de la perra y por nuestros cortes de cabello. Éramos tres varones, y el precio era $10 por cabeza o $30 al mes. Además, no teníamos que esperar un mes o dos por un corte de cabello, podíamos tenerlo cada vez que quisiéramos.

Después de varios cortes, no podía esperar por mi hermano para que cortara mi cabello, y empecé a cortármelo yo mismo. A él no le gustó mucho la experiencia de cortar cabello tanto como a mí. Como podrás imaginar, cortar tu propio cabello no es una tarea fácil. Solía frustrarme porque un corte de cabello en mi mismo solía durar dos horas. La máquina de cortar cabello se calentaba demasiado hasta que casi tiraba fuego. Era muy difícil agarrarla. Al punto de que si le tirabas un huevo encima tal vez se cocinaría. Solía envolver la máquina usando un calcetín como si fuera un guante para poder agarrarla. En tiempos modernos, tenemos aerosol para enfriar la máquina. También puedes usar una máquina adicional para cuando la máquina principal esté demasiado caliente. En aquellos tiempos, solo tenía una máquina. Rompí muchos de los espejos de mi madre. Gracias a Dios estoy bendecido, y no agarré la maldición. En esos días solíamos creer que si rompías un espejo recibirías una maldición de siete años.

Eventualmente, empecé a mejorar. Mi hermano menor y los vecinos me preguntaban que si también podía cortarles el cabello. Yo acepté, y comencé a cortarles el cabello a todos mis amigos sin cobrarles. Era una excelente manera de tener modelos y practicar con su cabello. No se podían quejar porque el corte era gratis. Algunos de ellos estaban arrebatados con marihuana, y no les importaba mucho el resultado. De hecho, era diversión para ellos si el corte quedaba mal. A nosotros nos gustaba el cabello bien corto y ese tipo de corte de cabello requiere un elaborado mantenimiento. La vida de ese tipo de corte, para mantenerlos luciendo bien, es solamente dos semanas. Era una manera excelente para pasar la tarde de adolescente cuando no teníamos nada que hacer.

Mis amigos solían traer su música, y yo tenía una radio y tocábamos cintas de casete de mezclas musicales de DJ Tony Touch en mi barbería improvisada. Tenía una silla de aluminio de color crema en la parte de atrás de mi casa y la hice un poco más alta usando bloques de construcción y paletas de los almacenes. Mis amigos y yo escuchábamos las mezclas musicales de una tienda en San Juan que vendía las cintas provenientes de Nueva York. Encontré un espejo en el basurero del vecino. Para lo que yo lo quería, ayudaba mucho. Algunas veces las patas de la silla se deslizaban accidentalmente fuera del concreto haciendo que el cliente se cayera de la silla.

Eventualmente, mi barbería improvisada en la parte de atrás de mi casa se volvió popular. En aquel tiempo, vi la necesidad de hacer algunas reglas, para no enfurecer a mi madre. Su cuarto quedaba al lado de la barbería. Siempre voy a estar agradecido de mi madre porque ella nunca se convirtió en un obstáculo para que yo cortara cabello; a pesar del "jangueo", que creábamos en la parte trasera de la casa. Después de todo, su padre, mi abuelo, era barbero. Así que la barbería está en mi sangre. Lo vi solamente cuatro veces en mi vida.

Casi no recuerdo ninguna conversación que tuviera con él. No teníamos dinero extra para viajar a Chicago, y él no viajaba a Puerto Rico tampoco. Él murió recientemente, por lo tanto podría decir que fue un modelo que me corre en la sangre. No puede ser una coincidencia, por que desde el primer minuto que agarré la máquina de cortar cabello, me gustó tanto.

Comencé a cobrarle un dólar a mis vecinos y amigos, y sus padres estaban muy contentos con la tarifa. Era solo un dólar que cobraba por el servicio. Se ahorrarían un 99% de lo que solían pagar y podían usar ese tiempo de espera en la barbería para otros entretenimientos. Para mí era emocionante, porque ahora, en las fiestas y en los jangueos, era introducido a las personas como su barbero, no tanto como un amigo. Esto significa que era algo más que un simple adolescente.

Nuestro padre solía buscarnos a la casa los domingos. Se asombraba al ver todas las personas "clientes" sentados afuera de la casa esperando por su por su turno. Algunos de ellos fumaban cigarrillo, algo que, por supuesto, a él no le gustaba. Algunas veces en la mañana, tenía dos o tres personas esperando que me levantara, para no perder sus turnos. Eventualmente, comencé a cobrar más. Juntaba dólar con dólar hasta que tenía suficiente dinero para llevar a mi novia al cine. Comprábamos palomitas de maíz, bebidas y chocolate. Tal vez, disfrutaba de un pedazo de pizza con mi propio dinero, cuando tenía 16 años de edad. Se sentía bien saber que yo me había ganado ese dinero por cuenta propia.

Mis otros amigos solían ir a una barbería no muy lejos de nuestra casa. Esta barbería quedaba localizada al cruzar la calle de un caserío. Un día, dentro de la barbería, hubo un asesinato. Alguien fue acribillado a tiros. Un encapuchado entró con una pistola, y sin mediar palabras, le disparó a un cliente que estaba sentado en la silla, mientras recibía su ultimo corte. Los padres de mis amigos estaban preocupados, y no querían que jamás se les ocurriera volver a esa barbería. De esa manera también los añadí a mi clientela regular.

Eventualmente, algunos conocidos de esos amigos, también estaban interesados en que yo les cortara el cabello. Eso era bueno porque la demanda era más alta de lo que yo podía cubrir. Por supuesto, siempre habían discusiones de quién era el mejor cortando el cabello en el vecindario. Yo no sé quién era el mejor. Solo sé que yo fui el primero. Comencé a cortar cabello a temprana edad. Tuve que esperar hasta que tuviera 18 años para ir al instituto de barbería para obtener mi diploma de barbero.

Mientras tanto, comencé a trabajar a tiempo parcial en una pizzería local donde mi hermano mayor solía trabajar. Eventualmente, cumplí 18 años, y fui a estudiar para convertirme en barbero en un instituto en Santurce, Puerto Rico. El instituto estaba localizado cerca de La Placita, hoy día un lugar muy reconocido por los turistas. Solicité ayuda del gobierno para entrar al instituto, y allí mismo me ayudaron a llenarla. El resto tenía que pagarlo mediante un préstamo. El costo del curso de barbería en aquellos tiempos era de $5,000 y algo más. Pagué la mitad con la ayuda y la otra mitad con el préstamo.

Cuando comencé allí, tenía completo dominio en el uso de la máquina, y era mínimo el ajuste necesario. Más bien necesitaba ayuda con las tijeras. Fui suficientemente afortunado por conocer a mi segundo mentor, el Sr. Roberto Figueroa "Figue". Él era uno de los maestros del instituto de barbería. Él es el mejor barbero que conozco hasta estos días en el uso de las tijeras. Esto no fue una coincidencia, esta persona era tan detallista que volteaba la muñeca de arriba hacia abajo para mostrarnos lo paralelo que quedaban los cortes con el peine sin errores. En ocasiones, viajaba a diferentes países de Europa, incluidos Italia, Inglaterra y Francia, por mencionar algunos. También había estado en Japón. Siempre solía traer trofeos de primer lugar en las competencias en el exterior.

Esta era la persona que estaba enseñándome cómo cortar cabello ahora. Siempre voy a estar agradecido a Dios por poner esta persona en mi camino. Sin lograrlo, traté de buscarlo en Google, Facebook, y otras redes sociales. Quería expresarle mi agradecimiento por lo que me enseñó. En aquel tiempo, no sabía que iba a bendecir estudiantes por todo el mundo con la misma técnica que me él enseñó. He podido llegar a cientos de estudiantes con la ayuda de plataformas de video como YouTube.

Obtuve mi diploma de barbería y de cosmetología en 1996. Programé mis exámenes para las licencias de barbero y de cosmetólogo. Este es un examen teórico que cubre también todo el material escrito para aprobar estos exámenes. Además, conlleva un examen práctico que incluye toda la labor manual. Tuve que esperar ansiosamente alrededor de seis meses desde que programé mi examen para tomarlo.

Afortunadamente, aprobé todos los exámenes, y recibí mis licencias por correo. Ahora tenía todos los requisitos legales para trabajar como barbero. Inmediatamente comencé a buscar lugares potenciales para trabajar. Primero, comencé a buscar trabajo en lugares que ya conocía. Después de buscar empleo en varios lugares, conseguí mi primera oportunidad laboral en un salón de belleza ubicado en un centro comercial. Se trataba de una cadena de salones de belleza grande en Estados Unidos. Mi madre solía hacerse el cabello ahí, por lo tanto, ella conocía a Víctor, el encargado y habló con él. Ella le preguntó si había algún trabajo como barbero para mí. Ella le dijo que yo era un barbero excelente con muchos años de experiencia en corte de cabello, y le explicó que recientemente había obtenido mi licencia. El encargado me pareció una persona agradable y buena. Por casualidad, ellos sí estaban buscando un barbero. Solamente contaban con uno en el salón. El resto de los empleados eran estilistas. El caballero aceptó y me dio mi primer trabajo como barbero.

Esta tarea era a otro nivel. El trabajo era con clientes que yo no conocía, por lo tanto, con consecuencias reales si les arruinaba su cabello. El salón estaba dentro de un centro comercial, así que durante mi tiempo libre, y cuando no tenía clientes, me gustaba pasearme por del centro comercial y disfrutar del almuerzo en alguno de los muchos lugares que tenían para comer. También podía echarle el ojo a las chicas que trabajaban en otras tiendas. Trabajé allí durante dos años y me gustó mucho. En aquel tiempo estaba en la universidad, y no trabajaba a tiempo completo. En el salón tenían de recepcionista a una bella chica de ojos azules procedente de Alemania, a quien siempre me encantaba hablarle. Ella siempre me revelaba los trucos para hacer dinero en el salón con la venta de productos de los cuales obtenía el 20% de comisión. ¿Qué diablos hacía ella en Puerto Rico? nunca lo supe o tal vez no lo recuerdo.

También aproveché los conocimientos de las estilistas que trabajaban en el salón y descubrí algunas técnicas que no aprendí en el instituto. Aprendí a mezclar colores, una de las tareas más difíciles de un estilista. Poder igualar un color de cabello que un cliente prefiere, podría ser una situación complicada que conlleva mucho tiempo. Eventualmente, me fui del lugar porque estas cadenas de salones pagan por hora o con poca comisión. Si recuerdo bien, me pagaban por comisión si acaso alcanzaba la cantidad de clientes requerida semanalmente. Si no alcanzaba la cantidad requerida a la semana, entonces, me pagaban por hora. Ellos requerían cierta cantidad de clientes cada dos semanas y algunas veces, yo no completaba lo que era requerido. No porque yo no fuera bueno en mi trabajo, sino porque ellos se guiaban por normas de salones en Estados Unidos, y, sin embargo, Puerto Rico no tiene la misma economía que Estados Unidos. El salón estaba ubicado dentro de un centro comercial, pero a pesar de ello, no tenía mucho tráfico de clientes para mi. También, como era dentro de un centro comercial, el precio de los servicios era más alto que el de los salones afuera de allí. Por esta razón, muchos de los clientes solían atenderse fuera del centro comercial para obtener un servicio de corte de cabello.

Buscando un mejor sueldo y comisión, solicité trabajo en una barbería cerca de mi casa. Fui a este lugar al azar y pregunté si necesitaban un barbero. En aquel tiempo, solamente tenían dos barberos, el resto de los empleados eran estilistas. Conocí al barbero que estaba encargado de contratar a los empleados. Él era un personaje típico como los que ves en las barberías tradicionales. También era un cantante de salsa, y tenía su propia orquesta; solía tocar en actividades los fines de semana para ganar dinero extra. Era un salón de estilismo muy grande con muchas sillas. También tenía un salón aparte en el cual hacían uñas. Trabajar aquí fue una buena experiencia. Esta es una de las barberías típicas en las que siempre las personas están planeando algo que hacer por la noche para salir y divertirse. Tenía un estacionamiento privado al lado del salón, que era conveniente para clientes famosos, quienes solían llegar para tener un servicio en privacidad.

Vi muchas personas famosas en este salón. Uno de ellos era Elvis Crespo, un cantante famoso de merengue. También, Roberto Roena (descanse en paz) solía ir a esta barbería a cortarse el cabello o a socializar. Él era un percusionista muy reconocido. En algún momento, Héctor "El Father" también iba al salón cuando no era famoso. Él es un cantante de reggaeton y uno de los pioneros del género en Puerto Rico. También el alcalde de la ciudad solía ir al salón. Otras personas famosas se atendían a este salón, pero no recuerdo sus nombres, la mayoría de ellos eran relacionados a la música de salsa, y en aquel tiempo yo no sabía mucho sobre este género musical.

En este salón solían pagarnos 50-50% de comisión, lo cual no era muy bueno, considerando que el precio del corte de cabello era económico. El corte de cabello era a $12, y el lavado del cabello estaba incluido. Yo no lavaba el cabello de los clientes en este salón. Había unas chicas que lavaban el cabello y se encargaban de los clientes. Ellas cobraban por hora y también los clientes les daban propinas. Algunas veces tenían más trabajo del que se suponía cuando los clientes trataban de enamorarlas. No podría culpar a los clientes porque algunas de ellas eran hermosas. También nos daban un bono de Navidad de $200 al final del año. El trabajo me quedaba 15 minutos de mi casa, así que trabajé allí por dos años.

Este fue mi introducción a un ambiente real en un salón de belleza donde trabajaba con diferentes personas, edades, y caracteres. Casi siempre, pasaban en este lugar situaciones de índole cómica. Era un ambiente familiar, y me gustaba. El dueño era una buena persona. Estaba retirado y solía ir a la barbería todos los días si su Jeep Cherokee no estaba dañado. Su automóvil solía pasar mucho tiempo en el taller del mecánico. Él sabía de antemano todo lo que sucedía en la barbería. Estaba en sus mediados 60 de edad. Se retiró después de que tuvo un ataque al corazón, y gracias a Dios lo sobrevivió.

Su hijo también cortaba cabello, y era el encargado. Todos los empleados se llevaban bien unos con los otros. Nunca vi una pelea o una discusión en este lugar. Nadie hablaba mal de las otras personas o empleados. Después de las horas del trabajo, ordenaban comida y bebidas para los empleados y los clientes. Extraño esos días, especialmente, después de todo lo que pasé trabajando en las barberías en Miami. Más adelante, hablaré sobre ese tema. Lo mejor de trabajar en este lugar es aprender técnicas de diferentes estilistas y barberos. Puedes aprender otras técnicas de estilistas que nunca aprenderías trabajando por cuenta propia. También tenían recepcionistas hermosas contestando el teléfono y encargándose de los clientes al frente, nosotros no teníamos que preocuparnos por eso.

Después de trabajar allí durante dos años y siendo tentado por una mejor paga y comisión, acepté un trabajo en un lugar similar, pero era solo una barbería, no un salón. Todos los empleados que trabajaban en este lugar eran hombres. Había seis sillas en la barbería. Un amigo de la infancia solía trabajar en este lugar. No recuerdo si él tenía una licencia de barbero. En Puerto Rico, es extraño tener un inspector yendo a las barberías a verificar las licencias de los barberos. No recuerdo ningún momento en que un inspector fuera a una de las barberías a inspeccionarlas. La única vez que recuerdo que un inspector fuera a una barbería en la que yo trabajaba, era alguien fingiendo ser un inspector. Cometió un fraude al solicitar dinero a los barberos para renovar sus licencias y mantenerlos al día. Se robó cientos de dólares de los barberos.

Está barbería no tenía un ambiente familiar, sino un ambiente de barrio. Mi amigo le habló al dueño sobre mí, y me dieron el trabajo. La barbería estaba localizada en un buen lugar de una calle congestionada llena de diferentes negocios. Me dieron un 10% adicional de lo que me pagaban en las otras barberías. Ahora me darían el 60% de comisión en esta barbería. Este lugar era diferente porque tenía un toque moderno, pero con un ambiente de "macho". Todos los empleados eran hombres y los barberos eran personas decentes. Igualmente, iban allí personas famosas, muchos de ellos relacionados al género musical del reggaetón. DJ Negro solía ir a esta barbería. Él es uno de los pioneros del reggaetón y era productor musical de Vico C. Para ese tiempo, tenía una colección excelente de mezclas de reggaetón viejo. También otros productores musicales se cortaban el cabello en este establecimiento. Todavía recuerdo la panadería al cruzar la calle. Solían vender deliciosos sandwiches y dulces. Mientras trabajaba allí, compré mi segundo auto nuevo acabado de sacar del concesionario. Trabajé en esta barbería durante dos años.

Solía trabajar con un amigo barbero en mi empleo anterior. Teníamos una amistad muy cercana. Uno de sus clientes decidió abrir una barbería. Una vez más, tentado por incrementar mi comisión, me fui a trabajar para ellos. El nuevo trabajo quedaba muy cerca de mi casa. Era una barbería más pequeña. Dejar mi trabajo anterior para irme a trabajar con ellos fue un error. Había pocos clientes para cortarles el cabello y nos pasábamos el día entero viendo películas sentados sin hacer nada. Haber hecho este cambio fue una pérdida de tiempo. No tenía tiempo para perder ya que recientemente había obtenido mi nuevo vehículo y tenía que comenzar a hacer los pagos. Era solo cuestión de tiempo para que se me hiciera difícil cumplir con los pagos. Eventualmente, tuve que vender el vehículo. Gracias a Dios, mi madre había comprado un auto nuevo y pude usar el vehículo viejo que ella tenía. A pesar de que me darían una mejor comisión de 70% en este nuevo trabajo, simplemente no habían clientes aquí para cortarles el cabello. Eventualmente, cerraron, y mi amigo comenzó a trabajar desde su casa. En la parte trasera de su casa, su madre tenía un cuarto que no estaban usando y él lo convirtió a una barbería improvisada en la cual pudo colocar tres sillas.

Cómo todavía me quedaban algunos clientes de todas las movidas que hice, decidí irme a trabajar desde mi casa también. En vez de darle la comisión a él, se la daría a mi madre y también podría ayudarla a pagar sus cuentas. Esta movida fue una buena decisión ya que en aquel tiempo estaba estudiando en la universidad, tratando de terminar un bachillerato en algo. Quería complacer a mis padres porque ambos son profesionales y los dos eran maestros y profesores de universidad. No quería desilusionarlos.

Tomé algunos créditos en la concentración de ciencias de computadoras, pero no me gustó. Más adelante, decidí cambiar mi concentración para justicia criminal, pero en poco tiempo me di cuenta de que eso no era para mí. Un profesor loco de antropología, con un acento extraño, fue lo suficiente para cambiar de idea. Nunca entendí de qué diablos él estaba hablando. En mis últimos años de universidad, tomé la decisión de matricularme en algunos cursos para ser maestro de inglés. A mí me gusta enseñar. Pensé que podría ser un maestro de barbería, si aprobaba algunos créditos en enseñanza. Como mis padres son maestros, decidí intentarlo. Desafortunadamente, nunca terminé, y nunca me gradué de nada después de cuatro años de estudios en la universidad. No podría decir que fue una pérdida de tiempo porque desarrollé muchas habilidades todos esos años. Estaba desilusionado. Quería terminar un bachillerato en algo, ya que mis padres son graduados de universidad y ejercían su profesión. Quería hacerlos sentir orgullosos de mí.

Comenzaba ponerme más viejo, y aumentaban la necesidad de dinero e independencia. Como ya tenía unos créditos de pedagogía en la universidad, fui a un instituto vocacional a preguntar si podía trabajar como instructor de barbería. Ellos tenían cursos de barbería, cosmetología y técnica de uñas. Al azar, entré a este instituto y pregunté por un trabajo como instructor, sin siquiera tener experiencia. Me reuní con el dueño del instituto, y accedió a darme el trabajo cuando vio mis créditos de educación aprobados en la universidad. Solicité el trabajo que estaba disponible en el recinto que quedaba cerca de mi casa. Desafortunadamente, ellos no tenían una plaza abierta en este recinto. El dueño del instituto decidió enviarme al recinto que quedaba en el lado este de la isla. El trabajo quedaría lejos de mi casa mediante un viaje en auto de aproximadamente 40 minutos.

Abrumado por la curiosidad y con la necesidad de tratar algo diferente, acepté el trabajo y empecé a hacer los viajes hacia el instituto durante la mañana. Usaba el auto viejo que mi madre me había dado. Era un auto con mucho uso, y el viaje para el trabajo era cuestionable. Estaba listo para algo diferente, y quería tratarlo. Me gusta enseñar, soy bueno enseñando, y está en mi sangre. El sueldo no era bueno. Pagaban solamente $12 por hora. Recordemos que yo podría doblar o triplicar esa cantidad trabajando como barbero. Pero disfruté el trabajo y lo que hacía durante ese tiempo que trabajé en el instituto. Tenía muy buenos estudiantes, hambrientos de aprender las técnicas de cómo cortar el cabello. Todavía, hasta hoy día, me he encontrado con algunos de ellos se muestran muy agradecidos por lo que les enseñé. Tener un buen instructor en barbería es algo raro y poco común.

Algunos de estos institutos, solamente te enseñan a aprobar el examen y no se enfocan en enseñarte cómo cortar bien el cabello; que al final del día, es lo más importante. Cuando estaba enseñando en el instituto, me concentraba más en la parte práctica del curso que en la parte teórica. Mis estudiantes se mostraban muy agradecidos por eso.

Conocí una chica muy buena y adorable en el pueblo donde estaba trabajando y decidí mudarme cerca. Quise mudarme porque pasaba todo el día, y también las noches, en ese pueblo. Luego conseguí un trabajo por la noche en el primer instituto que se especializó en barbería en Puerto Rico. Durante muchos años, los barberos no necesitaron una licencia para ejercer la profesión en Puerto Rico. Este instituto abrió sus puertas con la idea de calificar legalmente a las personas que quisieran estudiar barbería, cuando ya era obligatorio tener una licencia.

Cuando el dueño de este instituto escuchó que había un buen maestro de barbería en el pueblo, decidió venir a preguntarme si quería dar clases por las noches. Así que, durante un tiempo, trabajé en este lugar. Comenzaba a trabajar a las seis de la tarde y las clases terminaban a las nueve o diez de la noche. El trabajo era retador y agotador. Estaba enseñando por el día y también por las noches en ambos institutos. Posteriormente, fui despedido de mi primer trabajo como instructor de barbería. Recibí una llamada del dueño del instituto, donde primero había solicitado, diciendo que necesitaban un maestro. Se trataba del recinto más cercano a mi casa. Por lo tanto, tendría que mudarme otra vez para allá, y si no aceptaba trabajar en ese instituto, automáticamente, quedaría despedido.

Básicamente, fue una decisión mutua entre el director y yo. Yo renunciando y él despidiéndome. No iba a mudarme nuevamente, ya tenía todo arreglado en ese pueblo y una novia a quien amaba. También, una de las razones por la cual fui despedido tenía que ver con que me involucré con una de las estudiantes de cosmetología. Cuando fui contratado, una de las condiciones para mantener el trabajo era que no podía relacionarme sentimentalmente con ninguna de las estudiantes. El director del instituto fue muy claro cuando me estaba concediendo la oportunidad de trabajar. Relacionarme con una estudiante, automáticamente, provocaría mi despido. A decir verdad, no tenía una relación fuerte con la chica, pero pasaba más tiempo con ella, que con las otras estudiantes durante la hora de almuerzo. Se notaba demasiado, así que ciertas personas hablaban maliciosamente sobre eso.

Para ese tiempo, la economía en los Estados Unidos pasaba por momentos terribles, y en Puerto Rico era peor. Eso fue a mediados del 2008, cuando el mercado de bienes raíces colapsó y yo necesitaba urgentemente un trabajo. Me fui a trabajar en una barbería que quedaba cerca del instituto. Probablemente, había allí un ambiente similar a la barbería que ves en las películas de Ice Cube. Todo el mundo se conocía en este lugar. Yo era un forastero, por lo tanto, nadie me conocía allí. No me había criado en este pueblo ni tenía ningún amigo allí. Las únicas personas que conocía eran los estudiantes del instituto del cual acababa de ser despedido.

El dueño de la barbería pensó que sería una buena idea alquilar la silla restante en el lugar. Su hijo había sido mi estudiante en el instituto y él le comentó sobre mi. Este joven adulto era uno de mis mejores estudiantes cuando trabajé en el instituto. Era un veterano del ejército recientemente retirado del servicio militar. Como soldado, estuvo en la guerra de Irak y de Afganistán. Frecuentemente me dispensaba muchos halagos y me comparaba con algunos de los instructores que tuvo en el Army. Yo siempre fui bien estricto y tomaba seriamente mi trabajo como instructor de barbería. También él ayudaba a los otros estudiantes, ofreciéndose para servirles como modelo a fin de que ellos completaran algunos de los requisitos necesarios para graduarse. Aunque él era un hombre joven, tenía 50% de cabello blanco. Nosotros solíamos teñirle el cabello de un negro muy oscuro. No importaba si el cabello era corto, el tratamiento contaba como un servicio completo de tinte de cabello. El me daba buenas recomendaciones sobre restaurantes alrededor del instituto, en los cuales servían buenos almuerzos.

Un día, una grave tormenta estaba pasando sobre el pueblo y todos los caminos estaban inundados cerca del instituto. Una de las maestras, que se desempeñaba como la técnica de uñas, quedó varada en una de las calles inundadas. Ella llamó al instituto llorando, diciéndole a la directora que estaba atrapada en la lluvia y su carro había dejado de funcionar. Ella temía por su vida, la lluvia no paraba, y a cada instante, entraba más agua adentro del vehículo. Le pregunté dónde se encontraba, y con la poca información que pudo brindarnos, logramos localizarla. Cuando llegamos al lugar, vi que todavía teníamos tiempo para remover los zapatos y alguna de la ropa que teníamos, de modo que no se mojaran. Había celulares y otras pertenencias que removimos inmediatamente. Sacamos a la chica fuera del vehículo y también a su hijo. Empujamos el auto fuera del área inundada y estacionamos el vehículo en un área segura. Después de tratar de arrancar el vehículo, vimos que no quería prender, y nos fuimos de vuelta al instituto. Después de algunas horas, cuando ella y su hijo estaban seguros, mi estudiante exmilitar mencionó que yo le recordaba a algunos instructores que él tuvo cuando estuvo en el ejército. Lo decía, porque, analizamos la situación antes de ir directo al vehículo para empujarlo. Sin embargo, habíamos pensado que teníamos tiempo para quitarnos alguna ropa, lo cual fue una buena decisión. Más que un estudiante, el exmilitar también era mi amigo. Aunque él era más joven que yo, siempre lo respeté mucho por lo que hizo por nuestro país. Pienso que no fue una coincidencia que su padrastro fuera el dueño de la barbería localizada al cruzar la calle del instituto. Después de hablar con el dueño sobre el trabajo y de la comisión, decidí aceptar el empleo y quedarme trabajando allí. Me alquiló una silla, por la cual yo pagaba $75 a la semana. Siempre voy a estar muy agradecido de los barberos que trabajaban en este lugar.

Tres barberos, que eran amigos desde la infancia, trabajaban allí. Me dieron la bienvenida y me trataron como si fuera uno de ellos. En ocasiones, cuando trabajas en una barbería, a los barberos que estaban antes que uno les gusta ponerles sobrenombres a los demás. El sobrenombre que seleccionaron para mí fue "El Escogido" (The Chosen One). Me decían Chosen solo para hacerlo más corto. De cierta manera, era una burla, pero sé que ellos no lo hacían con malas intenciones. Se referían a mí como si yo fuese el escogido y el que tuvo suerte de obtener el trabajo en el instituto. Lo que ellos no sabían es que el salario no era bueno, comparado con el dinero que yo podría hacer trabajando como barbero. Yo quise entrar al instituto, más bien, porque me gusta enseñar, y está en mi sangre, y como mencioné anteriormente, mis padres son maestros.

El escenario económico no se veía muy bien; mi viaje para el trabajo era difícil. Un día, mi vehículo se dañó y tenía que enviarlo al mecánico. Arreglar el vehículo tomaría una semana completa. Como había mencionado antes, el viaje desde mi casa al instituto era de 40 minutos. Estaba en el proceso de mudarme allá, y todavía no tenía un lugar donde quedarme. Un día, fui lo suficientemente loco como para dormir en la barbería sin el permiso del dueño. Hasta tome baños usando galones de agua en el patio de la barbería. La experiencia fue horrible, el calor en este lugar fue razón suficiente para encender el aire acondicionado. Eso no fue una buena idea, ya que la electricidad en Puerto Rico es muy cara, y el incremento en el recibo de la luz iba a ser significativo.

Una noche, el dueño de la barbería pasó por el negocio para recoger algún artículo y yo estaba durmiendo en la barbería con el aire encendido. No sabía qué hacer cuando lo vi a él y a su hijo menor entrando a la barbería. Él no sabía que yo estaba allí. No sabía si hacer algún ruido y hablar con él para decirle que yo estaba allí, de esa manera descubrirían mi presencia y no se asustarían. O, tal vez, era mejor mantenerme en silencio con la esperanza de que no me vieran y se fueran de la barbería. Opté por hacer esto. Esperé un tiempo, pero eventualmente, fueron hasta la parte de atrás y me vieron. Su hijo menor estaba allí, y brincó del susto cuando me vio y comenzó a correr hacia afuera de la barbería casi como hacen las ardillas. Mientras tanto, yo les decía: ¡soy yo!, ¡soy yo! Les dije que se me había olvidado algo y fui para recogerlo. El dueño sabía que era una mentira.

Tenía un colchón improvisado en el piso que había hecho con cojines del sofá. Como una persona madura, con corazón y sentido común, asumió que yo estaba durmiendo allí, y apagó las luces y se retiró de la barbería sin mencionar una palabra.

Trabajé allí hasta que me di cuenta de que no iba a llegar muy lejos quedándome en la isla y trabajando como barbero. Yo quería sacarle provecho a mi talento, y comencé a ver cómo era el movimiento en Florida o tal vez en otro estado. Conocí a uno de los clientes de otro barbero, quien vivía en Orlando, Florida, y estaba de vacaciones.

No pude evitar escuchar la conversación y le pregunté cuál había sido su experiencia en Orlando. Él mencionó que cortaba su cabello con el dueño de una barbería. Se ofreció a decirle sobre mí y de mi interés en un trabajo en la Florida. Hablé con él por teléfono desde Puerto Rico hacia Orlando, y se ofreció para alquilarme una silla, darme un trabajo, y hasta me permitió dormir en la barbería por lo menos dos noches hasta que yo pudiese conseguir un lugar donde hospedarme. Me dijo que la barbería estaba llena de clientes y necesitaban un barbero adicional.

No sé en qué estaba pensando porque yo, en aquel momento, ni siquiera tenía una licencia de barbero de la Florida. Ahorré algún dinero y le devolví las llaves al dueño del apartamento que yo tenía alquilado. Decidí darme la oportunidad y viajar hasta Orlando, buscando mejores oportunidades. Era una locura porque no tenía familia en la Florida; si tuviese algún problema en el futuro, estaría por mi cuenta. Bueno, algunas situaciones nunca cambian.

Pudo haber sido peor, por lo menos yo tenía mis documentos. algunos inmigrantes ilegales vienen a los Estados Unidos con sus familias enteras sin dinero o documentos. Cuando llegué a Orlando, el cliente de mi compañero en Puerto Rico fue lo suficientemente amable como para ir a recogerme al aeropuerto y llevarme a la barbería directamente a trabajar. Comencé ese mismo día. El dueño no estaba allí, así es que me iba a reunir con compañeros que probablemente no estaban contentos de que yo estuviera allí, y su pedazo de pastel se iba a hacer más pequeño.

Al fin y al cabo, la barbería quedaba en una área turística y era en un segundo, piso casi invisible a las personas que caminaban al rededor. Terminé entregando pancartas a los clientes y "joseando" un corte a personas que probablemente no lo necesitaban porque estaban de vacaciones. No duré ni dos noches, casi sin dinero en mi bolsillo, poca planificación y compañeros de trabajo que no estaban contentos porque yo estaba allí, no iba a llegar muy lejos.

Cómo mencioné anteriormente, el dueño de la barbería me dijo que me iba a permitir dormir por lo menos dos noches en la barbería hasta que pudiese conseguir un apartamento y un vehículo. Él no estaba en la tienda, y los empleados no sabían sobre este arreglo entre él y yo. El empleado que tenía las llaves del negocio no me permitió quedarme en la barbería, y me dejaron afuera. Resulta ser que el dueño de la barbería trabajaba a tiempo parcial en un casino por las noches y, presumiblemente, se estaba robando las monedas y lo atraparon; así que terminó en prisión. Alquilé un cuarto de hotel al frente de la barbería donde pasé la primera noche. Fue un día largo. La mitad del día estuve emocionado porque iba a trabajar y la otra mitad, muy desilusionado por la forma en que iba todo. Decidí no gastar ni un centavo más en Orlando, y volver a casa, en Puerto Rico.

Cuando volví, el dueño del apartamento que yo solía alquilar estaba tirando las pertenencias afuera, porque estaba pensando renovarlo. Cuando me vio, se sorprendió. Él me preguntó ¿no te fuiste a Florida ayer? Yo le contesté sí, pero tuve unas complicaciones en mi viaje. Le pregunté si podía volver a alquilar el apartamento porque mis planes no resultaron bien en Orlando, tal y como yo esperaba. El accedió y se retiró del apartamento, y finalmente pude dormir después de tres días largos y ajetreados.

Todo pasa por alguna razón. Tenía un amigo que vivía en Miami y nos criamos juntos en Puerto Rico. Sus padres eran cubanos, ellos fueron unos de los pocos que, en vez de irse a Miami, decidieron quedarse en Puerto Rico, y vivieron en la isla por un largo tiempo. En algún momento, fueron exitosos, pero hacer negocios en Puerto Rico siempre ha sido difícil. Eran dueños de una estación de gasolina, pero toda su familia estaba en Miami, y decidieron mudarse a allá después, de muchos años. Mi amigo se mudó a ese lugar y ayudó a su familia a establecerse en Miami. Eventualmente, todos se fueron, incluyendo su a su hermana y sus sobrinos.

Durante todos estos años, probablemente 15, siempre mantuvimos comunicación, después que se fue de la isla. En una ocasión, fui a visitarlo a Miami. Vi como estaban viviendo él y sus padres, y me sentí feliz por ellos. Siempre me mantuve con la curiosidad acerca de cómo sería mi vida si yo también me mudara a Miami. Cuando fracasé en mi primer intento de ir a Orlando, mi amigo y yo hablamos sobre eso. Él me dijo, el negocio en Miami es diferente porque hay muchas más personas, la economía se mueve más rápido comparada a la economía de Orlando. Él me dijo que había la necesidad de buenos barberos en Miami, porque los barberos allí, eran malos.

Por favor, barberos de Miami no se enfaden conmigo. No soy yo quien está diciendo esto, es una percepción general en Miami. Mi amigo tenía razón. Solamente pregúntale a cualquiera que trate de buscar un corte decente en allí. Él estaba muy contento de poder ayudarme. Habló con su esposa para permitirme quedar en su casa en Homestead, Florida durante tres semanas. También se ofreció para ayudarme a buscar trabajo y me dijo que él sabía de algunos lugares en los cuales yo podía solicitar como maestro. Además, me ayudó a transferir mi licencia de barbero de Puerto Rico a Florida. Yo estaba un poco dudoso porque mi experiencia en Orlando no fue buena, pero decidí ahorrar un dinero y tratarlo nuevamente. Así que eso hice.

Fui a Miami con un vuelo con regreso. Acudimos a la barbería que él solía cortarse el cabello. Este era el ambiente más loco que he visto en una barbería hasta el día de hoy. Me entrevisté con el dueño de la barbería y le pregunté si necesitaba un barbero. Mi boca quedaba a seis pulgadas de su oído para que él pudiese escuchar lo que yo decía. La música estaba tan alta que la distorsión de la bocina se escuchaba hasta el frente del edificio. Los barberos que no estaban ocupados se quedaban afuera, preguntándole a los clientes que caminaban al frente de la tienda si querían un corte. Nosotros le llamábamos "josear" y eso era literalmente.

Era un escenario perfecto para hacer el dinero que queríamos. Había muchas personas buscando un corte económico y bien hecho en Miami. Nada es económico en esta ciudad, pero en aquel tiempo cobraban $15. Este es el lugar más loco en el que he trabajado en toda mi vida como barbero. Era en un pulguero dentro de un edificio cerrado. El negocio tenía 14 sillas y barberos de todas partes del mundo. Seis dominicanos estaban corriendo el negocio. También teníamos el dueño quien era americano, dos hondureños, un mexicano, dos cubanos americanos, y uno de Puerto Rico, y yo iba a ser el segundo. Casi teníamos el lugar lleno, excepto por una silla.

En algún momento, todas las sillas estaban ocupadas, pero era difícil quedarse trabajando allí porque parecía un lugar loco y ruidoso. Era casi como una zona de guerra. Tocar hip-hop era como predecir una pelea. El género musical incrementaba el comportamiento violento en los empleados. A nadie le gustaba limpiar. Una vez vi un hueso de pollo que se cayó al piso, del plato de alguno de los empleados, y permaneció allí durante toda una semana sin que nadie lo recogiera. La barbería olía terriblemente a comida frita mezclada con el olor de un gimnasio de una prisión y sin aire acondicionado. En el negocio del lado, solían vender mariscos fritos, tales como: pescado, camarones, y papas fritas durante todo el día. Todo ese olor y humo se metía dentro de la barbería el día completo. Al lado había una tienda de tatuajes. Una de las casi 20 tiendas de tatuajes dentro del pulguero. Aunque era un lugar donde trabajaban personas nebulosas parecía un buen lugar para comprar oro. Habían muchas tiendas donde vendían oro y también hacían reparaciones. Los empleados que reparaban oro en la joyería eran muy diestros. Los dueños de esas tiendas parecían judíos o árabes. También había muchas tiendas donde se podía comprar gafas falsas, que pertenecían a los chinos.

Los clientes fumaban cigarrillos y otras sustancias verdes dentro de la barbería cuando recibían un corte. El aire acondicionado no era el mejor. Por lo tanto, teníamos abanicos por todos lados en la tienda. Todos los cabellos cortados volaban por todas partes y hasta chocaban en mi cara. Uno de los barberos tenía una serpiente pitón, y todas las semanas, él traía un ratón blanco a la barbería para alimentar a la serpiente, lo cual era una locura y un espectáculo pero también despertaba la curiosidad y el asombro. Todos los empleados de otras tiendas, tanto los artistas de tatuajes como sus clientes y los barberos, se reunían para ver cómo la serpiente hostigaba al pequeño ratón poco a poco, hasta convertirlo en almuerzo o cena.

Al lado de la barbería, había un jamaiquino bien alto con un largo cabello rasta. Él solía rentar una silla en el salón que quedaba al frente de la barbería. Él era el único hombre en el salón. En ese lugar se especializaban en hacer trenzas. También trabajaban estilistas que solían hacer una fortuna poniendo cabello a las mujeres de raza negra.

Él siempre me hacía reír porque me decía que yo parecía un policía encubierto, pero me inquietaba porque lo decía fuera de broma. Él pensaba que yo era un policía encubierto de verdad. De cierta manera, yo lo entendía, ya que nadie me conocía en este lugar y yo vine de la nada. Nadie me había visto nunca en ese lugar.

El dueño de la barbería era una persona muy buena. Él era un cubano americano blanco que apenas hablaba español. Él solía cortar el cabello muy bien. Yo sé que a él le gustaba mi trabajo porque, repentinamente, me preguntaba que si yo podía cortar su cabello todas las semanas. Después de todo, la mayoría del tiempo, yo era el único sobrio. Él no quería que nadie arruinara su cabello. Era muy comprensivo; si alguno de nosotros necesitaba dinero antes del día de pago, accedía a pagarle. Ocasionalmente, sufría de convulsiones porque tenía epilepsia. Algunas veces caía al piso y comenzaba a sacudirse botando burbujas por la boca. La primera vez que lo vi, me asusté demasiado, no sabía lo que estaba pasando. Yo pensaba que él estaba muriéndose de un ataque al corazón, o que alguien le había hecho daño. El lugar era violento y las peleas ocurrían a menudo. Un día el dueño de la barbería tuvo una convulsión, y se cayó al piso, de manera que su arma de fuego estaba visible. El martillo del arma de fuego estaba colocado en posición para disparar. Así de loco era este establecimiento. Los oficiales de seguridad del edificio tomaron el arma y la llevaron a la oficina.

Pasé dos años en esta barbería. Obtuve mi licencia de barbero pero decidí quedarme en este lugar porque ya tenía una clientela desarrollada. Es un lugar excelente para entender lo desquiciado que Miami podría ser. Este es el Miami que los turistas no ven en televisión. Era un campo de entrenamiento para mí, si pudiese llamarle de esta forma. Una de las lecciones que aprendí en este lugar es a decir "yo no sé" a cualquier persona que pregunte algo. Si te quieres deshacer de alguien, solamente dile yo no sé, cuando te pregunten, esto incluye si sabes la respuesta. Eso hizo mi vida más fácil en este lugar. Puedes aplicar esto en tu diario vivir, y vas a ver cómo tu vida será más fácil. Claro, a menos que la persona que venga a preguntarte sea alguien cercano a ti y tú quieras ayudarlo.

Después de varios años trabajando allí, decidí irme del lugar. Estaba cansado de las peleas y de estar cerca de personas nebulosas. Yo sabía que podía hacerlo mejor; quería trabajar en un lugar con un ambiente más profesional. Quería ahorrar dinero para poder tener mi propia barbería algún día. Había rumores de que el dueño de esta barbería la compró por $40,000 y en ese momento yo no veía esa cantidad como algo imposible, aunque yo no quisiera ser dueño de una barbería como esa. Estados Unidos es la tierra de las oportunidades para los que se quieren aprovechar del país. Pero, por alguna razón, en este país conocí muchas personas que no se aprovechaban de las oportunidades que recibían.

Comencé mi búsqueda para ver dónde corría el dinero en Miami. Fui conduciendo el primer vehículo que tuve en la ciudad mágica: una pequeña motora de motor 50 cc azul y gris. Fui al puente elevado más alto en el centro de John F. Kennedy o la avenida FL 934, en el corazón de la ciudad. Desde este punto, se puede ver todo el lado este del condado Dade de Miami. Además, desde allí se puede ver el intra costero y las playas. Me bajé de la motocicleta y comencé a mirar en el horizonte la ciudad, que se veía más moderna y limpia. Miré hacia el sur, donde quedaba el área de South Beach. Observé también el área del centro y al norte, donde está Aventura y Surfside. Luego, buscando en el Internet, encontré varias barberías exclusivas. Si yo era bueno y ya tenía mi licencia de barbero de la Florida, acabada de recibir ¿por qué me iba a quedar en ese trabajo desagradable? Ya no quería trabajar en sitios sin prestigio, yo quería trabajar donde pudiese sacarle provecho a mi talento. Deseaba trabajar en un lugar donde me valoraran y donde fuese esencial a las personas.

Vi en Craigslist un anuncio de trabajo en una barbería en el centro de la ciudad. Aquí es donde están las oficinas de gobierno y los negocios. Sabía que algunos doctores y abogados tenían sus oficinas allí. Programé una cita con el dueño de la barbería para tener una entrevista. Era una barbería exclusiva, la mayoría de sus clientes eran abogados porque la corte quedaba a pasos del negocio. También había gente de negocios y gente acaudalada que solía atenderse aquí. Después que él percibió que yo estaba seriamente interesado en el trabajo decidió emplearme inmediatamente. Me pareció bien, y lo consideré, mayormente, porque me garantizó $400 a la semana. Era una buena forma de comenzar un trabajo nuevo porque si yo hacia menos de la cantidad de $400, aun así cobraría lo que habíamos acordado. Durante el tiempo que trabajé aquí, solamente utilicé el beneficio una vez.

Era una barbería muy concurrida, y no necesitaba buscar más clientes. Tenía un inventario grande de productos para el cabello masculino. Allí, trabajé acompañado de otros tres barberos. Uno venía de Cuba y no hablaba mucho inglés, por lo cual, la recepcionista estaba cargo de traducir lo que el cliente quería. Otro barbero era de Venezuela, pero este contaba con un mejor vocabulario en inglés. Ambos eran hombres adultos. El tercero era un americano blanco, de pequeña estatura, que solía teñirse el cabello de color rubio. Según los clientes se parecía un poco a Beavis, el personaje ficticio de la serie de televisión de MTV Beavis and Butt-Head. Él no hablaba español, pero siempre estaba prestando atención a lo que otros estaban haciendo en la barbería. A él le encantaba el chisme y siempre le gustaba hablar, no necesariamente detalles buenos sobre los otros barberos. Él se sentía orgulloso de ser el barbero que tenía más clientes en el establecimiento; algo, que ninguno de los otros barberos, les importaba. Otra joven dama originaria de Cuba trabajaba en la barbería haciendo manicuras y pedicuras para los clientes.

Era un poco incómodo trabajar con camisa de manga larga y con corbata, pero no me importó. El dueño de la tienda suplía las camisetas y las corbatas, pero yo compré más, porque no quería vestir siempre las mismas prendas todos los días. Pienso que el precio de los cortes de cabello en esta barbería eran bajos, considerando cómo se veía físicamente la tienda y, en general, el local. Solían cobrar $25 por corte. Al momento en que estoy escribiendo, llegaron a cobrar $35, que aun así, sigo pensando que todavía no es caro. Para la excelente presentación del lugar, podrían cobrar, fácilmente, unos $40 por corte. Una de las situaciones que no me gustaba de la barbería era que tenía un horario raro, abriendo a las 7:30 de la mañana y cerrando a las 6:00 de la noche. Son casi 11 horas de jornada laboral, si no descuentas la hora de almuerzo. Con razón tenían dificultades en contratar barberos. El dueño de la barbería solía enfurecerse si alguno de los barberos se sentaba sin hacer nada, y por un momento, cerraba sus ojos para descansar brevemente. Había que estar alerta todo el tiempo para recibir al cliente.

En esta barbería aprendí a hacer la afeitada con la toalla caliente. Los barberos utilizaban diferentes técnicas. Aprendí alguna de estas técnicas y con ellas, hice la mía propia. Es la técnica que uso hasta estos días. En los capítulos siguientes voy a describir cómo hago la afeitada con la toalla caliente. En general, era un buen trabajo. La única parte negativa era el precio que pagábamos por el estacionamiento de nuestros vehículos: $85 mensuales o $1,020 al año. ¡Solo por estacionar el vehículo! Trabajé allí cerca de un año. Tuve diferencias con uno de los barberos de los que también trabajaban allí. Él no era un individuo respetuoso y probablemente me había visto como una amenaza porque yo ganaba más clientes cada día y él siempre quiso ser el barbero principal. Honestamente, a mí no me importaba quién era. Creo que los barberos que tienen esas actitudes son unos tontos. Yo sólo quería hacer dinero. Él convirtió mis días en algo muy incómodo, por lo cual, decidí irme.

Esta fue una de las primeras veces que experimenté el racismo en Estados Unidos. Me quedé sin trabajo cerca de un mes. Pude haber empezado inmediatamente en otro trabajo, pero preferí esperar y explorar otros pueblos en Florida, donde hubiese otra barbería exclusiva como esa. Quería explorar las barberías en West Palm Beach porque vi que necesitaban barberos. El auto que tenía en aquel momento no era confiable. Decidí alquilar un automóvil por un día para ver este lugar, y alguna de las tiendas alrededor. No me importaba si tenía que viajar a otra ciudad diferente, si acaso conseguía el trabajo que deseaba. No pude conseguir un trabajo como yo lo quería, y acepté una posición en una franquicia de barbería, cerca de Brickell. Esta barbería tenía una apariencia exclusiva, pero era una franquicia. La encargada me entrevistó, y me pareció una de las mujeres más sabias que conocido, en cuanto a negocios. Ella fue la encargada de siete franquicias de tiendas de estilismo. Quería adoptar el mismo modelo de negocio de estas cadenas, y su forma de pagar a los empleados sería por hora, a $7.25. Si trabajaba por hora, no sería a trabajar para mí, pero esto sería mejor que ir de vuelta a un lugar malo. El modelo de negocio que ella quería implementar era similar al que usa el restaurante Hooters. Se proponía contratar mujeres elegantes y hacerlas trabajar usando un corset. Algunas veces, el establecimiento me recordaba la película Moulin Rouge. La tienda solía tener un columpio instalado en el techo, igual al de la película, para usarse en ocasiones especiales. La dueña estaba muy bien conectada. Conocía al alcalde de la ciudad y a muchos dueños de negocios. Todo el mundo la conocía en Miami. También solía invertir en anunciarse en el noticiario principal. Quería crear un modelo de negocio que ella pudiese presentar a futuros dueños de franquicia. En mis días finales de trabajo en esta barbería, ella implementó las suscripciones para los clientes de la barbería. De esta manera, los clientes pagan una cantidad al año fija y pueden cortarse el cabello cuantas veces quieran y obtener cualquier servicio del menú durante todo el año. Este modelo de negocio beneficia al dueño y a los clientes, pero no necesariamente es lo mejor para los barberos. La dueña era muy buena decorando. En Navidad solía decorar la tienda y casi se sentía como sí estuviese trabajando en una barbería en Nueva York. Le gustaba tocar canciones de Navidad todo el día para los clientes. A unos les gustaba y a otros no. Probablemente han escuchado esas canciones más de 1,000 veces en sus vidas. Algunas de las canciones que tocaba, por ejemplo, son "All I Want For Christmas Is You" de Mariah Carey, "Santa Claus Is Coming To Town" de los Jackson 5, "Wonderful Christmas time" de Paul McCartney, "Jingle Bell Rock" de Bobby Helms, "Santa Baby" de Ertha Kitt, solo por mencionar algunas. Podrías escuchar estas canciones solamente una vez en la temporada y eso sería suficiente.

Después de trabajar aquí algunos meses, preocupado y perdiendo la esperanza, finalmente, recibí una llamada de una barbería exclusiva en el área norte de Miami. Yo había solicitado este trabajo tres meses antes de recibir la llamada. Fui lo suficientemente afortunado para reemplazar a una dama que se iba a retirar por problemas de salud, así que fui entrevistado por los dueños. Ya estaba acostumbrado a vestir camisa de mangas largas y corbata, tal y como trabajaba en el centro de la ciudad y fui a la entrevista vistiendo lo mismo. La vestimenta era apropiada, teniendo en mente que esta es una de las barberías más profesionales y con mejor apariencia en Miami. Gracias a Dios, me dieron el trabajo, iba a comenzar una semanas después de la entrevista.

Este lugar estaba escondido, era difícil saber cómo las personas se daban cuenta de su existencia. Yo tenía curiosidad y decidí y estacionarme frente a la barbería para ver el movimiento. Estacioné mi vehículo debajo de un árbol mirando de frente a la entrada de la tienda y permanecí allí por horas. Cuando vi muchas personas entrando y saliendo, me sentí un poco mejor acerca de la seguridad del trabajo.

Los clientes tenían la apariencia de pertenecer a la clase alta. Nunca vi a nadie entrando a la barbería en pantalones cortos o sandalias. Tampoco vi a personas vistiendo similar a los gangueros que frecuentaban el pulguero donde trabajé. Al lado de la barbería, había un lugar excelente donde se podían ordenar hamburguesas exquisitas. Dennis Rodman, jugador de básquetbol y embajador de la paz de Corea del Norte, era un cliente regular. Lo vi muchas veces almorzando en este restaurante. Cuando yo era niño, tenía su camiseta, la negra con el número 91 de cuando él jugaba para los Chicago Bulls.

Esta era la barbería más elegante de Florida. Nunca verías un lugar como este en otro lado. El dueño original puso más dinero del que debió en este lugar. Muchas de las áreas tenían decoraciones con madera tratada. El pasillo parecía una de las calles de Francia o quizás de Italia. Mayormente porque el piso estaba construido usando ladrillos europeos. También usaron lámparas que iluminaban el pasillo, similares a las que usan en las calles de Europa. Tenían una silla gigantesca para lustrar zapatos; la foto de la portada de este libro fue tomada usando esta silla. Todos los barberos cuentan con su propia estación privada, igual que en una oficina. Al cerrar la puerta, dentro del cuarto, éramos solo el cliente y yo. Cada cuarto tenía cortinas de madera que se cerraban para obtener más privacidad. Todo era muy privado y callado en el establecimiento. Los televisores de pantalla plana se adaptaban individualmente con televisión de satélite para la preferencia del cliente. En la parte trasera de la tienda, había dos cuartos de masaje y también había dos cuartos más que se usaban para las manicuras y pedicuras. Cuando la barbería fue inaugurada, también ofrecía servicio de blanqueamiento de dientes. Al frente de la tienda, siempre había recepcionistas hermosas, dándoles la bienvenida a los clientes y asegurándose de que estuvieran cómodos mientras esperaban. Siempre había disponible café, vino, y las irresistibles galletas de chocolate. De forma complementaria, para mis clientes importantes, tenía Johnny Walker doble black y cigarros para los que fumaban en mi estación.

Este debería ser el nuevo modelo de las barberías en el futuro, y ahora lo es con los salones tipo estudio. Pero los estudios son una miniatura comparada con esta barbería. Me iban a pagar 50% de comisión por corte, pero el precio del corte de cabello era doble de mis trabajos anteriores en Florida. Este era el lugar trabajo que siempre estaba buscando. Aquí puedo hacer lo mejor de mi trabajo, estaba hecho para mí. Aunque los clientes también eran más exigentes. Esperan lo mejor y nada más. Aquí, era imprescindible aprender a escuchar y a obedecer. Algunos de los clientes me trataban como su sirviente; se entendían que siempre tenían la razón. Siempre había espacio para reír de sus bromas poco jocosas. Tenía que llamarlos como ellos quisieran, doctor fulano o como sea. Créeme, nadie necesita saber si eres un doctor, a menos que alguien se esté muriendo en el lugar.

Trabajar aquí, fue muy duro. Las citas se programaban de cada 30 minutos. En el tiempo dado, tenía que hacer el corte y dos lavados de cabello. Un lavado al principio del corte y otro después, para que el cliente no se fuera con el cabello sucio y lleno de pelos cortados. Algunas veces era muy difícil para mí mantenerme dentro del tiempo estipulado porque algunos de los clientes llegaban tarde a la cita. Siempre los atendía, a menos que estuviesen más de 15 minutos tarde.

En ese caso, tenían que reprogramar sus citas. Cómo el dinero en este trabajo era bueno, casi nunca decía que no al cliente y siempre le buscaba la vuelta. Los barberos eran muy lentos cortando cabello y algunas veces tenían aires de estrella. Siempre encontraban cualquier excusa para decirle que no al cliente. Que para mí, era una locura porque la oportunidad de hacer dinero era posible, y solamente un idiota la dejaría pasar. Algunos barberos hablan demasiado, y no se daban cuenta de que si tú tratabas este trabajo de manera seria, puedes hacer más dinero que un policía, un bombero, o cualquier persona que trabaje en el gobierno.

En la tienda, compartíamos las mismas tareas, cómo hacer el lavado de las toallas y sacar la basura. Algunas veces yo era el único que preparaba las toallas porque ellos se hacían los desentendidos. En la tienda, había una técnica de uñas rusa, a quien yo adopté como figura de madre. La respetaba mucho porque ella también solía hacer el lavado de las toallas, cuando no estaba ocupada, solo porque quería ayudar. Siempre era divertido escucharla despotricando cuando se quejaba de las personas jóvenes y las describía como "estupidos". Hasta el día de hoy, algunas veces la llamo para decirle hola en días especiales como Navidad o Año Nuevo. Después de ocho años de trabajar aquí, decidí tratar otro modelo de negocio, como por ejemplo, cortes de cabello por demanda o cortes en las casas o negocios de las personas. Siempre quise tratar este modelo porque pensaba que era el futuro. Este tipo de compañía trae la barbería a la comodidad de la casa de las personas con solo el uso de una aplicación. Es como ordenar una pizza, pero estás ordenando un barbero licenciado y asegurado. Solamente trabajé con ellos un par de días porque quería tratar el modelo. Me gustó, pero solamente estaban trabajando en el centro de Miami, y viajar a esa área, para mí, eran unos 30 minutos conduciendo. Recientemente, expandieron sus áreas de servicio y en algún futuro, quisiera tratarlo otra vez. Dejé de trabajar para ellos porque estaba usando mi vehículo demasiado. Y algunas veces, cuando estaba de camino para realizar un servicio, el cliente cancelaba la cita diciendo que no estaría disponible. Esto me enfurecía porque el tráfico en Miami es horrible, y gastaba gasolina en vano. Renuncié a esa modalidad, que hacía solo al margen y me fui otra vez a tiempo completo en la barbería.

Cada vez que tengo una mala experiencia con un cliente, trato de recordar mis días en Puerto Rico, cuando estaba en una situación económica comprometedora. Por ejemplo, las largas caminatas sin vehículo, esperando de madrugada el transporte público o el tren cuando estaba recién llegado a Miami. También recordaba los días cuando pasaba algo de hambre. Recuerdo la incertidumbre que afectaba los nervios de mi madre y los tiempos en que casi me quedé sin un techo. Todos los días me levanto agradecido por lo que tengo y por lo que he logrado en los Estados Unidos. Siempre estaré agradecido de este país por su disposición en cuanto a libertad y mejores oportunidades. Gracias a todos los sacrificios que hicieron sus soldados, especialmente los que pagaron con un último sacrificio. Me gusta observar los días de la recordación puesto que no estaríamos aquí disfrutando de la libertad, si no fuese por esos héroes. No soy un soldado, pero me siento mal cuando veo otra persona incomodando a otra, sin siquiera conocerlo. ¿Que tal si esa persona de la que se están burlando fuera un veterano, un soldado que fue a la guerra y sacrificó gran parte de su vida en el ejército para luego volver a casa y ser acosado por una persona que solamente se quiere reír? Yo creo que quien se burla de ese esfuerzo es un miserable. Siempre estaré agradecido con los soldados. Y si me entero de que tengo un veterano de guerra en mi silla, siempre va a recibir un tratamiento especial; eso está asegurado.

Capítulo 2

"No esencial"

espués de todos esos años trabajando para alguien más, no pude ignorar que estaba envejeciendo. Todos me preguntaban, ¿cuando vas a abrir tu propia barbería? Yo sabía que abrir un negocio en Miami no iba a ser tarea fácil. Especialmente, una barbería, porque el alquiler de los espacios comerciales son muy caros y el dinero recaudado no es tanto.

Contratar barberos para trabajar es una de las tareas más retadoras para un dueño de barbería. Los barberos, por lo general, tienen la tendencia a ser vagos y un poco desquiciados. Si algún día encuentras un tornillo suelto en el suelo, probablemente le pertenece a un barbero. Ser el dueño de mi propia barbería era una de las pocas acciones que me faltaba por hacer en el mundo de la barbería. Nunca quise abrir una barbería, porque como dice The Notorious B.I.G. en su canción "Mo Money Mo Problems" (Más dinero, Más problemas). Finalmente, y después de mucho pensarlo, decidí abrir mi barbería. Había guardado un poco de dinero después de haber trabajado 14 años en La Ciudad Mágica.

Miami se estaba volviendo una ciudad muy cara y concurrida. No quería pasar mis años de vejez en una ciudad tan costosa y atestada. Comencé a buscar terrenos en el norte de la Florida y en otras ciudades de Estados Unidos, donde potencialmente, en el futuro, pudiera retirarme. Me puse a ver videos al azar en YouTube sobre personas que explicaban al público dónde se podían obtener terrenos a buen precio. Comprar terreno puede ser asunto abrumador. Son muchos los factores que hay que tener en cuenta y en consideración cuando tienes planes para comprar un terreno. Debes tener en mente la ubicación, si se trata de un área que podría inundarse, qué cubre el seguro, y los códigos de la ciudad, entre otros detalles. También hay que tomar en consideración los impuestos que vas a pagar por la propiedad. Era muy importante para mí mudarme una ciudad donde no tuviese demasiadas regulaciones y que pudiese hacer con la propiedad lo que yo quisiera.

Comencé a buscar en pequeños pueblos en el norte de la Florida. También, busqué terrenos en otros estados, como Alabama, Georgia, North Carolina, New York, Texas y Colorado. Yo nací y fui criado en una isla y siempre me acostumbré a estar rodeado de agua. Prefiero vivir en una ciudad en la que tenga acceso fácil al agua y las playas. No estoy cómodo en temperaturas menores de 40°. Había terrenos económicos en New York; pero Nueva York se puede volver demasiado frío en invierno. También busqué terrenos económicos en Texas. Encontré algunos, pero la única playa en Texas es Galveston. Fui a ver la playa, y no puedo decir que me gustó. El color del agua era como un té en un vaso blanco. Comparar eso con las aguas cristalinas de Miami fue suficiente para que me olvidara de Texas.

Otro problema que me ocupaba la mente era la posibilidad de poder viajar y ver a mi familia. Algunas ciudades como, Alabama y otros pueblos, en otros estados, no tenían la facilidad de ir en un vuelo sin escala. Después de buscar terrenos en todos estos estados, decidí quedarme en Florida. Una de las razones fue que ya tenía mi licencia de conducir, de barbero y de cosmetología del estado de la Florida. No quería pasar por todo ese proceso nuevamente como hice cuando transferí mis licencias de Puerto Rico hacia la Florida.

Después de dos años de búsqueda, finalmente, encontré el terreno que quería. Para entonces, ya tenía un lugar donde yo pudiera retirarme cuando estuviese envejeciendo. Llegar hasta allá era un poco difícil. La ubicación de la propiedad con respecto a donde yo solía vivir en el sur de la Florida y Miami, era una distancia de cinco horas conduciendo en vehículo. Era retador para mí ver la propiedad y realizar muchos procedimientos, tales como la inspección del terreno, la limpieza, la conexión eléctrica, aparte de tener que construir una cerca, etc.

El manejo en auto era tan excitante como una gran aventura que solía hacer los fines de semana. Acostumbraba a trabajar de martes a sábado, y después, cuando ya terminaba mi turno en la barbería, empacaba mi mochila con todas las cosas que necesitaba para pasar el fin de semana, y comenzaba a manejar hacia el norte. Salía de la barbería a las 6 de la tarde y casi siempre llegaba de 10 a 11 de la noche.

Para mí, hacer una mudanza de una ciudad a otra fue fácil porque no soy casado y tampoco tengo hijos. Lo más difícil fue abandonar mi zona de comodidad en una ciudad donde ya tenía todo, había construido una vida, tenía un trabajo, en cambio, volvería a empezar de nuevo desde cero al mudarme a una nueva ciudad. Siempre me gusta pensar en el futuro y en aquel momento, estaba pensando en tener una buena configuración para pasar mis años tranquilamente cuando ya estuviera mayor de edad. Anhelaba un lugar en donde no tuviese que matarme trabajando, solamente para sobrevivir. Estaba buscando en una ciudad donde no fuese necesario trabajar tanto. Deseaba, también, tener un poco de tiempo extra para disfrutar de los logros de mis esfuerzos, mientras fuera algo de joven.

Ahora, que ya tenía la ciudad donde quería vivir, necesitaba un trabajo. Comencé a buscar en lugares más grandes, en las afueras de la ciudad a la que me estaba mudando, porque los sitios pequeños no son los mejores para un barbero. Necesitamos movimiento y volumen de gente porque dependemos de las personas. Encontré una ciudad universitaria en las afueras, la cual me quedaba a 45 minutos de dónde me estaba mudando.

Comencé a buscar trabajo, y cuando estaba haciendo la búsqueda sobre barberos que laboraban en el área, me sorprendí cuando vi que todas sus agendas estaban llenas. Todos estaban muy ocupados en esta ciudad. Los barberos activos en la ciudad lo cogían muy suave, con unos horarios flexibles, no como en las ciudades grandes; no como en Miami, donde hay que "josear" mucho y trabajar duro. Cuando miré cómo estructuraban sus horarios, me di cuenta de que muchos de los barberos, se iban al mediodía un miércoles y los sábados también. A veces, igualmente se retiraban a las tres de la tarde. De esta manera podrían comenzar su fin de semana temprano. Empecé a hacer una búsqueda de una barbería alrededor de la ciudad, en la que potencialmente pudiera tener un nuevo trabajo. Desafortunadamente, no me gustó ninguna de las barberías de la ciudad, tal vez porque ya estaba acostumbrado a trabajar en las barberías exclusivas, donde había un ambiente más profesional.

Contemplé la posibilidad de alquilar uno de los estudios privados con cabida solamente para un barbero. Por supuesto, esto era un riesgo porque nadie me conocía en esta ciudad, e iba a ser difícil reunir nuevos clientes. Sin gente, sería como apostar a alquilar el espacio y esperar a que los clientes vinieran a la barbería sin siquiera conocer mi trabajo, ni mi experiencia.

Yo no sabía los movimientos de esta ciudad. Con las ventajas que tenemos hoy en día, al usar las redes sociales y otras plataformas, podemos cargar un portafolio con fotos de nuestro trabajo y mostrárselas a las personas que están tratando de encontrar un barbero en Google o Yelp. Ellos pueden ver las revisiones de otros clientes y apreciar las fotos en el portafolio. Pueden evaluar las fotos de nuestro trabajo, y si las fotos son buenas, los clientes llegan. Pero por supuesto, es un riesgo. Estos estudios privados no son económicos y es requerido preparar un contrato. Con el precio de arrendamiento que en piden estos días por un estudio, puedes alquilar tu propio espacio para una barbería, por menos. Y es mejor, porque entonces puedes tener barberos trabajando para ti y alquilarles las sillas o cobrarles una comisión. Ese fue mi pensamiento inicial, pero más adelante, no sabía que iba a ser tan difícil contratar barberos profesionales, puesto que aquí estamos hablando de una ciudad pequeña con recursos limitados.

Viví en Miami durante 14 años, y con todo el trabajo duro que hice en este tiempo, fui lo suficientemente afortunado como para poder guardar dinero. Quería invertir este dinero, y comencé a buscar personas que estuviesen vendiendo negocios en la ciudad. Pensaba que, tal vez, alguien estaría vendiendo, específicamente, una barbería. Hice mi búsqueda en Craigslist, y noté que alguien vendía una barbería en el área. Cuando vi la ubicación de la barbería, me pareció perfecta.

Pero no iba a ser una decisión fácil, necesitaba tiempo para pensarlo. Nuevamente, pasé por la barbería cuando estaba cerrada, a fin de ver su estado y evaluar si tendría movimiento. Cuando acerqué mis ojos para ver a través del cristal, noté que lucía antigua y mostraba rasgos de edad. Esta barbería era un negocio de 57 años de edad y todo se veía viejo, además, el nombre era anticuado. La barbería se veía menos atractiva incluso, antes de que yo la viera según clientes que heredé.

En esa ocasión en particular, yo no calculaba el potencial de la tienda. Estaba más enfocado en cómo se veía el negocio en la actualidad. Ahora lo entiendo y admito que me equivoqué. Siempre supe del potencial del negocio, pero para llegar a un futuro mejor, necesitaría mucho trabajo. Eso era algo para lo que yo no estaba preparado. Salir de mi zona de comodidad fue retador. Ya tenía todo construido en el sur de la Florida, y estaba a punto de dejarlo, para emprender un enorme esfuerzo adicional, que ya había realizado otras veces. ¿Quién sabe cuántas veces tendría que hacerlo más adelante?

Una cualidad que el negocio tenía a su favor era su excelente ubicación. Quedaba solamente a una milla y media de la universidad, la cual contaba con casi 70,000 estudiantes. Pocas barberías de los contornos tenían la calidad de trabajo que yo acostumbraba a emplear con mis clientes. Iba a ser un enorme reto, si me decidía comprar esta barbería. La transacción sería un riesgo masivo. Le ofrecí al dueño una contraoferta y se la envié en un mensaje de texto para auscultar si él accedía vender la tienda por ese precio. Contestó mi mensaje de texto, pero insistió en que no deseaba bajar más del número que tenía en su mente. Paré de enviarle mensajes de texto, y decidí no comprar la barbería, porque los números no eran compatibles con mi presupuesto.

Hay que tener en mente que, después de comprar la barbería, tendría que gastar un dinero por encima de la inversión, a fin de lograr que el establecimiento se viera bien y fuera presentable ante los ojos de los nuevos clientes. Nos estábamos enviando mensajes de texto entre noviembre y diciembre del 2019.

Después de un par de semanas, él decidió enviarme un mensaje de texto. Un día, el hombre me pidió que lo llamara. Así que lo llamé. Él me dijo, un viernes en la mañana su oferta final, si compraba el negocio el próximo lunes. El precio que él mencionó no estaba nada mal porque era, significativamente, menor de lo que él estaba pidiendo la primera vez. Por la cantidad que ahora estaba pidiendo por el negocio, yo podría comprar la barbería y usar el dinero restante del descuento en llevar a cabo la muy necesitada renovación.

Le dije que me iba a tomar el fin de semana para pensarlo, y que le daría una respuesta el próximo lunes. Durante ese tiempo, quise observar las revisiones de la barbería en internet. Dichas revisiones de los clientes, no eran las mejores. Pensaba que yo iba a comprar un negocio que necesitaba una restauración, más clientes y también un incremento en mejores revisiones de los clientes. Me tomé ese fin de semana para pensarlo, y también, para ver si iba a comprar la barbería o si me quedaría en Miami, en mi antiguo trabajo. De vez en cuando, pensaba en ese trabajo que tuve durante ocho años, con una gran clientela y cobrando $40 por cabeza, viviendo a solo a 5 minutos de mi hogar.

Esta fue una de las decisiones más retadoras que jamás haya hecho. Me sentía muy cómodo en mi lugar de trabajo, me gustaba, y hacía dinero, y estaba a punto de dejarlo todo por algo que yo no sabía si funcionaría. Después de pasar ocho años en ese trabajo, decidí que era tiempo de hacer algo diferente; tal vez, comenzar una nueva vida, y conocer nuevas personas. Decidí darme la oportunidad. De alguna manera, también estaba cansado de la vida tan atareada en Miami y me atraía la calidad de vida en las áreas rurales. Vi la oportunidad de poder vivir una vida más simple, tal vez cómo vivían las personas en las aldeas de Europa.

Llegó el día lunes, y ese fin de semana yo me encontraba en el norte de la Florida. Tenía que darle una respuesta al dueño del negocio esa mañana porque era necesario trabajar el martes en la mañana. En mi viaje de vuelta al sur de la Florida, paré en la tienda. Cuando llegué, estaba esperando por mí, para hacer negocios, un caballero elegante con cabello gris encapado en sus mediados 60, con papeles en sus manos y vistiendo una camisa de manga larga color azul.

Después de inspeccionar el negocio nuevamente y teniendo un buen sentido sobre la transacción, le pregunté al caballero como quería el dinero, él me dijo que quería un cheque de cajero. Fui al banco a retirar el dinero. Antes de irme del banco, le pregunté al cajero si en caso de qué yo cambiara de opinión pudiese depositar el cheque otra vez a mi cuenta, aunque tuviese el nombre de otra persona. Él me dijo que estaba bien, porque yo era el dueño de la cuenta de donde el dinero había sido retirado. Yo podía depositar el dinero de vuelta en cualquier momento, sin ningún problema o triturar el cheque. Tenía un par de horas para pensarlo todavía, antes de entregarle el dinero, porque permanecía con algunas dudas.

Estaba apunto de comprar un negocio en una ciudad que yo no conocía, ni nadie me conocía a mí. Peor aún, iba a trabajar en una barbería que solo tenía unos cuantos clientes. La mayoría de ellos eran caballeros retirados que solían pagar $13 por el corte. Eso era $27 menos de lo que yo estaba acostumbrado a cobrar en Miami. Me gusta tomar riesgos, así que fui allí sin ningún abogado y le entregué el cheque. Hicimos un contrato a mano y fuimos a la tienda de UPS para notarizar el documento.

Antes de eso, yo investigué al caballero para comprobar si realmente era el propietario de este negocio. Después de todo, no se puede confiar en una transacción de Craigslist. Cuando el negocio estuvo hecho y tenía las llaves, fui donde mi antiguo jefe y le dije que me iba. Desafortunadamente, no tuve suficientemente tiempo para decirle a ellos, de modo que pudiesen contratar a otro empleado antes del ajetreo de las Navidades. Necesitaba el tiempo de los días festivos para mover todas mis pertenencias del apartamento del sur de la Florida. Tenía que devolver el apartamento al dueño en excelente condición, para que no me descontara ningún dinero del depósito. Ellos, de todas formas, siempre se quedan con algo, ¿verdad?

Todo pasó muy rápido, Ya tenía mi casa y mi terreno. Compré un carretón para hacer la mudanza. Fui al Home Depot más cercano donde usualmente hay personas buscando trabajo. Contraté a dos caballeros que me ayudaron a hacer la mudanza. Puse todas mis propiedades en el carretón y comencé a manejar hacia el norte de la Florida para comenzar mi nueva vida. No investigué cómo estaría el tiempo ese día. Una tormenta masiva esperaba por mí para mojar todos los artículos que estaba transportando. Mirar a un cómodo, pero empapado colchón, me rompió el alma. Cubrí todo con plástico, pero la lluvia torrencial mojó todo. Era como una metáfora de lo que próximamente vendría. Tiempos difíciles estaban esperándome, no solo a mí, sino para todo el mundo.

No invertí ningún dinero durante las primeras semanas. Quería comenzar a trabajar con lo que ya tenía, lo cual fue una sabia decisión. Ten en mente que tres meses después de haber comprado el negocio explotaría una pandemia, cerrando todos los negocios por dos meses sin hacer preguntas.

Comencé a trabajar el 2 de enero del año 2020. Me sentía muy nervioso, pero emocionado al mismo tiempo. La tienda tenía poca clientela. El dueño anterior no contaba con muchos clientes, puesto que pensaba en el retiro y trabajaba solo. La escasez de clientes es algo que yo no sabía a ciencia cierta cuándo compré la barbería. Como era un negocio con 57 años de establecido, pensé, originalmente, que ya tenía sus clientes. Pero estaba bien equivocado. Quizás la barbería no tenía el mejor nombre. Frecuentemente, me sentaba en la silla preguntándome a mí mismo ¿que yo he hecho? Solía cobrar $40 el corte de cabello en Miami, y ahora estaba sentado aquí, en un negocio que compré con pocos clientes y con cortes que solían cobrarse de 13 a $15. Mantuve el mismo precio por un par de meses para no asustar a los clientes regulares.

Tuve que usar todas mis destrezas y experiencia para comenzar a establecer una clientela en la barbería. Decidí dejarle el mismo nombre al establecimiento porque ya tenía 57 años de historia. De alguna manera, pensé que sería una buena idea mantenerlo. Mantuve el mismo nombre un par de meses también hasta que me di cuenta de que la barbería necesitaba un cambio de nombre. Yo mantenía un canal de YouTube que hice en memoria de mi hermano menor, por parte de padre. Preparé un cartel con el nombre del canal de YouTube: Blessed Blade (La Navaja Bendita) y le hice un marco. Lo usaba de fondo cuando filmaba los videos y tutoriales de corte para el canal. Colocaba el cartel en la parte de atrás, donde estaba el modelo, para que la gente lo pudiese ver. Decidí traer ese cartel a la barbería para incluirlo como otro artículo de decoración para la tienda. Cuando comencé a hacer nuevos clientes, muchos de ellos me preguntaban… ¿de dónde salió el nombre en ese cartel?, ¿cuál es la historia detrás del nombre?

No quería mencionar que fue un canal de YouTube que hice en memoria de mi hermano. Él estaba teniendo problemas en Puerto Rico como cualquier otro adolescente que crece en la isla. Un día, él decidió estudiar para hacerse barbero y sobreponerse a sus retos. Comenzó atender clases en Puerto Rico para convertirse en barbero licenciado y finalizó el curso en el instituto de barbería. Obtuvo fácilmente su diploma y solicitó para la reválida y para el examen. Ahí fue cuando, desafortunadamente, paso al más allá. Ya el cortaba cabello, pero como yo era un maestro de barbería en los viejos tiempos, decidí hacer un canal de YouTube en su memoria, como si yo estuviese enseñándole a cortar cabello en la distancia, a través de los videos.

El vivía en Puerto Rico, y yo vivía en la Florida. Hice el primer video en su memoria. Me di cuenta de que muchas personas estaban viendo el video. Así es que decidí hacer más videos y, tal vez, ayudar a personas en todo el mundo enseñándoles cómo cortar el cabello. Hice los videos en inglés y en español. Quería compartir mi experiencia con otros. Quería compartir también mi técnica única.

Cortar cabello es muy difícil. No es fácil aprender a cortar cabello. Siempre he sido bueno para traducir movimientos de cortar cabello en palabras, para que las personas puedan entender mejor el arte de cortar el cabello.

Cuando mi hermano estaba vivo, un día fui para el día de Acción de Gracias a visitar a mi familia. Le entregué a mi padre una navaja de afeitar de color roja para que se la diera a mi hermano. En la navaja tenía escrito la palabra Blessed (bendecido). Por esta razón fue que decidí hacer el canal de YouTube con el nombre de Blessed Blade. La Navaja Bendita, es mi hermano. Siempre me gustó ese nombre para una barbería. Pensaba que iba a ser un riesgo cambiarle el nombre a porque ya la barbería tenía el mismo nombre por 57 años. Tenía una historia detrás, como una de las primeras barberías en el pueblo, pero los estudiantes van y vienen, y el nombre solamente era relevante para algunas personas locales.

Subí un portafolio con fotos de mis cortes cuando trabajaba en Miami y durante el tiempo en que estuve trabajando como barbero. Incluí el portafolio en la página de internet que creé para la barbería. Cuando las personas estaban haciendo una búsqueda sobre barberías y barberos alrededor de la ciudad, se encontraban con mi página de Internet. También incluí una página de Instagram con las mismas imágenes. Muchas de las fotos son de tutoriales que hice en mi canal de YouTube. Cada foto es una portada de los videos que hice. Después del segundo mes, decidí invertir un poco de dinero en remodelar el negocio. Al principio, comencé con lo más económico, que en este caso era la pintura. Pensaba que el color que tenía originalmente era bastante oscuro. Pinté los gabinetes de un color más claro para darle un tono más acogedor para el cliente.

Después de pintar y recuperarme del dolor de espalda, decidí cambiar los tazones para hacer el champú. Los tazones existentes eran demasiado viejos y no lucían presentables ante los clientes. Estuvieron allí por casi seis décadas. Fueron pintados sobre el color original y este no podía ser removido de el tazón. Después de hacer los tazones, decidí cambiar los gabinetes. Llamé a varias compañías que hacían gabinetes a la medida para cotizar un precio. Después de varias llamadas, nunca obtuve una respuesta. Esto se debe a que en esta ciudad, la gente está bien ocupada. Es una ciudad pequeña con muchos habitantes.

Ahora, le doy gracias a Dios, porque ninguno me contestó. Arreglar esos gabinetes podría haberme costado miles de dólares. Decidí dejarlos igual a como estaban. Traté de trabajar con lo que tenía; y lo que tenía era una barbería campestre y vieja. Quería mantener la apariencia antigua. Me gustan las antigüedades y los artículos viejos. Tengo un alma vieja.

Continué pintando la barbería para que se viera mejor, pero todo eso estaba costando dinero. También sabía que si quería contactar nuevos clientes, tenía que hacer que la barbería luciera bien y presentable. Hacer ese esfuerzo iba a ser necesario. Yo sé cómo cortar cabello de forma sorprendente y con un buen corte, un buen servicio dentro de un ambiente distinguido, estaría seguro de que los clientes volverían después del primer corte. Además, esos clientes recomendarían la tienda a sus amigos y familiares. Especialmente, en una ciudad universitaria, donde los estudiantes comparten apartamentos y dormitorios.

Una vez comienzo un proyecto, me gusta terminarlo. También hice la plomería de la barbería yo mismo. De esa manera no tenía que ver las cachas a ningún plomero, ni pagarle para hacer el trabajo por mí. También hice el trabajo de electricidad de la barbería. Eso incluye las luces verticales que instalé en los gabinetes. También cambié los abanicos del techo; estuvieron ahí por mucho tiempo. Además, coloqué cortinas horizontales para bloquear el sol, cuyo resplandor pasaba a través de los cristales y era insoportable, haciendo que la barbería se calentara demasiado.

Después del tercer mes, que fue en marzo, (comencé en enero) un día estaba recortando a un cliente y me dijo… "yo espero que no te metan en la prisión". Yo le pregunté, "¿a qué te refieres?" Él respondió que había una orden en la ciudad para que en todos los negocios tuviesen las puertas cerradas y la gente se mantuviera en las casas sin salir. En ese momento, yo sabía que algo grave estaba pasando con el virus, pero yo no veía las noticias para nada. Muy poco estaba pasando a mis alrededores en relación a la gente enferma. No sabía que había una pandemia para nada. El cliente me dijo, "sí, hay un mandato de la ciudad que ordena a cerrar todos los negocios". Cuando terminé con ese cliente, fui donde mi vecino, el zapatero, y le pregunté si había un mandato para cerrar la tienda. Tampoco sabía nada de la orden, por lo cual, él seguía trabajando normalmente. Como ninguno de los dos sabíamos lo que estaba pasando, fui a la página de Internet de la ciudad y al Facebook para ver si veía algún mandato u orden para cerrar los negocios. Y efectivamente, había una orden para cerrar todos los negocios y mantenerse dentro de sus casas.

Me sentí terrible. No sabía si iba a sobrevivir. Ten en cuenta que había comprado un negocio con un pedazo significativo de mis ahorros y puse un dinero adicional para renovarlo. Y ahora iba tener que cerrar, cuando solo habían pasado tres meses desde que abrí. Ese fue el último cliente que corte ese día. Cerré el negocio pensando que solo cerraría un par de días. Ese par de días se convirtió en semanas y eventualmente en meses. Tuve que seguir pagando la renta y los servicios de utilidades que no estaba usando. Escribí un mensaje en la página de Facebook de la ciudad a ver si lograba una respuesta. Pregunté que sí podía ir a las casas de las personas a cortarles el cabello. Ellos me dijeron que no, porque el mandato era para estar dentro de la casa y no estar afuera. Solamente a los negocios esenciales les permitieron continuar operando. Otros negocios, como la tienda bicicletas y la tienda de monedas, continuaron abiertos. El zapatero tuvo que cerrar también su negocio, pero a Walmart, Home Depot y Lowe's se les permitió continuar operando. Esto para mí era frustrante, no entendía porqué yo tenía que cerrar mi negocio mientras otros negocios más grandes continuaban operando.

Durante esos meses de espera, me sentí derrotado. Pensé que no iba a sobrevivir a esta situación. De hecho, algunos negocios no sobrevivieron. Otras barberías y establecimientos pequeños se fueron a la quiebra. El alquiler de algunos espacios comerciales podría ser de $3,000 al mes, si tienes que cerrar por dos meses, son $6,000 que todavía le debes a tu arrendador. Este dinero había que pagarlo, independientemente, de si estabas abierto o cerrado. Ese era mi caso. Todavía le tenía que pagar a mi arrendador la cantidad mensual por los dos meses que no abrí. Cuando yo pensaba, que iba a ser difícil empezar un negocio viejo con poca clientela y sin el mejor nombre, no tenía la más mínima idea de lo que vendría.

Después del segundo mes, fui a la página de Internet de Facebook para ver la inútil conferencia que había puesto el comité de la ciudad con relación al mandato. Quería ver si mi negocio iba a ser incluido en la lista de lugares esenciales, lo cual permitiría reabrir. Ese no fue el caso, según la conferencia. Después del primer mes, las barberías y salones no serían considerados negocios esenciales. Por lo tanto, tenía que ajustarme al mandato de estar en la casa en cuarentena. Para mí, esto no fue justo. Nosotros somos negocios esenciales. En tiempos de guerra y recesión, las barberías y salones eran considerados esenciales. Las personas se sentían bien cuando recibían un corte o un tratamiento en el cabello. La autoestima aumenta cuando recibes estos servicios. Aunque sean tiempos malos te sientes bien, te sientes fresco porque has recibido un servicio de cabello. Las personas no tenían barberos porque todas las barberías estaban cerradas. Todas las personas alrededor del mundo se estaban cortando el cabello ellos mismos. En muchos de los casos sus esposas, les estaban cortando el cabello. Lo hacían observando videos tutoriales en YouTube y usando las máquinas que tenían en la casa para mantener sus barbas o el cabello de las axilas. En muchos de los casos era un desastre, pero ¿a quién le importa si no puedes salir de la casa por eso? Otras personas decidieron tomar los riesgos de la desobediencia.

Hasta el Flowbee fue vendido por completo. Para esos que son jóvenes, el Flowbee es un una pieza que se adhiere a la aspiradora para que las personas que deseen cortarse el cabello en la casa. Esta invención fue patentada por el carpintero Rick E Hunts. El instrumento es similar a una máquina de cortar cabello, la única diferencia es que se conecta a la aspiradora y el aire succiona el cabello mientras la pieza, que tiene las cuchillas, corta el cabello, usando diez sobre-peines diferentes. Estos sobre-peines ajustan la altura del cabello según lo desee la persona. El número de la patente es (4679322) y fue otorgada en el año 1987. George Clooney, endosó Flowbee y hasta demostró cómo usarlo en el programa de televisión de Jimmy Kimmel, ayudando a que las ventas del producto subieran de la noche a la mañana. El precio de Flowbee es de $240.

También, uno de mis videos se fue viral porque yo enseñaba cómo cortar el cabello. El estilo de cabello en el video era bien sencillo de hacer usando la explicación que di. Yo estoy seguro de que muchos de los barberos estaban haciendo cortes por el lado o de forma clandestina, ignorando el mandato de la ciudad. Eso es, precisamente, lo que yo hubiese hecho si yo hubiera tenido clientes existentes; pero todavía nadie me conocía aquí, yo no podía hacer eso. Tuve que sentarme en la casa por dos meses observando cómo mi cuenta de banco sea hundía. Las deudas no dejaron de venir, en cambio, todos los beneficios eran para las grandes corporaciones como Walmart, Amazon, Lowe's, y Home Depot; no para los pequeños negocios como el mío. El gobernador de la Florida, ofreció una conferencia de prensa en la que indicó que las barberías, los salones, y los negocios que hacen uñas mantendrían su estatus "no esencial" para la fase número dos.

En ese momento, me sentí desolado. Estaba bien desilusionado, Ya no tenía esperanzas para mi negocio y pensaba que estaba muerto. Después de todos los esfuerzos que hice durante esos tres meses, mi negocio no funcionaría. Llamé a mi madre llorando, diciéndole que no quería vivir más. Le dije esto sin pensar que la preocuparía demasiado sobre mí. Pero eso era lo que me estaba pasando por la mente, dos semanas después de que el gobernador dijo que mantendríamos el estatus "no esencial" en la fase dos. Milagrosamente, cambió luego su opinión. Yo estoy seguro de que recibió mucha presión de las barberías y de los dueños de salones, lo cual le hizo cambiar el estatus y permitir que las personas reabrieran sus negocios.

Yo siempre he trabajado y no sé cómo vivir sin trabajar. Después de dos meses sin trabajo, algo que nunca había sucedido en mi vida, nos fue permitido reabrir los negocios. Una de las condiciones por supuesto, fue que deberíamos usar una mascarilla. Otra condición impuesta por el gobernador era que debíamos trabajar por cita, algo que yo hacía todo el tiempo mientras trabajé en Miami. Los primeros meses, cuando abrí el negocio, estaba tratando de implementar este servicio, puesto que el dueño anterior trabajaba sin cita. Él solo trabajaba por orden de llegada. También, otra orden era que deberíamos tener un espacio de 15 minutos entre clientes para poder limpiar las estaciones y desinfectar todas las herramientas, antes de ofrecerle servicio al próximo. De esa manera, evitábamos las aglomeraciones de personas dentro de la barbería y mantendríamos un ambiente limpio, ya que nosotros estamos en contacto directo con los clientes. El mandato era sobre-regulado y ridículo al mismo tiempo.

El restaurante ubicado al cruzar la calle no quería aceptar dinero en efectivo, lo cual fue una movida tonta porque las personas, cuando iban a recoger su orden, tenían que presionar los botones de la máquina para poder pagar. Ese instrumento es algo que todo el mundo toca. Con frecuencia vi clientes yendo al baño a orinar o hacer otras necesidades, y después, iban a la caja registradora para pagar. Estoy seguro de que muchas veces no se lavaban las manos. Ellos quitaron esa restricción rápidamente, estoy seguro de que a las personas no le gustaba.

Desde que reabrí el negocio, probablemente, recortado más de 3,000 personas, sin embargo, yo nunca me he contagiado con el COVID-19. Quizás mi sistema inmune es bastante fuerte ya que he estado trabajando directamente con personas desde que tenía 13 años de edad.

Después de mudarme, comprar la barbería y de hacer la inversión para mejorarla, me fui en un encierro por dos meses. Ya había tocado el fondo; no podía ser peor. Ahí fue cuando decidí cambiar el nombre de la barbería. Usé la pancarta enmarcada con el nombre del canal de YouTube Blessed Blade (La Navaja Bendita). Quería cambiar el nombre y empezar desde cero. Esta fue, probablemente, una de mis mejores decisiones de negocio. Tan pronto cambié el nombre de la barbería, empecé a recibir clientes nuevos. También, esos clientes recomendaban a otros y la clientela se hacía un poco más grande cada día. Tenía todos los diseños que usaba para el canal. Los usé para hacer un e-mail nuevo y la página de Internet para la barbería. Había la necesidad de un barbero latino bilingüe en el área.

Esos clientes recomendaban a otros y regaban la voz, lo cual me ayudó mucho.

Ordené una calcomanía pancarta con la mejor compañía que las diseñaba, que decía "barbero". Esta compañía se especializaban hacer calcomanías para autos de carrera. Era perfecto para mi necesidad. No quería ir con una calcomanía aburrida frente a mi ventana. Quería algo que sobresaliera. Me interesaba replicar las calcomanías en las ventanas de barberías y negocios de Europa. Ordené la calcomanía de un color dorado brillante, casi se veía como un espejo. La sombra detrás de las letras era negra. La calcomanía era gigantesca y visible a todos los vehículos que pasaban al frente del negocio todos los días.

También ordené una bandera vertical que decía barbería. Estas banderas eran una tendencia y todos los negocios las tenían. Más adelante, la ciudad me ordenó removerlas porque supuestamente estaban violando los códigos de la ciudad. Para mí, lo gracioso fue que otras corporaciones mantuvieron sus banderas sin ningún problema. Así es como las cosas funcionan, <u>el pez grande se come los pequeños</u>.

Más adelante, le di trabajo a un barbero que vino buscando empleo, puesto que el ambiente de la barbería donde él trabajaba no era muy profesional. El trajo toda su clientela para la barbería y de la nada, el nombre de La Navaja Bendita era reconocido como una de las mejores barberías en la ciudad, con solamente dos barberos.

Algo positivo que tenemos como seres humanos es que nos gusta ayudarnos unos a los otros. Muchos de los clientes fueron muy generosos conmigo y me estaban ayudando porque sabían que había cerrado la barbería durante dos meses. Cuando volví a trabajar, varios de esos clientes me estaban dando donaciones, para poder seguir abierto. Ellos sabían que yo había empezado ese negocio hacían tres meses. Siempre voy a estar agradecido de esos clientes que me ayudaron en esos tiempos difíciles. También le agradezco a Dios que no tuve que cerrar mi negocio y no perdí toda mi inversión en la barbería. Otros negocios no tuvieron la misma suerte, y se vieron obligados a cerrar para siempre.

Hubo negocios que, para ser precavidos contra el virus, cerraron un mes antes de que el mandato fuera puesto en vigor. De esa manera, algunos habían cerrado un mes antes y otros un mes después, luego, tuvieron que cerrar durante dos meses adicionales. En total, son cuatro meses debiéndole el alquiler a tu arrendador para que sobreviva el negocio. Esta situación podría matar cualquier negocio, sin duda. Cuando fui forzado a cerrar el negocio, construí el sitio de web de la barbería www.blessedblade.net. También hice el sistema de citas para que las personas pudieran programar las visitas sin tener que llamar a la barbería. Este sistema es muy efectivo. Vas al sitio web, presionas el nombre de cualquiera de los barberos, seleccionas el día, la hora, y el servicio que quieres. Recibirás una notificación en tu teléfono o correo electrónico confirmando que tienes una cita. Además, recibirás un recordatorio dos horas antes de la cita para que no se te olvide.

A un grupo pequeño de clientes mayores, que eran regulares en la barbería, no les gustó que yo le cambiara el nombre al lugar. El nombre llevaba 57 años con la barbería, pero me alegro de haberlo cambiado. Le dio una vista refrescante al negocio. Todavía tengo revisiones pobres en el sitio web de Internet en diferentes plataformas. También cambié la clasificación de la barbería, cuando otros clientes nuevos dejaron revisiones positivas en los servicios de búsqueda en el Internet. Las clasificaciones cambiaron cuando, ya casi, ni se veían las revisiones malas. Es imposible complacer a todo el mundo. Siempre habrá una o dos "reinas" sensitivas. Algunas de estas revisiones son maliciosas; a nosotros no nos importa. Se nota cuando una revisión negativa es una mentira.

Era muy difícil continuar operando con todas estas regulaciones que nos dio la ciudad. Nos obligaron a poner pancartas al frente de la puerta diciendo que las personas tenían que ponerse una mascarilla para recibir el servicio, así que esto no era opcional era mandatorio. Los dueños de negocios y los barberos nos convertimos en la policía de la ciudad. Había personas descontentas con esta orden, pero nosotros seguimos los protocolos de la ciudad para poder permanecer abiertos. Ahora el negocio tiene tres años y no puedo con todos los clientes. Ya no contesto el teléfono más para hacer las citas. Cuando la barbería cumplió dos años y medio de servicio, contraté a otro barbero, que vendría siendo el tercero y eso ayudaba a pagar las cuentas. Eventualmente, los barberos se fueron independientes, porque en estos días, prefieren alquilar un estudio privado. Es mejor pagar un poco más en el alquiler semanal y estar por su propia cuenta, que trabajar en una barbería con más barberos alrededor. Ese no era el modelo tradicional de las barberías. Las reuniones en la barbería, como una costumbre icónica e histórica, pronto serán extintas. Tal vez, no se irán por completo porque hay barberos que se gradúan del instituto y todavía no tienen clientes ni experiencia.

Algunas de las cadenas o franquicias también continuarán trabajando el método tradicional. Esto porque hay más dinero manteniendo la forma tradicional de trabajar que teniendo cuartos independientes para alquilárselos a los estilistas. Probablemente, en el futuro se adaptarán un poco incluyendo algún tipo de filtro entre barberos para que así los clientes tengan su privacidad. Se podría usar un cristal ahumado, de forma tal, que no se pueda ver el servicio que está recibiendo el cliente del lado. De esta manera, podrían separar las estaciones. Para alquilar un estudio de barbero y tener un cuarto privado, necesitas clientes, a menos que ya vengas cortando cabello por un largo tiempo y te anuncies en las redes sociales para promover tus servicios. El uso de fotos mostrando tu trabajo ayuda en este caso. Los clientes quieren ver los trabajos de los barberos en fotos y de esta manera pueden ver la habilidad que el barbero tiene y compararlo así, con el estilo que desean.

Es una desgracia que esto esté pasando. También los estilistas están haciendo la misma movida. Alquilan un estudio para estar con los clientes en un cuarto privado. Puedo entender que los barberos hagan esto porque a veces podrías pasarte años trabajando con un loco al lado tuyo, hablando boberías sin sentido, sin callarse el día entero. Hay personas que no consideran a los otros y tienen el tono del teléfono demasiado alto. A veces reciben llamadas durante todo el día con un tono ridículo casi a todo volumen. Yo pienso que esta práctica no es necesaria porque con la tercera barra ya puedes escuchar el tono de tu teléfono, a menos que seas sordo. La vida es como una película y sin duda alguien va a hacer este papel: el personaje de odioso, el cáncer del negocio. Les pregunté a varios clientes qué pensaban acerca de este nuevo modelo. Casi todos me dijeron que no les gustaba y que preferían el modelo tradicional de las barberías; el modelo en que las personas se reunían en la barbería para hablar y saber qué está pasando en el vecindario. Otros, por el contrario, preferían la privacidad que dan los estudios de barberos.

Para los barberos es un poco más fácil trabajar en este ambiente. La razón es que los estilistas, a veces, pasan con los clientes dos o tres horas corridas, y estando en un salón cerrado, pequeño, podrían sentir claustrofobia. El uso de químicos podría ser más dañino para los estilistas y su salud, a menos que tengan un extractor para sacar todos los gases de los productos fuera del lugar. Los clientes se entretienen mejor con el modelo tradicional de las barberías, ya que pueden hablar con otros clientes. Pueden caminar por los alrededores y hablar de chismes con los otros clientes sobre lo que está pasando en el vecindario.

Para los barberos es un poco más fácil porque generalmente un servicio de barbero solamente dura unos 30 o 45 minutos. Si es más de una hora, pienso que debemos traer un pastor o un sacerdote y "casarlos". Una hora encima de un cliente, pienso que es demasiado. El cliente no quiere estar sentado por más de 45 minutos en la silla. Después de ese tiempo, el cliente empieza a sentirse incómodo. En los tiempos modernos, las personas no tienen demasiado tiempo para pasar en la barbería. Algunas veces traen sus niños, quienes se vuelven impacientes rápidamente y los clientes se quieren ir lo más ligero posible. Odio admitir que los estudios de barbero son el futuro. Vamos a ver más barberos queriendo adoptar este nuevo modelo para tener más privacidad.

También, algunos barberos quieren ser sus propios jefes. Ciertos dueños de negocios tienen reglas que los barberos no quieren seguir. Por ejemplo, yo trabajaba en una barbería en la cual tenía que vestir una corbata, y yo lo odiaba. Tenía otro trabajo que tenía que trabajar los domingos, y algunas veces tenía que trabajar tarde en la noche hasta las nueve de la noche. En otro trabajo que tuve, también tenía que lavarle el cabello a los clientes y yo no quería hacerlo. En una ocasión, tuve un jefe que no permitía que yo cerrara mis ojos para descansar un poco cuando no tenía clientes y se enfadaba si lo hacíamos. Cuando tuve mi barbería, les dije a los empleados que deberían vestirse profesionalmente por respeto a los clientes. Pero hay barberos no quieren hacer eso y quieren ir cómodamente a trabajar. Vi algunos barberos con pantalones cortos, enseñando sus piernas de gallina, y algunas veces usando sandalias, mostrando sus extraños dedos que parecían salchichas. Pienso que hay conductas que no son profesionales.

En mi barbería, no quería tener puesto el noticiero en la televisión. La razón es porque las noticias son un recurso de negatividad que también divide a las personas. Algunas veces tocábamos música de fondo y algunos barberos que trabajaban allí, no aprobaban la música. Te puedes ahorrar todo este drama si adquieres tu propio espacio; de esa forma puedes vestir como quieras y hacer lo que quieras. Así puedes escuchar la música que quieras, a la hora que quieras y hablar todas las boberías sin sentido que desees. Eso es lo atractivo para los barberos en estos días.

Tener un negocio no es fácil, hay que cumplir con muchas normas sobre-reguladas. A veces, el dinero que generas, tienes que gastarlo cumpliendo con estas normas excesivas. Siempre tienes que gastar parte del dinero que has hecho, para resolver problemas de la barbería. Por ejemplo, una vez tuve que gastar $600 en contratar a un plomero porque alguien tapó el inodoro. Eso fue un gran dolor de cabeza que pasé cuando al fin estaba haciendo una ganancia, después de dos años de lucha para mantenerme a flote, por culpa de las regulaciones de la pandemia. Tuve que gastar ese dinero y dárselo a un plomero, quien fue varias veces a resolver el mismo problema. Pagar $1700 al año, por un seguro, tampoco ayuda. Estos ladrones corporativos incrementan la póliza cuando quieran y como quieran. En general, hay muchas maneras en que se drene el dinero teniendo un negocio. Por otro lado, tuve que pagar para poner anuncios y contratar empleados. Estos anuncios solamente duran 30 días, después, expiran y tienes que pagar nuevamente para subir el anuncio. Las facturas de electricidad y de agua no son baratas cuando eres dueño de un negocio. Los servicios de cable e Internet no son diferentes. Solamente opto por el Internet y por teléfono porque el servicio de cable es terrible. No sé como a estas alturas las personas todavía pagan por tener servicio de cable. También hay que comprar muchos productos de limpieza para mantener el negocio en buenas condiciones siempre. En estos días, el modelo de negocio para los pequeños comerciantes está diseñado para que no logren sobresalir ni ganar dinero. Puedes deshacerte de todos estos problemas si decides alquilar un espacio para ti, donde no haya más barberos ni empleados a tu alrededor. De esta manera, no tienes que ser la niñera de ciertos empleados ni su psicólogo. Y Dios sabe que muchos lo necesitan.

Como dueño de negocio, quieres lo mejor para tu establecimiento. Yo estuve dispuesto a contratar barberos que no tenían mucha experiencia. Como fui maestro de barbería en Puerto Rico durante un tiempo, estaba dispuesto a enseñarles mis técnicas a un barbero que solicitara trabajo en esta ciudad. Estaba dispuesto a enseñarle una técnica que me tardé años en desarrollar. Ellos podrían quedarse, pero no habría garantías. A veces tienes que hacer estos esfuerzos sin esperar nada a cambio como parte de los riesgos que hay que correr si quieres ser exitoso.

Ciertos dueños de negocio requieren un contrato de no competencia. Pienso que es una buena idea para proteger los intereses del negocio; yo prefiero escoger la manera de la vieja escuela, cuando los hombres verdaderos llegaban a un trato verbal para hacer negocios. No soy un fanático de involucrar abogados en algo tan sencillo como cortar cabello. En una ocasión, uno de los jefes que tuve descubrió que los barberos pensaban abrir una barbería cerca de su negocio. Inmediatamente, contrataron a un abogado para hacer un contrato de no competencia, pidiéndole a los barberos que lo firmaran. Aparentemente, los barberos ya tenían la barbería casi hecha, y ninguno de ellos quiso firmar el acuerdo. Los despidieron automáticamente. Algunos negocios tienen más para perder que otros. A mí, personalmente, no me importa si un barbero quiere irse, y por mí, se pueden llevar todos los clientes que quieran. De la manera que yo lo veo es que yo siempre puedo hacer nuevos clientes. Si tú confías en tu potencial no verás esto como una amenaza para tu negocio. Muchas veces vi barberos cambiando de barbería pero los clientes no los seguían, lo cual me resulta bastante gracioso, inclusive si me pasara a mí.

Siempre me gustó enseñar. Para mí no es ningún problema enseñar lo que sé, especialmente con alguien que está empezando a cortar cabello. Aprender a cortar cabello es muy difícil. Es un proceso complicado. A lo mejor no se ve así, pero lo es, especialmente con los nuevos estilos de estos días que son muy elaborados. Como probablemente sabes es bien difícil conseguir un buen barbero que sepa brindar un buen corte. Sabiendo que es una destreza difícil de desarrollar, me gusta compartirla con los barberos nuevos.

Me gusta cuando las personas escuchan y están dispuestos a aprender. Yo considero mi técnica de cortar cabello como la mejor. Simplifico el proceso de cortar cabello después de más de 30 años de experiencia. Traduzco los movimientos que se hacen con las manos en palabras para poder cortar cabello. Todos los barberos hacen estos movimientos, pero algunas veces no saben cómo traducir esos movimientos en palabras. Yo sé que este es el caso porque haciendo mi búsqueda en diferentes canales de YouTube me di cuenta de que los barberos hablan de todo, menos de esos movimientos que, de hecho, son los más importantes. Yo le he cambiado la vida a muchas personas durante mis años de enseñanza. Muchos de esos estudiantes, hasta hoy, día me agradecen lo que he hecho por ellos. Algunas veces ellos piensan que necesitan mejores herramientas para alcanzar un buen resultado. No voy a discutir que es necesario tener buenas herramientas para trabajar más fácil, y no hay que poner mucho esfuerzo. Pero lo importante es conocer el proceso de cortar el cabello.

Durante la pandemia en el año 2020, tuve muchos clientes paranoicos que pensaban que iban a agarrar el virus con tan solo ir a la barbería. Tenía un cliente que era un estudiante de intercambio de la universidad. Un día llamó a la barbería preguntando si él podía traer sus propios instrumentos, y si yo podía cortarle el cabello con ellos. Lo pensé, y, probablemente, debí haberle dicho que no, pero le dije que sí. Siempre trato de complacer a todas las personas de la manera que puedo. Él hizo una cita y trajo sus propias herramientas. Por supuesto, cuando trajo las herramientas vi que eran de baja calidad con las cuales no se podía hacer un corte bueno con toda precisión. Las herramientas de los barberos son muy costosas. El estudiante me dijo que tenía una condición médica en la cual no podía usar otras herramientas que no fueran las suyas. Me dijo que una vez tuvo que cortarse el cabello él mismo con las tijeras y la máquina, porque ningún otro barbero quería cortarle el cabello con sus herramientas.

Estoy tratando de decir que es bien retador cortar el cabello con estas herramientas, pero si eres un buen barbero y tienes conocimiento de lo que estás haciendo, vas a lograrlo. Incluso si tienes herramientas baratas. El equipo que él traía, no incluía siquiera un peine ni una navaja. Las navajas de la máquina estaban todas oxidadas, no se le aplicaban aceite por semanas. Incluso, usando estas herramientas, siempre logro cortarle el cabello de la manera que él quiere y todas las veces se va de la barbería muy satisfecho.

Regularmente, lo que importa es el resultado y no el proceso. Pienso que los barberos modernos son víctimas del capitalismo. En tiempos pasados, yo solo usaba una máquina y una patillera. Ambas tenían cable porque las máquinas sin cables no existían, por lo tanto, eso era lo que debía usar. Ahora, en tiempos modernos, los barberos tenemos muchas opciones para poder comprar y adquirir diferentes herramientas. Estas herramientas y equipo hacen que el mundo de la barbería sea más asombroso y moderno que en los años 1990 cuando yo empecé a cortar cabello. El problema ahora es que las máquinas no tienen cable y los barberos deben cargarlas cada dos horas, mientras hacen un corte de cabello; estos cortes de cabello duran 30 a 45 minutos. Si una carga te da solamente para dos cortes de cabello y dos barbas, debes recordar recargar la batería. Hazte una pregunta ¿qué vas a usar mientras esa máquina se está cargando? Tienes dos opciones: o utilizas una máquina que tenga el cable o tienes una adicional que no tenga el cable para continuar cortando el cabello. Estamos en una era moderna y los barberos jóvenes no quieren usar el cable. Eso conlleva que los barberos necesiten diferentes máquinas, algunas veces, cuatro o cinco. Además, también deben tener más patilleras para cortar el cabello. Por eso digo que los barberos modernos son víctimas del capitalismo, puesto que no se dan cuenta de que deben tener demasiadas máquinas para lograr un día exitoso en el trabajo. En los viejos tiempos, no era necesario tener demasiadas máquinas. Yo podía cortar el cabello solamente con una máquina de cable. Todos los años veo salir al mercado nuevos modelos de máquinas. Hay un dicho en Puerto Rico que dice, no es la flecha es el indio que tira la flecha.

En el año 2022 ya yo llevaba dos años y medio con mi negocio de barbería abierto en el norte de la Florida. Mientras que el mundo y la calidad de vida continúa deteriorándose, el 24 de febrero del año 2022, Rusia decide invadir a Ucrania, generando un aumento en los precios de la gasolina que afectó todos los estados en Estados Unidos. Para mí fue devastador, porque todos los días que debía ir a trabajar, tenía que conducir una distancia de 40 millas entre la barbería y mi casa. Tenía que conducir casi 80 millas al día ida y vuelta. Estaba gastando demasiado a la semana solo para ir a trabajar. Este fue otro problema que no esperaba y, probablemente, uno de los más que me afectó en el tiempo que tuve mi barbería. Si la llamada pandemia no me mató durante los dos meses en que debí cerrar, probablemente, esto lo haría, si los precios de la gasolina continúan tan altos por el resto del año.

El futuro no se pinta bien en este momento. Nosotros no sabemos cuándo va a terminar el gasto tan alto de la gasolina. Tampoco podemos calcular si el futuro, en algún momento, se tornará mejor para el mundo. Solamente vemos un problema detrás del otro. Después de dos años y medio, que es la mitad de mi contrato de arrendamiento para el local de la barbería, he decidido venderla. Fue frustrante y una movida muy triste, considerando todo el trabajo que realicé en el negocio. No tenía ningún sentido continuar gastando el dinero en gasolina. Estaba sobre trabajando y mi salud se iba deteriorando. Trabajaba demasiado, tenía muchos clientes; más de los que podía atender humanamente, o de los que necesitara para mantenerme. Hacía dinero, pero todo se iba en direcciones diferentes a las de mi bolsillo.

Un día tuve una conversación con la persona que me ofrecía el alquiler en el local comercial. Él deseaba hacer una renovación en su edificio. En esa conversación, le estaba confesando mi deseo de vender la barbería antes de que mi contrato terminara. Dije que no lo renovaría. Me sorprendió y me sentí mejor cuando él me dijo que si necesitaba vender la barbería, él no forzaría el contrato en mi contra; si necesitaba vender la barbería antes de que terminara el contrato, podría hacerlo.

Fue como un rayo de luz en la oscuridad que yo me encontraba durante los dos años y medio que estuve en el negocio. Fue frustrante, porque todos los problemas que tuve cuando abrí mi barbería estaban fuera de mi control; no pude hacer mucho al respecto. Solo fue un tiempo erróneo para mí y lo único que me permitía continuar es saber que soy un guerrero y no renuncio tan fácilmente a mis sueños. Pero en algún momento no tenía sentido continuar peleando y parecía necesario aceptar la realidad. Únicamente trabajaba para el dueño del local y para la industria de gasolina. La barbería es una inversión buena para alguien que vive en esta ciudad y que conoce varios barberos que deseen trabajar con él. Yo cambié el estatus de la barbería completamente cuando empecé el 2 de enero del año 2020. El nuevo dueño no tendría que hacer demasiados arreglos porque ya yo hice el trabajo sucio.

Ahora la barbería tiene demasiados clientes. No puedo con todos ellos, son demasiadas personas. No quería aceptar nuevos clientes, solo prefería atender los clientes regulares. Cuando mis clientes me decían que querían recomendar la barbería a un amigo, les decía que, por favor, no lo hicieran porque no podía cortarles el cabello. Prefería atender a los clientes que tenía en la barbería y no incluir más clientes nuevos.

Después de todo, tener mi propia barbería fue una buena experiencia. Me enseñó lo fuerte que soy. Desarrollé destrezas que no sabía que tenía cuando tuve que remodelar la tienda. Algunas veces me pregunto si yo fuera atrás en el tiempo, ¿lo volvería hacer? Esto, sabiendo que el mundo cambiaría en el año 2020 con la pandemia y todos los problemas que nos trajo a todos. La respuesta sería no, no lo haría. Pero también me hago otra pregunta, ¿abriría otra barbería en circunstancias normales, y sería capaz de hacer todo el trabajo que conlleva? La respuesta sería que sí, yo lo haría y sería capaz de hacerlo.

Tengo que pensar en el futuro, y tener un dueño al que hay que pagarle un alquiler mensual por el arrendamiento del local, no es bueno a la larga. Si tengo una barbería en el futuro va a ser similar a un estudio de barbería en el cual yo pueda alquilar diferentes cubículos a los barberos. Pero en este caso, sería en mi propio edificio. De esta manera, las oportunidades de ser exitoso incrementarían dramáticamente. Esa es la manera en que los dueños de negocios deben pensar: siempre a la larga, y siempre pensando en tener una solución a largo plazo.

Capítulo 3

"Superimposición"

omo debes de saber, para las personas, es necesario interactuar con otros. Aunque en mis años de adulto, tengo la tendencia de hacer lo opuesto. He llegado a la conclusión de que, mientras más pequeño mi grupo de personas es, más puro me mantengo en términos de quién soy.

Cuando éramos niños, en esos primeros años, no sabíamos quiénes éramos. Siempre estábamos en la búsqueda constante de experiencias. Esperamos que esta recolección de memorias nos ayude a definir quiénes somos. El conocimiento propio es un proceso que nunca termina. Hasta estos días, siempre trato con nuevas experiencias que me permitan encontrar mi felicidad.

Esto pasa porque la vida tiene diferentes etapas. Cuando éramos niños, era una etapa diferente en la vida. Después de eso, nos convertimos en adolescentes y después, en adultos jóvenes. Eventualmente, nos volvemos adultos y finalmente, personas viejas. Todas las etapas en la vida son diferentes. Algo que a lo mejor te gustaba cuando eras un niño, vas a darte cuenta que ya no te gustará más cuando eres adulto. Cuando eras un adulto joven o un adolescente, ciertas actividades que te atraían, ya no te atraerán más. Tomo el café como ejemplo. Cuando yo era un adolescente odiaba el café y su olor, pero ahora de adulto inclusive siento la necesidad por la cafeína. He conocido personas que no les gustaba el sushi cuando eran jóvenes, pero más adelante en sus vidas, su sabor por la comida cambió, siendo ahora más placentero para comer.

Comenzamos la búsqueda de experiencias que puedan reemplazar o llenar la felicidad que solíamos tener haciendo esas actividades. Tratando un nuevo lugar para comer, una nueva discoteca, un nuevo teatro, una nueva compañera, o un nuevo país para conocer. Yo comencé a descubrir quién era a principios de mi adolescencia. Fui criado de una forma decente y modesta, yo vengo de una familia de clase media. Fui criado mayormente por mi madre y no estaba pendiente de romper leyes o buscar problemas. No quería causar de ninguna forma desilusiones o problemas a mis padres. Aún en estos días, todavía recuerdo la paliza que recibía sí me atrevía a traer dificultades a la casa. Con el uso de una chancleta o de un cable de extensión y créeme que el último sí que duele.

En tiempos modernos es diferente, castigan a los niños solamente quitándole su tableta o el teléfono. Pero nada como una cachetada, como la que recibí cuando robé una barra de chocolate Sneaker. Fui sorprendido robándola y el dueño del supermercado llamó a mi madre para decirle lo que había hecho. Después de esa cachetada, nunca volví a robar nada en mi vida.

Claro, cuando somos jóvenes, ignorantes y estúpidos, no sabemos lo fácil que es involucrarnos en problemas. Sin siquiera buscarlos, por alguna razón, los problemas siempre encuentran su camino en nuestras vidas. A esa edad hacemos todo sin cuidado. Sin destrezas de sentido común, disparando sin medir cada palabra y cada gesto. Es muy fácil buscarse problemas.

Mis primeros amigos de la infancia eran dos hermanos que vivían unas cuantas casas después de la mía. Ellos fueron criados, básicamente, con el mismo tipo de valores. Uno de ellos, el mayor, solía tener las características físicas típicas de las personas nativas de

Puerto Rico antes de la colonización española, como su padre. El otro, curiosamente, tenía tez blanca y cabello ondulado, como su madre. Ambos eran delgados. Su madre era maestra de inglés en la escuela pública. Su padre era un trabajador del acueducto de la ciudad y también era un reservista del ejército. A veces, él viajaba durante dos semanas para cumplir con sus deberes de reservista en el Army. Una madre soltera nos crió a mí y a mis hermanos, mientras que a ellos los criaron ambos padres viviendo en la misma casa. Otra de las diferencias que teníamos nosotros y nuestros amigos era que ellos asistían a la escuela pública, mientras nosotros íbamos a la escuela privada; por lo menos fue así hasta sexto grado.

Nosotros cursamos la escuela elemental en un colegio católico privado. Era una escuela muy buena, tenía una iglesia, a la cual íbamos todos los domingos. Algunas de las maestras eran monjas. No era una escuela solo para niños, también tomábamos clases con niñas. Todavía recuerdo cuando todos los estudiantes nos reuníamos en el patio para rezar en la mañana antes de ir al salón de clases. Algunas veces mis ojos se quedaban ciegos debido a los intensos rayos del sol en la mañana. Desafortunadamente, rezar antes de comenzar un día de clases en las escuelas es algo que se ha perdido en el tiempo. Después de sexto grado y antes de convertirme en un adolescente, mi madre pensó que la escuela privada era un gasto que podía ahorrarse si nos transfería a una escuela pública. Ella no hizo este cambio sin antes hacer una búsqueda. Encontró que una de las mejores escuelas intermedias era la que quedaba, precisamente, al lado de mi casa, a la cual yo pudiese ir caminando. Mi madre, como mencioné, era maestra y conocía algunas de las maestras que trabajaban en esta escuela intermedia pública.

Mi hermano mayor, por otra parte, tenía que viajar todos los días a su escuela porque era bastante lejos de nuestra casa. Uno de nuestros vecinos solía llevarlo porque el trayecto a su trabajo era de camino hacia la escuela donde estudiaba mi hermano. No le molestaba hacer una pequeña parada para dejarlo allí. Esta escuela pública era excelente, se especializaba en artes visuales. Con el paso de los años, se convirtió en una escuela histórica y antigua. Fue construida en el año 1925 con una arquitectura española renacentista. Era la escuela a la que mi madre solía asistir, cuando ella era una adolescente. El edificio solamente, es histórico, y pertenece al Registro Nacional de Lugares Históricos. Me recordaba a algunos de sus pasillos cuando visité el museo Louvre en Francia. Todos en el área metro conocen esta escuela en Puerto Rico.

Para ser aceptado en esta escuela era necesario pasar una prueba que consistía en presentar tres dibujos. Mi hermano aprobó el examen, dejando muy claro que era bueno en las artes. Esto, en gran parte, porque nuestra madre nos llevaba a tomar clases de dibujo, y mi hermano mayor solía ser el mejor en el resultado de las clases.

Las tolerancias en este tipo de escuelas públicas son muy diferentes. Algunos comportamientos que en la escuela privada eran malos, en esta escuela, no eran tan malos, como calzar tenis en vez de zapatos. Vestir la camiseta afuera del pantalón, ir al baño sin pedir permiso y otros comportamientos tontos como ese. Solo fue cuestión del tiempo que yo me tardara en hacerme una pregunta... si mis vecinos pueden hacerlo, ¿por qué yo no?

Eventualmente, estaba añadiendo demasiado a mis rutinas diarias, como por ejemplo, faltando a clases, fumando cigarrillos, maldiciendo, tomando artículos de las tiendas locales, y bebiendo alcohol. El graffiti era algo que nos gustaba en los años 1990, y también traté mi arte en las paredes del vecindario. Nos gustaba patear y tumbar los botes de basura "zafacones" y escapar en nuestras bicicletas, como si nada hubiese sucedido. También solíamos hacer algo terrible, que se consideraría el gran insulto para un dueño de un Mercedes-Benz. Le cortábamos el emblema del frente del parabrisas y lo colocábamos en nuestras tenis o lo utilizábamos de collar.

Durante esta etapa de mi vida, desarrollé un amor especial por las áreas rurales. En la parte trasera de nuestro vecindario, solíamos tener una granja muy grande llena de vacas, cerdos y caballos. Algunas veces, sobre alimentábamos a los animales con las provisiones que el dueño de la granja guardaba en el almacén. Me encantaba ir allí y perderme en la naturaleza. Era una propiedad privada, pero nos metíamos cuando el dueño no estaba. Un día, recibimos un susto grandísimo porque cuando estábamos tratando de entrar, escuchamos tres disparos, alertándonos de que estábamos invadiendo el sitio. Eso nunca nos detuvo y regresábamos de vez en cuando.

La pubertad es una etapa loca en la vida, si no tienes quien te guíe. Es el tiempo para nosotros aprender quiénes somos por nuestras propias experiencias, en vez de seguir consejos de familiares y amigos. Aprendemos a las malas. Ahora que pienso sobre el pasado, no estoy seguro de que quiera pasar por todo eso nuevamente. Es una etapa necesaria en el proceso de convertirnos en adultos. Fui lo suficientemente afortunado para pasar por esta etapa sin buscarme ningún problema significativo. Algunos de mis amigos no fueron lo suficientemente afortunados como yo. Un pequeño por ciento de ellos fue a prisión, se convirtieron en adictos, fueron asesinados, o murieron prematuramente. Casi todos mis amigos, menos yo, fumaban marihuana. Antes de ir a una fiesta, solían arrebatarse, beber alcohol, y tomar pastillas. En moderación, pienso que esto no es malo a esa edad. Abre tu mente a las puertas de un nuevo mundo. Es necesario para el proceso de entendimiento de quiénes somos. Eso, obviamente, si eres suficientemente sabio para no olvidarte de compromisos importantes, como ir a trabajar y terminar la escuela. O más importante, no quedar enviciado en ese tipo de hábitos; suerte con eso.

Después de todo, la mayoría lo hemos hecho. Más de 10 presidentes de los Estados Unidos han admitido que han fumado marihuana o han existido rumores sobre ellos como fumadores de hierba. Yo vi esto como algo malo cuando estaba en esa edad. Fui criado teniendo buenas conversaciones con mis padres sobre el tema. No quería desilusionarlos; al principio no lo hice y estaba en contra. Le aconsejaba a mis amigos que no lo hicieran o que lo hicieran menos frecuentemente.

Es cierto que la gente dice que la hierba te hace sentir más feliz, hambriento, romántico y abre tu cerebro a nuevos sentimientos que, de otra forma, no descubrirías. Recuerdo que mis amigos decían, por ejemplo, que la música se escuchaba increíble, casi como si tuviesen una radio dentro de la cabeza. Parecido al eco que se siente cuando escuchamos música reggae dub. Pero el efecto secundario más notable de la hierba es que hace que no te importe nada más que fumar. Es muy fácil que se te olvide pensar en tu futuro o en el tiempo que deberías volver a casa, o la chica con quien no deberías coquetear o con las personas que no deberías meterte.

Mis consejos fueron ignorados. No se me permitió explotar su burbuja. De momento, empezaron a ignorarme y se iban a fumar por su cuenta. Se arrebataban por horas con productos de un dispensario ilegal que tenía uno de nuestros amigos. Algunas veces iban y conseguían los productos en los distintos caseríos cercanos a nuestro vecindario. Ir a estos lugares era un riesgo porque algunas veces la policía ya los estaba esperando afuera para detenerlos. Ya no me incluían en sus actividades. Cuando volvían arrebatados de sus sesiones de humo, nos reuníamos en la parte trasera de la casa de uno de nuestros amigos cuya familia era descendiente de Corea y comenzamos a hablar todo tipo de sandeces sin sentido. Me hubiese gustado haber tenido una grabadora para escuchar en el presente lo estúpido que sonábamos. Eso, solamente sería más gracioso sobrio, que arrebatado. Era como si Snoop Dogg y Neil de Grasse Tyson estuvieran fumando marihuana y discutiendo la galaxia.

Afortunadamente, nunca se metieron en problemas. Por otra parte, tenía otro amigo que no fumaba nada, y empezó a pasarse con otro que tenía familiares en uno de los caseríos. Él comenzó vender drogas, armas y a hacer dinero. Eventualmente se mudó allí. Él era de una familia buena. Su madre era una trabajadora social, y su papá era un policía. Él no necesitaba hacer estas actividades. Eventualmente, se volvió "exitoso" y hizo mucho ruido en el lugar. La gente en el caserío notó que él no era de allí. Un día, fue encontrado muerto al lado de otro amigo, dentro de un carro rojo de cuatro puertas. Fueron emboscados por un supuesto amigo que tenían. Pero este amigo también era amigo de uno de sus enemigos. Un lleva y trae, si se le puede llamar a así.

Es irónico que, el único que no usaba ningún tipo de drogas, fue quien se buscó estos problemas. Algunas personas tienen la oportunidad de revertir sus vidas, otros no son tan afortunados. Todos tenemos una generación más adulta al frente de nosotros. Siempre presté atención a ellos porque eran más adultos, y quería aprender sobre sus errores. Cuando vi algunos de mis amigos siendo asesinados o siendo ingresados a prisión, yo supe que esa vida no era para mí. Después de todo, yo no fui criado de esa forma, y siempre estuve alerta de las consecuencias. Aprendí cómo debía alejarme de los problemas: consiguiéndome una novia o manteniendo mi mente ocupada en otras actividades que no fueran ser vendedor de drogas o adicto.

Trataba de trabajar más horas y ocupar mi mente en cortar el cabello y hacer dinero. Aprendí a deshacerme de malas vibras y de la furia, enfocándome en trabajar. Todos somos naturalmente curiosos y hay algo sobre la ilegalidad que despierta curiosidad en las personas, como, por ejemplo, los cigarros cubanos. Como la importación de tabaco cubano era ilegal durante muchas décadas, algunas personas pensaron que los cigarros cubanos eran los mejores. Pero se podían conseguir cigarros tan buenos o tal vez mejores en la República Dominicana, Nicaragua, y Honduras, solo para mencionar algunos otros lugares.

Aunque no fumé marihuana al principio, me mantuve curioso y eventualmente, lo hice también. Nunca estuve equivocado. No debí haberlo hecho. Yo sabía que, probablemente, no era bueno para mí. Solamente lo hice para encajar con mis amigos.

La marihuana tiene beneficios increíblemente medicinales que hasta estos días aún estamos descubriendo. Como la marihuana es una droga catalogada como agenda uno, es ilegal ante los ojos del gobierno federal. Los científicos no pueden realizar experimentos por culpa de estas leyes. Los dispensarios no pueden aceptar tarjetas de crédito o el uso de una cuenta de banco para depositar el dinero. Cuando dejé de fumar hierba, discúlpame… debo decir cannabis; mis sueños en las noches jamás fueron iguales. Es bueno para el insomnio, el CBD (cannabidiol). Uno de los componentes encontrados en el cannabis y que tiene numerosos beneficios para nosotros. Estudios han encontrado que el CBD reduce los síntomas de ansiedad y depresión. El THC (tetrahydrocannabinol) es otro componente y el más potente encontrado en el cannabis, se ha probado que ayuda a pacientes con sida a recobrar el hambre. Ayuda a pacientes de cáncer y sus síntomas de náuseas cuando toman la quimioterapia. Es bueno para convulsiones en niños con epilepsia. Está aprobado que ayuda a los pacientes con Parkinson, múltiple esclerosis, glaucoma, depresión y pacientes con un desorden postraumático, solo para mencionar algunos. Es difícil promover el lado medicinal del cannabis como un objeto serio, aunque sea beneficioso, mayormente porque siempre ha sido conocido como una droga recreacional y no como una medicina. Si no tienes ningunos de esos síntomas, en mi opinión es mejor mantenerte limpio. Nada le gana a una buena cena con un vaso de vino o jugo en buena compañía.

Hacerse tatuajes en Puerto Rico es algo común. También, desafortunadamente, es usar algún tipo de drogas. Cuando estaba creciendo, era difícil diferenciar entre lo que era normal y lo que era extraño. Viviendo en los Estados Unidos es diferente, las leyes acá son implementadas firmemente. Me gusta eso, porque le da orden a la gente en general. Es algo difícil de hacer en Puerto Rico. El título de este capítulo se relaciona con la superimposición porque nosotros tenemos que saber diferenciar y superimponer las personas constructivas sobre las destructivas. Las personas destructivas tratan de romper algo que no está roto. Te invitan hacer alguna actividad con ellos para que no se sientan solos, inclusive si es algo que no es bueno para ti. Te van a hacer sentir excluido, sin uso, y fuera de moda. Para serte sincero, ahí es cuando deberías saber que necesitas nuevos amigos. Tratar de encajar en una subcultura que, probablemente, sabes que no es buena para ti no es la mejor idea. Para ciertas personas, que son unos miserables, el fracaso de otras es algo bueno.

Yo experimenté esta conducta en muchos trabajos. Tuve, en el transcurso de mi carrera, una cantidad de locos como compañeros de trabajo. Y yo estoy seguro de que tú también los has tenido. Cuando alguien es exitoso, las personas destructivas se sentirán excluidas. No van a ser felices, y te van a hacer sentir como si estuvieses haciendo algo malo. Ellos van a bajar tu autoestima burlándose de ti, confundiéndote y haciéndote sentir como si fueras tú quién comete el error; como si tú fueses el problema y el extraño. Por supuesto, si ellos necesitan algo de ti, siempre van a estar ahí, fingiendo ser tus amigos. Estas personas van a actuar como si tú le importaras, y ofreciéndote hacer gestiones por ti, para pretender ayudar de cualquier manera.

Yo veo como una bandera roja cuando las personas son demasiado amistosas. Ellos te hacen preguntas personales sobre cómo tú haces las actividades. Ellos comienzan a reunir todo tipo de información sobre ti. En el minuto en que decidas no ayudarlos de ninguna manera, van a usar todo este arsenal de información en tu contra. Especialmente si hay algún dinero envuelto, o si le gusta la misma chica, chico o el mismo trabajo.

Es gracioso ver cómo esta clase de gente espera para preguntarte lo que ellos desean cuando les haces una broma. Ellos esperan a que tú estés de un buen ánimo para apuñalarte, no necesariamente con un cuchillo. Pero con bromas, ellos te dicen la verdad. Por ejemplo, una persona que le dice a una pareja, ustedes lucen juntos como la bella y la bestia. Entonces él dice, "estoy bromeando". Se supone que tú olvides el hecho de qué te mencionó que eras feo y todo esto, enfrente de tu novia, que lo hace hasta más grave.

Cuando me volví adulto, entendí que mientras más pequeño fuera mi círculo de personas cercanas sería, mejor. También estoy hablando sobre familia. No tengo una familia grande, pero lo vi en otros clientes míos cuando me contaban sus problemas. Lo vi todo el tiempo en la barbería.

Una vez tuve un cliente que vino con su esposa e hija a cortarse el cabello. Más tarde, su primo cabezón, también vino a cortarse el pelo. Se reunieron en la barbería para ir a almorzar más tarde. Su primo se acercó a nosotros, mientras yo le cortaba el cabello (algo que detesto) y empezó a unirse a la conversación. Mientras hablábamos, me di cuenta de que estaba haciendo sentir mal a su primo, que estaba en la silla cortándose el cabello, y tratando de hacerlo quedar mal frente a su esposa. Decía todo tipo de comentarios negativos sobre su primo. Desde lo feo que era su cabello, hasta lo pobre que era para tomar decisiones. Por supuesto, él mismo se estaba alagando mientras decía todo esto. Lo decía en nombre del famoso "estoy bromeando" que odio, es como decir, lo siento pero no lo siento. Incluso una canción al respecto puede sonar terrible, como la canción (lo siento no lo siento) "Sorry not Sorry" de Demi Lovato. Veo esta frase como una táctica que algunas personas usan para decir la verdad sin meterse en problemas. Me di cuenta de que esta era la forma en que él estaba coqueteando con la esposa de su primo. Incluso, si ella accedía a estar con él, no hay excusa. Simplemente, no coqueteas con la esposa de tu primo, hermano o amigo. Este tipo de gente me da asco. Si le haces esto a tu primo, probablemente lo hagas con la esposa de tu padre. Honestamente, no quería volver a verlo en la tienda. Pero tenemos que aprender a tratar con todo tipo de individuos en el trabajo.

Estas personas trabajan en tu entorno y manipulan la forma de pensar de la gente porque son psicópatas. Prefiero estar al lado de una persona que me hace saber que no le gusto, que vivir una mentira o una fantasía. Actúan como amigos, pero recopilan información para su beneficio y la usan en tu contra.

Siento respeto por los trabajadores en la industria de las ventas porque tienen que actuar de manera que puedan lograr una venta y eventualmente, ganarse la vida. A veces, sus productos no son tan buenos, pero aún así, tienen que hacerle parecer a las personas que funcionan y son adecuados para ellos. He intentado ser vendedor antes, pero eso no es para mí. Soy sencillo. No me gusta mentir, manipular, o trabajar la mente de la gente. Probablemente, por eso nunca fui bueno vendiendo productos en la tienda.

Casi todos los días tengo un cliente preguntando si hay algún producto para la caída del cabello. Hay un montón de ellos, pero se alega que ninguno de ellos funciona. No le mentiré a un cliente solo para ganar una comisión miserable. Estas empresas pueden vender sus productos principalmente porque emplean personas y crean puestos de trabajo. Ellos y sus empleados pagan impuestos y ayudan a mover la economía. Mientras no envenenen ni maten a nadie con su producto, pueden venderlo. Después de todo, esta es una economía capitalista y la gente es libre de comprar lo que quiera. Para cuando hayan comprado y probado su producto 4 o 5 veces, se darán cuenta de que realmente no funciona. Los harás más ricos. Vendrá el momento en que otra persona tenga curiosidad y la esperanza de que el producto le funcione. Y lo mismo sucederá generación tras generación. Tengo un cliente que me dijo que estaba tomando pastillas para hacer crecer su cabello, y le dije que probablemente no iba a funcionar. Igual que su pene, si seguía usando esas pastillas. Lo único bueno para la caída del cabello es el suelo, así que déjalo caer. No podrás hacer nada al respecto, si se trata de una herencia genética.

Si tienes una pareja destructiva, lo siento por ti. No hay nada peor que despertarse por la mañana al lado de una persona que odias. Si quieres que te diga la verdad, una esposa o novia que se queja de tu pérdida de cabello, no te ama. Entiendo si tienes un olor terrible o no usas gelatina para el cabello y ella quiere ayudarte. Eso es algo que se puede controlar y se puede arreglar. Pero quejarse e incluso burlarse de ti por algo sobre lo que no tienes control, es malo. Nunca entendí por qué permitimos que las mujeres digan estas cosas. Si hacemos lo mismo con ellas, probablemente destruiríamos su autoestima. Por ejemplo, hablar mal de sus pechos o decirle que está gorda. Eso es material de divorcio, así que no lo recomiendo. Pero nosotros, por supuesto, somos caballeros, y no lo haremos. Aunque lo admito, encontrarás uno o dos animales que le dirán esto directamente a la cara. Pero se acabaron esos tiempos, ¿verdad?

Los calvos son las personas más seguras del mundo. Probablemente por eso la mayoría de los hombres ricos son audaces e inteligentes. Después de todo, perdieron algo que algunos hombres morirían por tener, no les importa su apariencia. Los chicos con demasiado cabello son inseguros la mayor parte del tiempo. Cuanto más tienen, más inseguros son. Siempre se están mirando el espejo desde cien ángulos, buscando lo que creen que es la perfección. La perfección es inexistente, y hablaremos de ello en otro capítulo.

Si tienes una esposa o una novia así, debes reemplazarla antes de que pierdas el cabello que aún tienes. Por ejemplo, tengo un cliente que vino con su novia a la tienda una vez y quería dejarse crecer la barba; y así lo hizo. Definitivamente, puedo decir que había algún tipo de problema previo entre ellos, o que ella no quería estar allí en la tienda. Ojalá hubiese estado afuera, por cierto. Admito que su vello facial se veía un poco irregular. Cuando terminó el servicio completo, cortésmente le preguntó a ella... ¿cómo se ve? Mientras preguntaba, sentí que metía el rabo entre las piernas, casi como hacen los perros. Ella respondió... ¡me parece estúpido! ¡Vamos!, hay tantas formas de decir que no te gusta. Di que se ve mejor afeitado, o te ves más guapo sin él. En cambio, eligió hablarle como si hubiera contratado a un constructor y pagado $10,000 por un trabajo que no le gustó. Más tarde me dijo que la dejó embarazada, que Dios se apiade de él.

Si su dama, esposa o novia tiene que decirle a usted que se corte el cabello antes de que te des cuenta de que lo necesitas... Tengo malas noticias. Probablemente esté revisando todos los cabellos y barbas de los hombres a su alrededor, deseando que tú fueras ellos literalmente. Las mujeres notan cuando algo está dentro o fuera de lugar. Tienen diferentes gustos en estilos para sus hombres.

A las mujeres maduras les gusta el cabello largo para los hombres sin toda la nitidez y las líneas cuadradas. A menos que sea latina, a las mujeres les suele gustar el cabello largo en los hombres. Eso es lo que ven en la televisión y en las películas. Es el estilo que usan algunos actores. Por lo general, los "chicos guapos" de la película. Les gusta este tipo de peinado como cuando probablemente fue a ver "50 Sombras de Gris" (50 Shades of Grey) quizás "Piensa como un hombre" (Think Like a Man). Estas damas probablemente tengan más de 30 años. Están buscando un aspecto natural en su hombre.

A las generaciones más jóvenes de damas, menores de 30 años, les gusta el cabello más corto con un aspecto de aseo notable. Quieren que te veas como un actor de "Crepúsculo" (Twilight) "Más allá de las luces" (Beyond the Lights) justo después de ir al cine a ver las películas.

Algunas damas odiarán admitir que están equivocadas. Eventualmente, lo harán, pero solo hay que esperar el momento adecuado. No le digas que se equivoca, déjala que lo averigüe sola. Esta es una de las mejores respuestas a una esposa o novia que escuché en mi silla. Una vez tuve un cliente, que era muy agradable. Vino con su esposa, y cuando estaba por terminar el corte de cabello, le preguntó a ella ¿cómo se ve? Se acercó y dijo que se veía bien, pero señaló algunas canas y me pidió que se las cortara. Estuve de acuerdo y las corté. Más tarde, señaló un área que no se podía arreglar, al menos con las tijeras. Era un lugar con cabello fino. Era mejor dejarlo natural, de lo contrario, le dejaría una calva o un agujero en la cabeza. Como una forma de decirle a su esposa que dejara de quejarse, de una manera amistosa, dijo mi cliente: "Lo siento nena, te casaste con un viejo". Eran más o menos de la misma edad. Empezó a reírse y volvió a su silla. Probablemente dijo en su mente, tengo un esposo increíble; creo que puedo tolerar esto en lugar de tener un esposo lindo pero infiel. Este tipo de damas son las mejores, trató de cambiar algo que él, o ella, no podían, y se dio cuenta de que estaba esperando más de lo que debería, y volvió a la tierra tan pronto que mi cliente dijo esto. Gracias a Dios mi cliente no era Kendrick Lamar cantando el coro de su canción "Humilde". Escucha el coro de esta canción y sabrás de lo que estoy hablando.

A algunas chicas les gustan los cabellos grises, a otras no. Solo dime lo que tienes y te diré lo que no le gusta a tu chica. Suele ser lo contrario. Escuché algunos rumores acerca de que a las chicas les gustan las canas. Puedo creer que es verdad. Hay una necesidad de cubrir el gris más exigente por parte de los hombres que de las mujeres. A veces notamos detalles que otras personas no verían, a menos que se lo digamos. No me gusta teñir cabello en mi trabajo porque, en su mayoría, es una situación de prueba y error. Pero nadie quiere verse raro en el proceso. En un par de intentos, el cliente puede volverse paranoico y quiere que el trabajo sea perfecto. El color del cabello no es para todos. Las personas con un 90-100 % de canas no deben teñirse el cabello. El color del cabello es para personas con menos porcentaje que eso, por lo que es más fácil ocultar la raíz en crecimiento y hacer que se vea más natural. De lo contrario, lucirás como una versión arrugada de cualquier edad que quieras lucir. En algún momento, hay que "dejarlos ser", como me dijo alguien una vez.

Otro tipo de persona que podría ser un problema en tu vida es tu jefe. No hay secreto ni sorpresa si te digo que algunos de ellos pueden ser terribles. Pero por alguna razón, cuanto más malvados son, más exitosos parecen ser. Trabajé con muchos buenos jefes y algunos malos. De nada vale hacer algo bueno para tocar el corazón de esta gente. Te matarás trabajando y haciendo horas extras, ayudando en las cosas que quizás no corresponden a tus funciones. Y por alguna curiosa razón, están ciegos frente a esto. Todo el mundo se dará cuenta, menos ellos. Incluso los odiosos en el trabajo, trabajarán menos, pero eso es lo que ven. Aprendí simplemente a hacer mi trabajo, y eso es todo. No estoy seguro de si su comportamiento es así porque creen que quieres hacerte cargo de la tienda. O no están acostumbrados a que la gente los ayude en general.

Sé que todos nosotros, en algún momento, nos sentimos así. Por ejemplo, si tienes una pareja que te ama. Pero tal vez el amor que te tiene es más de lo que quieres; sientes miedo porque es posible que no puedas abrir tu corazón como ellos. No podrás devolver ese amor como ellos esperan. Empiezas a evitar el amor que te quieren dar. Bueno, en el caso de tu jefe, esto puede deberse a que ellos creen que estás interesado en un aumento de salario o una comisión. Esto no es bueno para ellos porque el amor que quieres dar les costará dinero. Prefieren que no hagas nada por encima de tus deberes, para no tener que pagarte por todo tu esfuerzo extra.

Como soy creyente del karma, suelo hacer todo sin esperar nada. Si algún día decidiera abrir una barbería, alguien como yo sería la compañía preferible para mi tienda. Entonces, en cierto modo, esa fue la razón por la que siempre fui útil de esta manera. Y sé que va a ser así. Solo porque todos estos malos jefes, en su mayoría, tienen mediocres como empleados.

El peor hábito que tienen estos jefes deficientes es que, a menudo, no se presentan en el lugar de trabajo. Ellos no tienen una idea de lo que está pasando en el trabajo. Por supuesto, preguntan lo que pasa al más necio en el trabajo, el lamedor de ojos y el olfateador de traseros; el idiota tóxico que causa todo el problema. De repente, se convierten en los expertos de la tienda, solo por manejar esta información torcida.

Me temo que, si abro mi tienda, seré como uno de estos jefes. Entonces recuerdo a mis buenos jefes y dueños de tiendas, y me siento mejor al respecto. Recuerda cuando eras niño, tus padres te decían que no hicieras eso, no seas malo, o tus hijos te tratarán peor. A estas alturas, deberías saber que tenían razón. Así es como veo esta situación laboral. Solo haz el bien y lo recuperarás. Te lo garantizo.

No mires ni prestes atención a los odiosos; ignóralos. Dales un "buenos días" o "buenas noches". Si usted tiene que hablar sobre el trabajo, hágalo, pero que no sea personal. Evite dar cualquier información personal sobre su vida. Comerán su propia mierda de esta manera, lo aseguro.

Para respaldar todo esto, les contaré la historia del mejor jefe que tuve y cómo fundó su tienda. Estaba a mediados de los años sesenta. Abrió una tienda con un socio, lo cual es una mala idea en la mayoría de los casos. Después de años de trabajo juntos, su socio se enfermó y murió. Como su socio no tenía comunicación con sus hijos ni con nadie, él obtuvo la otra mitad de la tienda de forma gratuita, básicamente. Por supuesto, es una tragedia el que su amigo muriera. Estoy seguro de que estaba triste por la pérdida. Estoy seguro de que, en cambio, él preferiría que estuviese vivo. Todos mueren. En este caso, creo que sacó algo bueno de esta pérdida.

Los Buenos momentos le suceden a la gente buena que difunde lo que es bueno. Si le pasara lo mismo a tu mal jefe, su socio, probablemente, moriría poseyéndole 40,000 dólares. Nunca volvería a ver su dinero y empezaría a tratar con prestamistas y parientes hambrientos de dinero.

No me gusta burlarme ni desear el mal a nadie. Pero es casi divertido ver a estos odiosos caminar todos los días bajo una nube gris, y no parecen entender porqué. Cualquier cosa que desees para alguien se convierte en tu aura. Esto hará que todo lo que te rodea funcione para bien o para mal. Tenemos tanta gente mala en el mundo, porque la gente buena muere joven.

Otro jefe que tuve fue un chico joven que compró su tienda a un productor musical. Tenía mucho talento y estaba muy ocupado en el estudio de música. No tenía tiempo para seguir dirigiendo la tienda. El dueño anterior decidió venderla porque no tenía tiempo para administrarla. Estaba demasiado ocupado con sus aventuras musicales. Mi jefe era un tipo muy agradable con muchos amigos, era carismático, divertido y una buena persona con quien estar. Tenía hermosas damas buscándolo en la tienda todos los días. No era un tipo alto, pero poseía algunas características que compensaban su falta de estatura. Tenía ojos de color ámbar claro con cejas bien formadas y un cuerpo atlético. Cada vez que lo veía, tenía un atuendo nuevo con zapatillas nuevas y frescas. Dejó en claro que ganar dinero no era su prioridad en la barbería. Le encantaba pasar la tarde haciendo apuestas de caballos. Algunos de los jinetes solían ir a la barbería, a veces, con información privilegiada de quién sería el ganador en algunas carreras de caballos. La mayoría de las veces, la información era precisa.

Incluso me prestó $2,000 como pago inicial para que pudiera comprar un auto nuevo. No estaba a tiempo completo en la tienda, pero iba y venía todo el día. Aunque admito que tenía un negocio extra que no era legítimo, en general, era un buen tipo; casi a la manera de Escobar, supongo. A veces, personas extrañas que yo no conocía comenzaron a buscarlo en la tienda. Dejó de ir al establecimiento y su cuñado se encargaba de administrar la tienda. Más tarde, supimos que murió calcinado dentro de la cajuela de su convertible Honda S2000 rojo. Nunca más lo volvimos a ver. Tenía unos 27 años. ¿Un miembro del club 27? Quién sabe, es peligroso indagar demasiado al respecto.

Otro dueño de barbería para quien trabajé era un tipo que tenía seis sillas en su barbería. La mayor parte del tiempo no estaba en la tienda. A mí me pagaban el 60 % de comisión y él tomaba el 40 % de cada corte de cabello. Este sujeto cae en el renglón de irresponsable dueño de negocio. Como no estaba en la tienda la mayor parte del tiempo y nosotros trabajábamos por comisión, era una situación difícil para él obtener su dinero con precisión. Para ser honesto, él confiaba en los barberos cuando conseguían clientes, para que no le robaran. Este tipo fue tan irresponsable que nos dijo que pusiéramos el dinero en un cajón que solía tener en su estación, después de que atendiéramos al cliente y este nos pagara. Ni siquiera tenía una caja registradora. Recuerdo aquellos días en que las citas de la aplicación Square o cualquier otro sistema de procesamiento de tarjetas de crédito no estaban disponibles. Al menos, para los peluqueros independientes. Cuando volvía al trabajo, recogía el dinero en su cajón. Supongo que lo llevaba al banco para hacer un depósito. Pero el dinero puesto dentro del cajón, podría ser menos que los cortes de cabello realizados en la tienda.

Algunos barberos pretenden ser más inteligentes que su jefe y, a veces, quieren evitar pagar los cortes de pelo para obtener más dinero. El dueño estaba fomentando este tipo de comportamiento al no estar presente en la barbería. Trabajé en la barbería, probablemente durante un par de meses solamente. No me gustó el ambiente ni la ubicación de la barbería. Pero fue una buena experiencia porque esa es la única manera de saber cuál es una buena ubicación de barbería y cuál no.

Siempre pienso que las barberías en una calle marginal no son aptas para hacer negocios. La accesibilidad no es conveniente y es difícil llegar allí. Algunos clientes son tan vagos que estacionarían el auto al lado de la silla dentro de la barbería, si los dejas. Sé que suena loco, pero probablemente si los dejan, lo harían. Algunos clientes no quieren caminar hasta la barbería. En estas calles hay que esperar el cambio del semáforo para llegar a la barbería.

Otro lugar equivocado para ubicar una barbería es en un segundo piso. El primer piso es la mejor ubicación para una barbería. Por la misma razón, la gente es perezosa. Quieren que todo sea fácil. La mayoría no irían a las peluquerías solo porque tienen que subir las escaleras para llegar allí. Esta ubicación a veces es buena para los dueños de negocios que no tienen mucho capital cuando inician el negocio. Si la ubicación no es excelente, al menos, el alquiler es más bajo que en un lugar de máxima audiencia.

Otro tipo de dueño de negocio que detesto son aquellos que quieren hacer todo el dinero para sí mismos. Se olvidan del barbero, que es la persona que hace el trabajo para sacar dinero del lugar. Estos, por ejemplo, son las cadenas de salones y dueños de negocios que pagan por hora a los peluqueros. Estas franquicias no están interesadas en el bienestar del trabajador, sino en ganar dinero para el propietario de la franquicia. Si no fuera porque los peluqueros recién salidos de la escuela no cuentan con experiencia y no tienen otra opción que tomar ese trabajo y comenzar a trabajar para ganar experiencia, probablemente, no tendrían trabajadores dispuestos a laborar allí.

Coincidí con una joven que solía trabajar en una barbería como esta; fue solo durante unos meses. Era madre soltera y tenía dos hijos. No puedo imaginar cómo podía pagar sus cuentas trabajando en esta barbería. Porque incluso si pones 40 horas a la semana y le pagan menos, digamos $10 por hora, eso es $400 por semana, $800 en dos semanas o $1600 por mes. Y tenga en cuenta que ese no es el pago final. Además de los gastos, todavía tiene que pagar los impuestos, el seguro social, medicaid, etc. Un apartamento en Miami, al menos con un dormitorio cuesta alrededor de $1200-$1500 por mes en el momento en que escribo esta narración. Si paga $1200 al mes por el arrendamiento y le pagan $1600 al mes sin descontar las utilidades, le quedan $400 para pagar el préstamo del automóvil, los comestibles y otras facturas.

Sé que los peluqueros reciben propinas que ayudan, pero las propinas no deben considerarse el ingreso principal. Trabajó en esa barbería durante varios años hasta que tuvo la suerte de trabajar en una de las barberías de lujo en las que yo solía trabajar en Miami. Desafortunadamente, había un compañero de trabajo tóxico en la barbería, el cual le dificultaba la vida.

Es triste y repugnante ver a un hombre pelear con una mujer por clientes o dinero. Esta persona pone el listón muy bajo en la escala de hombría. Un día, ella estaba muy enojada con él porque ambos le cortaron el cabello a unos clientes relacionados como familia. Era un padre y un hijo. El tipo estaba cortando al padre y ella estaba cortando al hijo. Era solo una factura y el padre pagaba por los dos. Estaban discutiendo porque cuando dividieron la propina, él recibió más dinero que ella, y ella se enojó porque debería ser mitad y mitad. Desafortunadamente, se molestó tanto que renunció a su trabajo ese día. Era una excelente barbera. Seguramente, esté donde esté, lo estará haciendo bien sin importar lo que haya hecho esta persona. Este barbero codicioso nació y se crió en los Estados Unidos, y tuvo todas las oportunidades del mundo desde que era un niño pequeño. Pudo haber aprovechado el hecho de haber nacido en este país. Esta joven, en cambio, era una inmigrante cubana nacida y criada en Cuba, con un millón de problemas allá y un millón de problemas aquí. Para colmo, ahora tener que lidiar con esta clase de individuo. Por eso, esta situación me enfureció mucho cuando sucedió. Puedo entender, si la discusión ocurre entre mujeres. Pero ocurrió entre un hombre y una buena mujer.

Respeto y admiro al pueblo cubano. Fui a Cuba y vi con mis propios ojos la difícil situación que viven todos los días en Cuba. El 17 de diciembre de 2014, el presidente de Estados Unidos, Barack Obama, y el presidente de Cuba, Raúl Castro, anunciaron el inicio de la normalización de las relaciones entre Estados Unidos y Cuba. Tan pronto como sucedió, decidí viajar a Cuba en octubre del 2015. Las personas podían viajar a Cuba por diferentes razones. Había una lista de 12 razones aceptables para viajar y adentrarse en la interesante y congelada en el tiempo isla de Cuba. Elegí la razón que permite a los estadounidenses ir a Cuba si iban a ayudar al pueblo cubano y a aprender de su cultura. Una forma de ayudar al pueblo cubano era hospedarse en una "Casa Particular". Se trata de residencias privadas convertidas en hoteles de dueños locales en Cuba. Es muy similar al modelo de negocio que tiene Airbnb. La habitación que alquilé fue a través de Airbnb, lo creas o no.

Antes de viajar a la isla, compré dos pares de maquinillas Wahl Designer similares a las que yo usaba para trabajar, quería regalárselas a los barberos de Cuba. Sabía que no podían encontrar buenas herramientas para el trabajo, incluso en esos breves años en que el embargo se había suspendido. Me alojé en una Casa Particular, detrás de El Malecón, y caminé por el barrio con las dos máquinas. Estaba buscando barberías que lucieran muy viejas y desgastadas. Cuando localicé las barberías con peor aspecto, entré y entregué las maquinillas a esos barberos. Les dije: "esto es de parte mía y de sus hermanos en Puerto Rico". Estaban muy felices de que yo hiciera eso por ellos. Uno de ellos me abrazó tan fuerte que todavía recuerdo ese abrazo hasta hoy día. Quiero hacer eso de nuevo en el futuro. Amo a los cubanos. El hijo de un disidente cubano me ayudó a emigrar a los Estados Unidos. Mi primer trabajo en los Estados Unidos fue con el dueño de una barbería cubano americana.

Otro jefe que solía tener y que me gustaba su forma de ser, era el de North Miami. Se trataba de una pareja. Ella era peluquera y él era propietario de una empresa de construcción y pintura en el sur de Florida y otros estados. Antes de ser la dueña, trabajó en esta barbería durante uno o dos años en ella. Entonces decidió abrir su tienda en el centro de Miami. El centro de Miami es diferente de muchos en los Estados Unidos.

En otros estados pueden ser muy agradables con muchos negocios y tiendas exclusivas. Pero este no es el caso de Miami. El centro de Miami, en ese momento, estaba sucio y no había muchas tiendas a donde ir, aparte de las ocasionales que vendían equipaje o joyas. Algunas casas de empeño o tiendas que venden textiles. Encuentras también en el área muchas oficinas de abogados y pequeñas cafeterías. Tenía la percepción de que el centro de Miami no era lo que ellos esperaban. Compraron un salón, pero no funcionó por estas razones.

Eventualmente, ella supo que el dueño de la barbería de lujo y su jefe anterior estaban vendiendo la tienda, y regresó con su esposo y compró la tienda única. Su marido no cortaba el pelo, pero a veces iba a la tienda para ayudar a contestar el teléfono y atender a los clientes. Ella era la que cortaba el cabello y atendía a los clientes. Fueron muy amables conmigo y aprecié lo que hicieron por mí.

Este trabajo llegó en el momento adecuado, justo cuando estaba esperando un buen trabajo, después de dejar un trabajo de pago por horas. Me gustó este trabajo porque no me molestaban demasiado, diciéndome que hacer o no hacer. Me trataban como a un adulto y no como a un niño. Ahora que tengo mi tienda, copio la forma en que solían tratarme a mí y trato a mis barberos de la misma manera. No los abrumo diciéndoles qué hacer o no hacer.

En esta barbería, solía trabajar con una dama rusa mayor de cabello rubio corto con anteojos a quien adopté como modelo de madre. Al menos así es como yo la llamo, pero en realidad era de un pueblo de Bielorrusia cerca de la planta nuclear de Chernobyl. Aprendí algunas palabras en ruso solo para saludarla en la mañana y decirle gracias, hola, adiós y saludos así. Me pregunto qué piensa sobre la invasión rusa en Ucrania el 24 de febrero de 2022. Le gustaba el presidente Vladimir Putin. Yo solía comprarle su calendario anual para las vacaciones de Navidad. Trabajé en esta barbería durante unos ocho años y nunca tuve problemas con los dueños.

Se entristecieron mucho cuando les dije que me mudaría al norte de Florida y compraría una barbería, cerca de la universidad. A veces me siento mal porque no tuve suficiente tiempo para decirles que me iba, para que pudieran contratar a un nuevo barbero, antes de las fiestas navideñas. A veces, todavía me llaman porque tienen una silla de peluquero muy cara, (Takara Belmont), en esta barbería. Es una silla hidráulica con calidad similar a las que usan los dentistas. Cuando era nueva, el precio era de $8,000 por cada una. Tenían ocho de ellas en la barbería. Eso es $64,000 en total, solo en sillas de peluquero. Yo sabía cómo arreglarlas ya que estuve trabajando allí durante mucho tiempo y a veces, se dañaban. Este tipo de silla necesita mantenimiento porque es como un automóvil. Tiene partes hidráulicas, y a veces hay que cambiarle el aceite, y como estábamos todo el día usándolas, en algún momento se tenían averiar. Cada vez que me llamaban. Yo estaba feliz de explicarles por teléfono cómo arreglarlas. Si alguna vez vuelvo a Miami, esta es probablemente la tienda en la que volveré a trabajar.

Ahora que tengo mi tienda, la estoy disfrutando. Puedo manejar mi horario. Puedo trabajar menos si quiero. Puedo tocar la música que me gusta en mi barbería. Como no tengo servicio de cable, no vemos las noticias en la tienda. Solo vemos videos musicales. Por lo general, videos de la vieja escuela de los años 70, 80, 90 y tal vez principios de 2000, cuando la música aún era buena. Es difícil encontrar buena música moderna. Cada vez que trato de reproducir una canción en la tienda, siempre hay algunas palabrotas involucradas. No me gusta tener eso en mi barbería porque quiero mantener un ambiente familiar y limpio.

Por experiencia, trabajando en otras barberías, la peor parte de ser dueño de un negocio es que tienes que decirle a la gente qué hacer. Literalmente, tenía que decirle a la gente que pusiera sus descargas dentro del inodoro. La gente, a menudo, hará lo que quiera o lo que sea fácil para ellos, y tienes que ajustarlos para crear un entorno que te guste. Hay que estar dotado para el trato diario con la gente. Por eso es difícil encontrar un buen jefe, o un buen empleado. Soy el tipo de persona que deja que la gente haga lo que quiera, y nunca le digo a las personas que hacer. No me gusta, o no está en mi naturaleza regañar a los demás. Especialmente a personas adultas que deben saber lo que está bien y lo que está mal. No debería tener que decirle a la gente que limpie el área de la cocina después del almuerzo. Pero sorprendentemente, tienes que pedirles que lo hagan, y si no lo dices de la manera correcta o de una manera que no suene amable, probablemente, se enfadarán contigo aunque tengas derecho a decirles eso.

No debería tener que decirles a los empleados que tienen que presentarse a trabajar. Lo crea o no, mis exjefes tenían que decir esto a veces a los empleados. A algunos barberos les gusta tomarse muchos días libres. Lo peor de esto es que cuando el barbero no está en la barbería, la pregunta automática que siempre nos hacen es ¿dónde está el otro barbero? ¿Sigue trabajando aquí? Entonces tengo que explicarles a estos clientes que el barbero no está hoy por cualquier situación que esté pasando. Odio dar explicaciones. Es como si los padres de un idiota tuvieran que explicar todo el día, a todos, porqué su hijo es un idiota.

Capítulo 4

"Higiene"

uiero comenzar este capítulo dándote algunos consejos para que puedas mejorar la relación con tu barbero. Las relaciones entre el peluquero y el cliente son las mismas que con su pareja en muchos sentidos. No debes decirles cómo hacer las cosas, sino cómo quieres que se hagan. No le dices a tu pareja cómo amarte. Te aman de la única manera que saben hacerlo. Es lo mismo con tu barbero y estilista.

No seas demasiado exigente en la silla del barbero. Los peluqueros profesionales saben que estás pagando para obtener el mejor servicio. Pero ninguna palabra puede salvarte de lo que estoy a punto de decirte. Si tu barbero te va a arruinar el cabello por inexperiencia o simplemente porque no puede cortarlo, igual te lo va a fastidiar, pase lo que pase. No importa cuánto te esfuerces con las palabras o los ojos bien abiertos y las cejas levantadas para explicar un corte de pelo, no hay nada mejor que mostrar una imagen. Guarda los 1,000 comentarios y trae una.

Explique su corte de pelo de la manera más simple posible, si va a explicar lo que quiere. Si usa más de seis palabras, está sobre explicando. Deja que el peluquero haga su trabajo, que se conecte con su musa. No nos gusta sentirnos como sirvientes o esclavos. Nosotros, los barberos, somos como serpientes, podemos oler el miedo. Eso no es bueno porque nosotros, como artistas, necesitamos expresar nuestra creatividad sin preocuparnos por la ansiedad y las dudas del cliente sobre nosotros.

Prefiero, o me salto la parte en la que el cliente me dice lo que no quiere, en lugar de decirme lo que quiere. Ahorra contándonos las historias de malas experiencias que tuviste con otro barbero. De esa manera, podemos centrarnos en lo que quiere en lugar de lo que no quiere. Digamos que tu explicación de un corte de pelo es de un párrafo. Haga que la última oración sea la que me permita saber lo que no desea después de explicar el estilo que desea. Pero no hagas todo el párrafo sobre experiencias negativas con otros peluqueros. Eso suena razonable y aceptable para nosotros.

Esta explicación se vuelve incómoda si la esposa o novia es quién da las instrucciones para el corte de cabello. Es divertido cuando un cliente trae una foto que su esposa le envió por mensaje de texto sobre un corte de cabello que quiere para él. La imagino en mi cabeza, casi como si estuviera diciendo... "Tal vez no tengas mucho con lo que trabajar, pero acércate lo más posible a la imagen". Por supuesto, uno de los Ryan estará en la foto. Ryan Gosslyn o Ryan Reynolds. Tal vez uno de los Chrises. Tal vez Chris Hemsworth o Chris Pine. No quiero sonar cruel, es solo algo que viene automáticamente a mi mente. A veces traen una foto de un chico con mucho pelo en la parte de arriba, y tal vez se ve bien en la foto, pero cuando lo hago, es diferente. Me hacen cortarlo más corto, después de terminar con el corte de pelo de una manera más realista.

La mayoría de los actores se dejan mucho pelo, en general, para un papel en una película. Te garantizo que cuando terminan el papel, lo primero que hacen es cortarse todo ese cabello. Por lo general, a los hombres les gusta el tipo de peinado de bajo mantenimiento. A veces esos peinados requieren mucho mantenimiento en casa y necesitan demasiados productos para mantenerlos en su lugar. A las mujeres les suele gustar el pelo largo en los hombres. Eso es lo que ven en las películas y los programas de televisión, así que eso es lo que quieren para su hombre.

Las mujeres saben más sobre el cabello de lo que crees. Tienen buen ojo. Pueden detectar fácilmente un corte de pelo bueno o terrible. Algunas mujeres saben más sobre barbas que sus hombres. Una vez, tuve a la esposa de un cliente en la tienda que me impresionó. Ella sabía algo que, a veces, ni siquiera un hombre sabe. Cuando a un hombre le empieza a crecer la barba en las primeras semanas, algunos vellos no crecen uniformemente. Al principio, se ve irregular y con espacios entre los pelos. Algunos cabellos pueden tener diferentes colores, más claros o más oscuros. Estos vellos faciales parecen estar muy separados unos de otros. Verás un espacio entre los pelos. Más tarde, después de un par de semanas, comienzan a crecer y llenarán esos parches en la mayoría de los casos. Verás el cabello diminuto en el medio del espacio. Esto sucede porque no todos los pelos tienen la misma fuerza y algunos crecen más lento que otros. Algunas barbas no llenarán los espacios solo porque esa es la forma en que crece la barba o la genética. Esta señora sabía de esto sin que yo dijera nada. La dejé hablar y definitivamente sabía de lo que estaba hablando.

El máximo cumplido que puedo recibir es cuando a la esposa o novia de un cliente le gusta el corte de pelo. Por supuesto, me gusta si el cliente también lo aprueba. Algunos clientes tienen expectativas realistas de lo que es posible con su cabello. Algunos, en cambio, no. A veces queremos lo que no podemos tener o lo que es difícil de conseguir. Me encantaría tener un Ferrari o quizás un Lamborghini, pero tengo expectativas realistas sobre mi nivel económico en la escala de la riqueza. Lo mismo debería ser con tu cabello. Debes saber qué es posible y qué no. Por cierto, debes saber el tamaño de peines de la máquina o palanca que usas para tu corte de cabello, al igual que sabes la talla de tus pantalones, camisa o zapatos. Al no saber esto, me dices que no te importa tanto tu estilo.

<u>ADVERTENCIA:</u>

Algunas personas se sentirán "asqueadas" por lo que están a punto de leer. La apariencia y la higiene son esenciales. Las personas con mala higiene envejecen más rápido que las personas con buena higiene. Esto sucede porque el cuerpo es alérgico a su propio sudor y desechos. Lo peor que puedes hacer para no mantenerte joven por fuera es levantarte por la mañana y saltarte la ducha antes de comenzar el día. Tu cuerpo por la mañana lleva ya unas ocho horas sin estar limpio. Ha estado eliminando desperdicios todo ese tiempo.

Además, algunas personas están a punto de comenzar un día de trabajo sin ducharse. Hacen esto en Florida con un clima de 91 grados. Para mí, esto es una locura. Para las 10 u 11 de la mañana, necesitarás solo un pequeño rayo de luz del sol para despertar a un monstruo, que probablemente, ni su madre, lo podría soportar.

A veces la higiene tiene un papel importante en esto. Es posible que fuera el barbero el que no se sintiera cómodo contigo. Algunos clientes tienen mala higiene, y es una experiencia desagradable darles servicio. Me apresuro con clientes así para sacarlos de la silla lo antes posible. Tuve clientes que hicieron una cita, y antes del corte de cabello, tenían tiempo extra para matarlo, ir al gimnasio, hacer crossfit o salir a correr. En la forma de pensar sin sentido común, probablemente dirán, ¿para qué ducharme si me voy a cortar el pelo, verdad? Estaré lleno de pelo de todos modos. Mataré dos pájaros de un tiro. Me narras todas tus actividades sudorosas antes de sentarte en mi silla, actuando como si no me molestara. Bueno, esto es literalmente como si me estuvieras diciendo... ¡jodete, Renán! ¿Pero, cómo estás?

Bueno... estaba bien hasta que metiste tu trasero en mi silla. Durante los próximos 30 minutos, estaré oliendo tu desayuno y almuerzo a través de tus poros en erupción. ¡Vamos hombre! Dúchate antes de recibir cualquier servicio que requiera que otro ser humano te toque. Es una falta de respeto, he visto a compañeros de trabajo negar el servicio a personas así, y en mi opinión, está justificado.

Tengo algunos clientes que pierden el cabello porque sus hábitos de higiene no son buenos. En algunos casos, el cabello se cae porque las personas no se lo lavan con frecuencia. Creo que tienes que lavarte el pelo al menos cada dos días. Debes eliminar los aceites naturales del cuero cabelludo y los folículos para que puedan respirar y obtener un cabello saludable.

Hace poco tuve que decirle esto a un cliente. De acuerdo con la textura de su cabello, estaba haciendo todo lo posible para obtener el mejor corte de cabello para él. Pero estaba teniendo problemas en acomodar el cabello después de cortarlo. La razón fue que aparentemente no se lavó el cabello durante, al menos, una semana. Todo su cabello estaba cubierto de grasa desagradable y aceites naturales, y cuando esto sucede, el cabello se vuelve impermeable y no absorbe agua.

Es difícil darle forma al cabello en esta condición porque el cabello toma forma cuando está húmedo antes de secarse. Una vez que el cabello esté seco, permanecerá así todo el día hasta que lo vuelvas a mojar. Después de terminar el corte de pelo, me dijo que un lado parecía más largo que el otro. El cabello no obtenía la forma que se suponía, porque tenía tanta grasa, suciedad y aceite, que me resultaba difícil darle la nueva forma.

En la barbería que yo trabajaba en ese momento, no tenía un tazón de champú, así que no podía lavarle el cabello. Le dije que tienes que confiar en mí. Tienes que ir a casa y lavarte el pelo, así el pelo tomará una nueva forma. Si recojo del suelo ese pelo cortado y lo meto en una bolsa de papel marrón, parecerá que puse empanadas fritas recientemente.

Supe que al decirle esto, lo pondría en una situación incómoda porque nadie quiere que le digan que su cabello está sucio y feo frente a todos en la barbería. Pero no tuve otra opción porque él asumió y actuó como si fuera mi culpa el hecho de que el cabello no caía como debería. Dije en mi cabeza: este tipo me va a dejar una mala reseña cuando salga de la barbería. Pero no lo hizo porque, probablemente, cayó en cuenta de que su cabello estaba asqueroso.

No entiendo cómo la gente puede ir a una barbería a cortarse el pelo con el cabello tan sucio y feo. Tienes que pensarlo; alguien trabajará en tu cabeza. Tienes que traer el cabello lo mejor que puedas. Asumo que no irás a hacerte una colonoscopía con el trasero sucio, ¿verdad? Es la misma situación cuando vas a cortarte el pelo.

Tuve algunas personas, un par de veces, que me dijeron que no se lavaban el pelo porque sabían que venían a cortárselo, así que me lo lavo después. Yo creo que deberías haberlo limpiado antes porque sabes que un extraño tocará tu desagradable cabello, y eso es algo de sentido común que debes tener.

Sin embargo, a algunas personas no les importará. Si sé que voy al dentista, me lavo los dientes un par de veces, para que la persona que trabajará en mi boca no sienta un olor desagradable. Es solo sentido común, algo que se está extinguiendo. La inteligencia de las personas se deterioró mucho durante el confinamiento por la pandemia del año 2020. Un día, fui a una tienda por departamentos, y delante de mí, en la fila, había una señora mayor que estaba confundida acerca del precio de un artículo que compraría. Cuando fue al cajero, cortésmente le preguntó al joven cajero algo relacionado con el artículo. Fue divertido para mí cuando escuché la respuesta que le dio a la señora. Le respondió: "No tengo ni idea". Es una respuesta que tendremos muchas veces en los días modernos. Las personas eran más respetuosas con los demás en el pasado, especialmente con las personas mayores. Podía responderle de muchas maneras diferentes. Incluso si ella no sabía lo que estaba pidiendo. Podría decirle a la señora... por el momento, no estoy familiarizado con eso. Tal vez, lo siento mucho, pero no lo sé. Hay que tener en cuenta que esta generación más joven es la que nos va a cuidar. Entonces, si ese es el caso, estamos en problemas.

Algunos clientes se presentan en la barbería; se sientan en la silla, y en solo 30 minutos, el lugar comienza a oler como ellos. Incluso las herramientas que los tocan pueden sacar el olor a 12 pulgadas de mi nariz. Uso desodorante en aerosol y agrego fragancia para camuflar la peste; como incienso y aceites que quemas con una vela. Cuando este tipo de cliente se va, necesitamos rociar un poco de Febreeze o Glade en la tienda. De lo contrario, el próximo cliente pensará que soy yo el que apesta. Para mí, si no hueles bien, apestas. Los aerosoles corporales son los mejores para este olor porque están hechos específicamente para los olores corporales. Siempre guardo una o dos botellas en mi estación. Creo que todo el mundo debería ducharse antes de empezar el día. Lavarse la cara a la mitad del día también es bueno. Mantiene las bacterias fuera y mantiene tu piel fresca.

Cada vez que dejas que las bacterias se asienten en tu cara, cuero cabelludo o piel durante mucho tiempo, eres más susceptible a tener erupciones, granos o laceraciones en la piel. Dejaría una cicatriz o un área oscura en la piel cuando se cure. A veces son pequeños pero visibles de cerca. A medida que pasen los años, tendrás una colección de estas manchas oscuras en tu piel. Tengo clientes que esperan hasta su próximo corte de pelo para premiarse con un champú. Cuando regresan, tienen el cuero cabelludo irritado con caspa y se atreven a preguntar qué pueden hacer al respecto. Lo primero que me viene a la mente es decirles que se laven con champú cada dos días para variar, pero no puedo decir eso.

Cuando el cliente lleva su cabello a la silla en esta condición, el cabello se vuelve impermeable, como comentamos antes. El champú se convierte en kryptonita porque el cabello ni siquiera hace espuma. Los aceites naturales se acumulan en el cabello, y sería necesario lavarlo al menos 2 o 3 veces antes de que esté en condiciones decentes para no faltarle el respeto a mis manos al tocarlo. Si busca en Internet sobre enfermedades del cuero cabelludo, verá que algunas de las razones de estas enfermedades son desconocidas o poco claras. Te puedo decir por experiencia, que algunas de estas enfermedades están relacionadas con malos hábitos de higiene. Los clientes con buena higiene no tienen este tipo de enfermedades, por ejemplo, caspa excesiva o dermatitis seborreica. No estoy seguro si debo culpar a sus padres por esto o si debo culpar al cliente. O tal vez, ambos.

Algunos clientes me dicen que salieron la noche anterior, se despertaron, se ducharon, y solo se pusieron agua en el cabello porque tenían gel de la noche anterior. Mi consejo para estas personas es que se enjuaguen el gel usado y agreguen uno nuevo al día siguiente. No use gel fermentado y no lo deje en el cuero cabelludo durante un período prolongado. Cada vez que vayas a la cama, enjuaga tu gel fuera del cabello. Aplicar demasiado cubre el poro y el folículo no puede respirar. Algunos geles contienen alcohol y sustancias químicas que no sabes su contenido y pueden ser perjudiciales para el cuero cabelludo y el cabello mismo.

Recuerdo que mis padres eran muy estrictos con la higiene. No tenían miedo de decir si yo estaba apestoso. Me criaron de la manera correcta en términos de higiene, pero algunas personas no lo hacen, o no querían escuchar a sus padres cuando eran niños. Piensan que es normal andar por ahí oliendo mal. Veo que este problema se vuelve común a medida que nuestra sociedad se hace más perezosa. Los clientes me han dicho que no se cortaron el pelo durante meses porque estaban trabajando en casa y nadie los veía. Estar bien arreglado no debería ser una cuestión de si las personas te miran o no. Debe ser algo que hagas para sentirte bien. No sé cómo algunas personas pueden tener un mechón de pelo en las orejas durante meses y no sentirse incómodo. A veces me dicen que creo que esperé demasiado esta vez. ¿Crees que necesito un corte de pelo? Bueno, si quieres seguir luciendo ordenado, deberías recibir uno.

Te contaré una de las experiencias más asquerosas que he tenido trabajando como barbero. Una vez tuve un cliente habitual que tenía una cita para cortarse el pelo. Estaba retrasado. Cuando llegó a la tienda, se sentó en mi silla y no pude evitar sentir un olor muy extraño proveniente de este cliente. No quería decir nada porque no deseaba que el cliente se sintiera mal por ello. Sigo haciendo el corte de pelo durante unos 30 minutos. Casi al final, el cliente me dijo que se retrasó un par de minutos porque tenía hongos en los dedos de los pies, y alguien le dijo que mojar los pies en vinagre ayudaría a matar el hongo. Así que no tuvo tiempo de enjuagarse los pies y fue enseguida a la barbería, para no faltar a la cita. Estuve oliendo este extraño aroma a pies quesudos sumergidos en vinagre durante 30 minutos de mi vida. Mientras me lo decía, no pude evitar la sensación de vomitar en mi estación mientras miraba sus dedos con hongos, metidos en unas chancletas sucias. Así de desconsiderada es la gente. En aquellos días, solía trabajar en una barbería que era como un estudio, una habitación pequeña con poca ventilación.

Tuve otra mala experiencia pero no fue la última. La recuerdo porque fue muy impactante. Estaba en medio de un recorte de barba.

Me di cuenta de que este cliente tenía un gran grano en la mejilla. Fue un error de mi parte decirle al cliente sobre la existencia de este grano. Tal vez lo sabía antes de recibir el servicio. Pero en medio del recorte de la barba, agarró el grano con los dedos y lo explotó. De repente, la habitación se convirtió en un episodio de la serie de televisión de TLC "Pimple Popper" (explotadora de granos) de la Dra. Sandra Lee. Le dije al cliente que, ¡POR FAVOR HÁGALO MÁS TARDE! Pero fue demasiado tarde. Tuve que terminar el servicio con una mejilla ensangrentada que yo no quería tocar. ¿No podía simplemente esperar hasta estar fuera de esa silla para hacer esto? Fue algo muy desconsiderado. Supongo que su sangre es única y no es como las demás.

A veces, es el propio barbero quien practica malos hábitos de higiene. Lo primero que debe hacer un peluquero es limpiar y desinfectar sus herramientas. He visto barberos que comienzan el día sin limpiar y desinfectar sus puestos. A diario, un barbero tiene que limpiar los cajones de su estación y quitar los restos de cabello de un ajetreado día de trabajo. Tenemos que mojar los peines en barbicida todos los días. También sumerjo la navaja porque siempre está en contacto con la piel. Recomiendo que los barberos tengan un aerosol desinfectante para limpiar la silla cada vez que un cliente se sienta. A veces, los clientes se sientan en la silla con cortes y sangre en los codos o los brazos. He tenido clientes con psoriasis en los codos o las piernas. Si no me sentaría en una silla que ha usado un cliente con estas condiciones, ¿por qué dejaría que otro cliente se siente en una silla con estos gérmenes? Algunos peluqueros tampoco quitan nunca los pelos de la silla, por lo cual, cuando el siguiente cliente se sienta, todos los pelos del anterior se irán a sus camisas, llevándose el ADN de un extraño a casa.

Después de que comenzó la pandemia el 11 de marzo de 2020, se nos pidió que limpiáramos y desinfectáramos la estación durante 15 minutos. Esa fue una de las condiciones que exigió el estado, para permitirnos reabrir las peluquerías en el mes de mayo de ese mismo año. La cantidad de tiempo requerida era demasiado. Pero creo que estuvo bien porque obligaba a los barberos que no higienizaban la estación, a hacerlo. Usar mascarilla, por supuesto, era otro mandato del estado. Era difícil trabajar nueve horas al día usándolas. Usé el tipo de máscara bandana porque eran más respirables. El desinfectante de manos siempre estuvo disponible en la puerta o dentro de la barbería para que los clientes pudieran desinfectarse las manos después de la visita.

Algunos barberos no cambian la cuchilla después de los cortes de cabello y usted, como cliente, debe saberlo. Los peluqueros que hacen esto deberían ir a la cárcel porque no saben si un cliente tiene una enfermedad transmisible e infectará a alguien con la misma condición. No hay excusa para hacer esto porque las cuchillas de doble filo son relativamente económicas. A lo que me acostumbré es que, cada vez que termino con un cliente, quito la hoja de la navaja y la pongo dentro del contenedor de hojas de afeitar. Hago esto porque cuando abro la navaja de afeitar, el cliente verá que no hay ninguna hoja de afeitar adentro. De esta manera, despejo cualquier duda sobre si cambiaré las cuchillas porque no hay nada dentro.

Las afeitadoras de lámina también deben desinfectarse con un aerosol antivirus y fungicida antes de cada uso. Esta herramienta va muy cerca de la piel y algunos clientes pueden tener un grano o una laceración que podría abrirse con la afeitadora con un mínimo esfuerzo. Esta es la razón principal por la que a algunos niños les sale un sarpullido después de un corte de pelo, porque las herramientas no estaban limpias antes de usarlas. Los niños aún no tienen un sistema inmunológico desarrollado por completo. Por esta razón, pueden infectarse muy fácilmente con bacterias de adultos. Las personas mayores son menos susceptibles a infectarse por bacterias, aunque también puede ocurrir.

Conocí a un peluquero con un hábito muy desagradable. Cuando esta persona afeitaba, limpiaba los residuos de la navaja con un cepillo muy asqueroso. Cepillaba todos los residuos de la navaja de afeitar en dirección al suelo. Casi puedo garantizarte que una planta crecería en este cepillo contaminado, si plantas una semilla y le rocías agua. Ten en cuenta que a veces cuando afeitamos con la navaja, podemos cortar al cliente, y no necesariamente tiene que haber sangre a simple vista.

El siguiente cliente recibirá todos los residuos de la navaja del cliente anterior incrustados en el cepillo. Esto es similar a lo que haces cuando tomas mantequilla con un cuchillo y la aplicas al pan. En este caso, tú eres el pan y los residuos de la navaja son la mantequilla. Esto suele suceder cuando la persona que lo hace es un peluquero cochino y tacaño. No quieren gastar dinero en papel desechable, lo cual hacen los barberos sanitarios. Cada vez que limpiamos la hoja de la navaja, debe ser con papel desechable. Después de cada uso, debe desecharse en un bote de toallas cerrado. Tampoco debemos usar una toalla reutilizable. Otro barbero antihigiénico con el que trabajaba solía ir al baño y después de hacer sus negocios, se secaba las manos con toallas limpias y las volvía a poner en el toallero para que la gente no supiera que las había usado. Descubrí esto cuando fui al baño y vi una toalla semi doblada en el piso. Cuando recogí la toalla, estaba mojada. Estaba claro que la toalla había sido usada para secarse las manos, y Dios no lo quiera, quizás algo más y luego se volvió a colocar en el toallero limpio, pero cayó al suelo.

Otra práctica que debe hacer un barbero es cambiar con frecuencia la capa de barbero. Esto no debería tener un marco de tiempo. Antes de que se ensucie, debemos cambiar la capa. A veces solo se necesita un cliente para cambiar la capa de barbero. Tuve clientes que parecían no ducharse durante tres días y cuando les pongo una capa limpia, se siente como si estuviera sucia, y a veces el olor del cliente se impregna en la capa. Cuando era más joven, trabajé con barberos que no lavaron sus capas durante meses, al punto que se podía ver la decoloración en una capa negra alrededor del área del cuello, producto de cientos de aplicaciones de talco. Además, puede ver aceites naturales y fluidos excretados por diferentes clientes alrededor del área del cuello, "tatuando" la capa de barbero de forma permanente. Espero que si te topas con uno de estos barberos no sea uno tacaño y coloque algún papel para protegerte el cuello al menos. Los barberos deben tener muchas capas disponibles para los clientes en caso de emergencia. Tengo capas separadas para niños, de modo que no entren en contacto con bacterias adultas.

Si eres uno de los baby boomers que todavía les pide a los peluqueros que te corten los vellos de la nariz, no lo hagas. Recibí una carta del estado que decía que debía dejar de hacerlo debido a la bacteria Staphylococcus (estafilococo). Esta es la bacteria comúnmente asociada con la intoxicación alimentaria y puede causar diversas infecciones de la piel. Probablemente te estés preguntando, bueno, se supone que los barberos desinfectan las herramientas de barbero. Y tienes razón. Nosotros las desinfectamos. El problema es que para matar este tipo de bacterias, las herramientas deben permanecer en el barbicida durante al menos una hora. A veces, tenemos prisa, atendemos clientes consecutivos y no hay tiempo suficiente para dejar que las herramientas se asienten durante ese período. Utilizamos, por ley, alcohol, spray desinfectante germicida, pseudomonicida, virucida, fungicida, tuberculocida y algún astringente entre clientes. Mi recomendación es que te compres una máquina de nariz personal y la uses en casa tanto como quieras. Odio hacer esto, algunas personas son tan desconsideradas que traen sus narices llenas de basura nasal a mi silla. Sinceramente, me dan ganas de vomitar. La cara de incomodidad que pongo es obvia. Ninguna cara de póquer es posible haciendo esto. Florida está llena de baby boomers, así que supongo que hasta que muera, tendré que contarles esto. No me importa recortar las cejas. Después de todo, crecen en los hombres casi como un bigote.

Otro error irreversible que cometen las personas es que se afeitan los pelos de las orejas y, a veces, los pelos de la parte superior de la nariz con una navaja. La gente no debería hacer esto porque el cuerpo, como una forma de resistencia, hace que los vellos se vuelvan más gruesos cuando se afeita esos sitios. Los que están al lado de la nariz también comienzan a crecer bonitos y más gruesos. Estos vellos deben depilarse con cera o retirarse con pinzas. Sé que a algunas personas les puede doler la depilación con cera, pero el truco es no esperar demasiado para volver a depilarse con cera. Depílalos tan pronto como los veas crecer de nuevo. No esperes a que la raíz vuelva a engordar porque ahí es cuando duele. Solía tener un cliente que me obligaba a afeitarle la nariz y las orejas con una navaja. Pedir esto, por supuesto, es una locura. Cometí el error de complacer a este cliente una vez. Era un señor mayor. Ahora, cada vez que vuelva a la barbería, estaré esclavizado para hacerle lo mismo a este cliente. Lo más incómodo de la situación fue que me hizo "sentir" el pelo con el dedo cuando no estaba satisfecho, y no lo afeité tan al ras como él quería. Le pregunto, solo en mi cabeza, ¿no debería ser esto algo que tu esposa debería estar haciendo? La última vez lo comprobé, no soy tu esposa. Este fue uno de los clientes que no extrañé cuando salí de esa barbería.

Otro cliente demente que tuve cierta vez, sacó un encendedor y me lo dio. Señaló algunos pelos en sus orejas, y quería que yo "quemara esos pelos". Aprendí, de la experiencia anterior, con el otro cliente, y le dije... ¡No señor, yo no hago eso! Puedo cortarlo con la maquina si quieres, pero eso es todo lo que puedo hacer.

A los puertorriqueños y latinos les encanta dar forma a sus cejas, yo también lo hacía. Paré de hacerlo porque ahora, a medida que envejezco, me gustan las cejas más masculinas. Solo me corto los pelos largos apuntando a las personas. Dejé de hacer esto porque me di cuenta de que estaba agregando un problema más a mi vida al dar forma a mis cejas. Esto se debe a que cada tres semanas, por lo menos, tendré que darles forma nuevamente. Yo era un esclavo de ellas. De todos modos, puede que me equivoque, pero creo que a las damas le gustan más naturalmente. La mayoría de las mujeres no quieren que sus hombres se preocupen más por su apariencia que por ellas mismas. Los hombres deberían preocuparse por arreglar las cosas en la casa y engordar sus bolsillos, no hacer sus cejas más flacas. No te ofendas si le das forma a las cejas, como digo, yo también lo hacía.

Creo que la tendencia de dar forma a las cejas en los hombres comenzó, cuando empezaron a hacerse el contorno sobre el área de la frente, conectando las patillas con el borde de la frente. Lo que sucedió fue que la única área sin arreglar y con cabello, en la cara del cliente, fueron las cejas. ¿Por qué no darles forma también?, ¿verdad? Cuando los hombres dan forma a sus cejas, por lo general quedan algunos vellos cerca del área de las cejas y la frente. Era cuestión de tiempo antes de que los hombres quisieran afeitarse esos vellos también. Ahora, es un servicio que se solicita de forma regular, los barberos les dan forma con una navaja.

Tenía un cliente cuyo regalo de cumpleaños para su esposa fue, literalmente, un corte de cejas. Admito que sus cejas se parecían a las de "Sam el Aguila", un personaje de los Muppets. No culpo a la dama por desear esto como regalo de cumpleaños. Sam me daba miedo cuando era niño. Aunque me gustaba su patriotismo.

La gente a veces me pregunta ¿por qué las cejas, las orejas, la nariz y el vello de la espalda crecen más cuándo envejecemos? La única razón que se me ocurre es que en la medida que envejecemos, el sistema inmunológico se debilita. Así es como el cuerpo nos protege a medida que envejecemos. Al tener este cabello extra, nuestro cuerpo filtra las bacterias del entorno fácilmente. El cabello, en muchos sentidos, es un filtro de sol, de sudor, de polvo, de bacterias, y en el caso de los oídos, pueden filtrarse comentarios negativos de idiotas. Hasta la lengua tiene pelo. Esto sucede cuando las papilas filiformes no se desprenden regularmente como se supone que deban hacerlo. Esto crea una acumulación de bacterias en la lengua que parece pelo. Por lo general, esta condición les sucede a las personas mayores y es más común en hombres que en mujeres.

Ahora hablemos de los niños, ¡Oh, chico! Cómo puedes imaginar, algunos niños también pueden tener muy malos hábitos de higiene. Pero creo que en la mayoría de los casos es culpa de los padres. Si permites a los niños hacer su voluntad, no se ducharían durante días. Los niños estarían felices como un cerdo en el barro. Como padre, tienes que enseñar a tus hijos a tener buenos hábitos de higiene. He tenido niños en mi silla que pueden oler tan mal como los adultos; especialmente, su cabello. Por alguna razón, la mayoría de los niños no se lavan el cabello con champú. Tal vez sea por alguna experiencia traumática con champús que les irritó los ojos, y no quieren usarlo para lavarse el cabello. Incluso hay un champú de la marca Paul Mitchell llamado "Bebé No Llores", hecho especialmente para niños. No les irrita los ojos cuando se lavan el cabello con champú.

Los niños también pueden desarrollar enfermedades de la piel cuando no tienen buenos hábitos de higiene. Es fundamental enseñar a los niños a lavarse el cabello siempre porque son pequeños y pueden desarrollar una enfermedad de la piel o tener caspa a una edad temprana, y tal vez esto no pueda ser reversible. Los niños son susceptibles de contraer piojos de otros estudiantes en la escuela.

Atendía regularmente a una clienta que tenía dos hijos y ambos estaban infectados con piojos. Como era una madre responsable, le dijo a la recepcionista de la barbería que sus hijos estaban infectados con la enfermedad. Cuando la clienta dijo esto en la recepción, la empleada pasó el mensaje a los barberos. Nadie quería darles el servicio. Según ella, les dio a los niños algunas dosis de un remedio de farmacia contra los piojos, pero el tratamiento no tuvo éxito.

Acepté cortarles el cabello a los niños porque sentía lástima por ella y sus hijos. Tal vez no fue culpa de ellos que tuvieran la condición. Pudieron infectarse de alguien más en la escuela. Lo que hice, en este caso, es que les corté el cabello, tratando de eliminar tanto cómo fuera posible, usando la menor cantidad de herramientas. Herramientas que no necesitaría de inmediato para cortar a los próximos clientes. Después de todo, no era tan malo, pero ella solo quería informar a los peluqueros que los niños tenían la condición. Después de que terminé con los niños, desinfecté todas mis herramientas y las dejé reposar durante horas en barbicida, para que todos los clientes a los que iba a cortar no contrajeran la condición.

Ella estaba muy agradecida de que hiciera esto por sus hijos, y yo estaba feliz de hacerlo. Nunca tuve piojos ni mis hermanos, así que no fue un problema en mi casa. A veces, los niños vienen a la silla del peluquero y reciben servicios, y tienen piojos, y el peluquero ni siquiera se da cuenta de que los niños tienen esta condición. Entonces, creo que fue un buen gesto de la madre decirles a los barberos que los niños tenían esta condición. Si no sabes que los niños tienen piojos, puedes cortar al siguiente cliente con las mismas herramientas sin desinfectarlas, sobre todo, si se trata de un barbero de los que hablan demasiado y no prestan atención a lo que hacen. Ahí es cuando puedes infectar a alguien, cuando no sabes si la persona tiene la condición, pero ya la tienes en tu silla.

Lo siento por los chicos, porque después del incidente, el resto de los barberos no los trató con justicia. No me gusta la discriminación. Después de esa experiencia, la dama siempre prefería que los niños se atendieran conmigo. Algunos barberos harían lo que sea para no trabajar o ser productivos. Encontrarán cualquier excusa que tengan para sembrar su trasero en la silla y no hacer nada.

Otra cosa que noté es que a veces a las madres les gusta el cabello largo, pero no quieren cuidar el cabello de sus hijos. Si quieres que tu hijo tenga el pelo largo, tienes que cuidarlo como si fuera tuyo. A los niños no les importará mucho limpiarse o aplicarse acondicionador o champú. A ellos les importará más jugar fútbol en la escuela, ensuciarse y no quitarse toda la suciedad después. Si no te gusta cuidar el cabello de tus hijos, elige un corte de cabello de bajo mantenimiento como un degradado con cabello corto en la parte de arriba. Pero si quieres un peinado largo para tus hijos, como un tipo de corte de pelo en capas, tal vez como el de Justin Bieber cuando era niño. Entonces debes tener en cuenta que es posible que debas cuidar el cabello de tu hijo como si fuera el suyo.

He tenido en mi silla niños con gel fermentado, hojas, escarcha decorativa, jugo, dulces, chicles, crayones, maquillaje, tierra, arena, palos, insectos extraños, patas de saltamontes, hormigas, etc., en el cabello. He tenido niños en mi silla cuyo cabello olía como un perro callejero llovizando. No dejes que el tuyo sea ese.

Sé que es difícil de creer, pero tenía un cliente habitual que solía traerme a su hijo para que le cortara el cabello. Cuando le estaba cortando el pelo, noté que tenía una pequeña mancha de alguna sustancia grasosa en la cabeza. Estaba escondida debajo del pelo y pegada al cuero cabelludo, por lo cual era difícil verla. Mientras le estaba cortando el pelo, me preguntaba qué podría ser esa mancha. Nunca supe lo que era. Cuando el cliente lo trajo de nuevo para el próximo corte de cabello, noté que todavía tenía el mismo parche que vi cuándo le corté el cabello la última vez. Fue difícil para mí creer que este era el mismo parche del corte de pelo anterior. Ya había pasado un mes desde el servicio anterior. Entonces, ¿cómo es posible que esta mancha todavía esté en su cuero cabelludo en la misma área?

Agarré una toalla de papel, le apliqué alcohol y froté la mancha. Quería limpiársela porque probablemente no notaron la mancha en su cuero cabelludo durante más de un mes. Después de aplicar el alcohol y frotar, desapareció inmediatamente. Cuando miré la toalla de papel para ver los restos de la mancha, parecía un producto oscuro que no sabía exactamente en qué consistía, hasta el día de hoy. Puede ser que esté especulando, pero creo que rímel de pestañas, probablemente, le cayó en el cuero cabelludo. Tal vez, se la agarró a escondidas de su madre y se lo aplicó, jugando, como hacen los niños.

Para mí, es gracioso cuando los niños quieren jugar a ser peluqueros, y agarran las tijeras en casa y se cortan el pelo. Es gracioso porque así empecé a cortar el cabello. Pero lo hice después cuando tenía trece años. Agarré la maquinilla que tenía mi madre en casa y le corté el pelo a mi hermano y corté el mío. De vez en cuando, tengo niños que se cortan el cabello ellos mismos y generalmente escogen el peor lugar posible donde puedan cortárselo. El área es la frente. Les encanta cortarse el pelo entre y encima de las cejas. Esta es un área difícil de ocultar a menos que el peinado sea hacia el frente o tal vez hacia un lado. De esa manera, puedes disimular mejor el "accidente". Sé que a algunas niñas también les gusta hacer esto. En el caso de las ellas es muy diferente porque el cabello de la mujer crece lentamente y a veces, llevará meses emparejar el otro cabello y lograr que tenga la misma longitud.

Pasa con frecuencia que los clientes entrados en la vejez tienen laceraciones en el cuero cabelludo. Cuando van a mi silla, muchos de ellos me dicen que les hicieron una biopsia y que el dermatólogo la examinó para corroborar si era cancerosa. Cuando volvían para el próximo corte de pelo, les preguntaba qué había pasado con la prueba y cuáles fueron los resultados. En la mayoría de los casos, vienen con una prueba negativa de cáncer cutáneo. No soy dermatólogo, así que no puedo decirles que esta prueba siempre será negativa, pero hay un buen porcentaje que lo sea. Y es por la misma razón que comentamos antes. No voy a generalizar, pero la gente mayor tiene tendencia a no ser muy higiénica. Por esta razón, a veces, tienen laceraciones en la piel.

Como discutimos antes, usted contraerá estas condiciones cuando deja que los desechos de su cuerpo se asienten durante un período prolongado. A veces rascan la laceración sin tener en cuenta que las personas mayores sanan lentamente, más que los jóvenes. La laceración aún no ha sanado, pero todavía siguen jugando con ella, rascándola y rascándola, de modo que nunca sanará. Una recomendación que te puedo dar es que cambies con frecuencia las sábanas y las fundas de las almohadas porque a los gérmenes les gusta incubar en ellas. Cuesta trabajo lavarlas todas las semanas pero no deben pasar más de dos semanas sin lavarlas. Además, si te sientas mucho en la misma silla o en un sillón reclinable, usa un protector de funda, y lávalo con frecuencia. Tengo clientes que tienen algo de caspa o sarpullido en la zona occipital de la cabeza. La razón de esto es que están reclinando la cabeza en un reposa cabezas durante un período prolongado, y pueden incubar hongos y ácaros, si no los lavas con frecuencia.

A veces, cuando un cliente va a cortarse el pelo, me dice que tiene esta caspa o sarpullido en la zona occipital, y no sabe cómo se contagió. Le pregunto, ¿tuviste un viaje recientemente? ¿Volaste en un avión? Si la respuesta es sí, les digo que lo obtuviste probablemente del reposa cabezas de la silla del avión. Afortunadamente, esta condición desaparece rápidamente después de cortarse el cabello y el cuero cabelludo puede respirar fácilmente, sin el cabello adicional. Te recomiendo que traigas algo para cubrir el reposa cabezas cuando vayas en avión, viajes en tren o vayas al cine.

Cuando voy al cine, me gusta llevar una sudadera con capucha porque puedo cubrir fácilmente el reposa cabezas con la capa de la sudadera. Estos asientos, especialmente en los cines, están bastante sucios. Rara vez se limpian. No ves la suciedad porque normalmente están hechos de colores oscuros como el negro o el gris. Te garantizo que, si esos asientos fueran blancos, verías todo tipo de suciedad en ellos, incluidos los productos químicos de los tintes para el cabello que tienen las damas y a veces, pueden dejarlo impregnado en la silla cuando el cabello está mojado. Tenga en cuenta que, a los hongos les gusta el agua. Esencialmente, están fertilizando esos reposa cabezas cada vez que van al cine y se sientan en esa silla con el cabello mojado. Escuché algunas veces a mujeres decir que no se habían lavado el cabello en una semana. Así que no piensen, ni por un segundo, que solo los hombres tienen malos hábitos de higiene. Hay una canción popular escrita sobre este tema por Adam Carroll y Bryan Rung lanzada en el año 2000. ¡Adivina cuál es el nombre de la canción! ¡Sí! Ese es el nombre "Niña con el pelo sucio".

Otro hábito desagradable que tienen los hombres es usar la misma gorra o sombrero durante años sin lavarlos. Los sombreros también pueden ser una incubadora de gérmenes. Algunos hombres usan gorras para ir al gimnasio y la sudan por todos lados. Luego se duchan y se la vuelven a poner. Esta es una de las razones por las que no uso gorras o sombreros porque pueden volverse bastante desagradables. Si usara alguno, prefiero los que tienen tela de poliéster o algodón para poder lavarlos sin dañarlos. Hay sombreros que tienen material de cartón que puede dañarse, si los pones en la lavadora. Si vas al gimnasio, te recomiendo no usar una gorra. El cuero cabelludo necesita oxígeno, y cuando te tapas la cabeza, el oxígeno nunca llegará al poro. Eso es algo vital para la piel. He visto clientes que van a la barbería y se cortan el pelo, y justo después del corte se ponen los sombreros. No entiendo por qué hacen esto. Después de que te cortas el cabello, hay un montón de pelos sueltos atrapados en tu cabeza hasta que te laves el cabello con champú. ¿Por qué te pones una gorra sin lavarte el pelo? La próxima vez que te duches y estés listo para salir, te pones el gorro, y todos esos pelos que te sobraron del corte anterior quedarán en tu cabello limpio.

Las gorras pueden acumular muchos gérmenes, especialmente en la visera. Este tejido es más grueso, por lo tanto, sudará más y permanecerá húmedo durante más tiempo. Si vas a llevar una gorra, no la uses demasiado apretada, así el cuero cabelludo puede respirar mejor. Además, cuando usas la gorra demasiado apretada, perderás algunos cabellos exactamente donde la gorra cae sobre el cuero cabelludo. Es similar a la calva de los bebés en la zona occipital cuando frotan la cabeza contra la almohada durante horas. Tengo clientes que usan sombreros asignados por su trabajo en restaurantes de comida rápida. Estas gorras son las más asquerosas. Si una corporación obliga a los empleados a usar esta gorra, debe darles varias, no solo una. Si usted es uno de estos empleados, debe lavar su gorra tanto como lava el resto de su uniforme.

Tenía un cliente loco que siempre me hacía ponerle dos capas. Así es, me hacía ponerle la capa normal que usa una persona promedio y otra, en sentido contrario. Según él, tenía fobia a los gérmenes. Algunas personas están locas, y tienes que lidiar con eso todos los días en la silla del barbero; por favor, no seas esa persona. Por lo general, las personas que intentan evitar algo más de lo debido son las primeras a las que les sucede la situación. Por ejemplo, si no quieres tener pelos en la camisa y haces muchas cosas innecesarias para que eso no suceda, probablemente, tendrás más pelos en la camisa que nadie. Tal vez usas una camisa blanca para cortarte el cabello, que es, posiblemente, el peor color que puedes llevar a una barbería. Las personas que siempre están prestando atención a sus autos, para que nadie se meta con su vehículo, son las primeras a las que se los roban o lo rayan. Alguien con un nuevo par de zapatillas va siempre evitando a las personas, para que nadie las pise, probablemente, pisará excremento de perro sin darse cuenta. Los hombres que son paranoicos acerca de sus damas, se pasan preguntándoles cada 30 minutos dónde están y asegurándose de que ella siempre esté visible para él, probablemente serán los primeros en ser engañados. Nunca es bueno llevar las cosas al extremo.

De vez en cuando, es bueno estar expuesto a gérmenes. El sistema inmunológico se vuelve más fuerte y ayuda a combatir mejor las bacterias, si estás expuesto a ellas. Te puedo dar un ejemplo. En el momento en que estoy escribiendo este libro, he estado cortando cabello durante treinta y dos años. Como corto cabello desde los trece años, he estado expuesto a diferentes gérmenes y bacterias porque he estado trabajando directamente con personas durante ese período de tiempo. Puedo tener gente enferma en mi silla, pensando que me infectarán con la gripe. Yo les pido que no se preocupen porque mi sistema inmunológico es fuerte. Como llevo mucho tiempo cortando cabello y estoy en contacto directo con la gente, he estado expuesto a todo tipo de gripes y catarros. Rara vez me enfermo. Me enfermo más por la gastroenteritis viral y la intoxicación alimentaria, por causa de lo que comí, que mi estómago no pudo soportar, que por la gripe estacional.

Solía tener un cliente con VIH, quien me pedía un afeitado de vez en cuando. Aunque sabía que tenía el virus, accedí a rasurarlo porque no quería que se sintiera discriminado. Para su información, especialmente a los barberos, es ilegal prohibir que una persona con VIH o SIDA no obtenga los servicios ofrecidos a otros. Es ilegal negarles el servicio debido a su estatus de VIH/SIDA. Las leyes que los protegen son la ley de rehabilitación de 1973, sección 504. Ley de estadounidenses con discapacidades de 1990, título II. Ley de portabilidad y responsabilidad del seguro de salud de 1996.

Por supuesto, tomé todas las precauciones posibles, así que no corté su piel ni la mía tampoco. Siempre uso guantes, y no lo afeité a contrapelo, con lo cual es más probable que se corte la piel al afeitarse de esta manera. El VIH es un virus que no puede vivir fuera del cuerpo. Digamos que, si afeito a alguien con VIH y lo corto con la navaja, la sangre se seca después de cortar a la persona y el virus de esa sangre muere cuando entra en contacto con el aire. Por esta razón, está claro que el virus morirá. Para infectar a alguien con el VIH usando una navaja de afeitar, tienes que afeitar a dos personas simultáneamente. El virus morirá en treinta segundos cuando se exponga al aire. La única forma en que puedes contraer el VIH es por contacto directo con sangre como una jeringa, contacto con fluidos vaginales, rectales o semen. El VIH también puede ser transmitido por la leche materna. Por supuesto, no significa que no debamos desinfectar e higienizar los instrumentos y herramientas después de cada cliente. Es algo que tienen que hacer los peluqueros automáticamente. Deberías preocuparte más por infectarte de Hepatitis que de VIH. La hepatitis es un virus más potente y no es tan fácil de matar. Puede vivir fuera del cuerpo hasta veintiún días. La hepatitis es un virus que crea una infección que, eventualmente, puede dañar el hígado y ser fatal.

Cada dos años, cuando los peluqueros renuevan sus licencias, se requiere una educación continua de dos horas sobre el VIH/SIDA. Nos dan material que debemos leer y estudiar y luego hacer la prueba, que suele ser de unas diez preguntas, para aprobar el examen. Los barberos deben aprobarlo con al menos un 70%.

Afeitar con una navaja, podría ser cosa del pasado, ya que algunos barberos nuevos, que se gradúan del instituto, no quieren usar una navaja de afeitar en ciertos momentos debido a las demandas. Además, algunos peluqueros están preocupados por infectarse con uno de los virus que discutimos anteriormente. Diré que el truco de usar la navaja es que no te puedes apresurar si vas a usar esta herramienta. Hay que tomarse su tiempo y estudiar la piel del cliente para ver si tiene algún lunar o espinilla y además, ver bien la curvatura del cuello y la cara. Si el trabajador o cliente no se siente cómodo usando la navaja, tiene todo el derecho de no usarla. De todos modos, a veces, ni siquiera es necesario. Algunos clientes tienen el pelo fino, o de bebé. Se trabajan fácilmente con una buena delineadora.

Los viejos barberos solían afeitar con una navaja de una sola pieza; de esas que no puedes cambiar la navaja. Los barberos acostumbraban a afilar esta herramienta con una correa. Hoy en día, los peluqueros no pueden usar esta herramienta debido a enfermedades transmisibles como son los virus de la hepatitis y el VIH. Los peluqueros solían afilar estas navajas de afeitar durante horas para mantenerlas impecables. He tratado de afilar navajas así. Créeme, es difícil, y a veces, ni siquiera es posible.

Ahora nos afeitamos con la navaja desechable, utilizando una cuchilla de doble filo. No dejes que los comerciales te engañen. Solo necesitas una cuchilla para afeitarte toda la cara. A veces, los comerciales muestran al modelo afeitándose con una navaja de afeitar de cinco hojas, lo cual es completamente innecesario. Puedo afeitarte toda la cara con una hoja de afeitar. A veces, si uso la navaja de afeitar en casa, una hoja me puede durar al menos tres afeitadas antes de perder su filo. Al incluir múltiples hojas en la maquinilla de afeitar, básicamente, te están vendiendo cinco en lugar de una hoja.

Cuando te afeitas la cara demasiado cerca, el sistema inmunitario crea vello más grueso y es más difícil de cortar y, además, crece más rápido. Si te dejas el vello facial durante una semana y luego lo cortas con una máquina, notarás que el vello estará más suave. Pero si te afeitas todos los días con una navaja a contrapelo, verás que tu vello facial será más grueso, y más difícil de cortar, por lo que necesitarás más hojas. Las personas que no lean esto, harán más ricos a los empresarios. Ahora que tienes este conocimiento, no lo harás. El afeitado es un arte. Puede ser similar a bailar. Tienes que coordinar los movimientos que vas a hacer y predecir lo que sucederá después de hacer ese movimiento. Todo el mundo baila de una manera diferente. La piel de cada cliente es diferente. Los barberos deberían poder bailar con diferentes tipos de piel. A medida que pasa el tiempo, se desarrolla la experiencia. Los peluqueros aprenderán las áreas que son más susceptibles de cortarse debido a la curvatura de la cara.

Capítulo 5

"Picante"

s increíble que un auto pueda conducirse solo. Podemos hablar y dar órdenes a un altavoz o bombilla dentro de la casa para reproducir música, encender o apagar la alarma o las luces con el teléfono celular. Pronto, un dron podrá llevar tu correo y sangre a un hospital para salvar una vida. Un robot puede realizar una cirugía controlada por un médico a kilómetros de distancia. Pero no podemos averiguar cómo hacer crecer el cabello.

Hombres y mujeres pierden el cabello en algún momento de la vida. Los hombres son los más afectados por la calvicie. Las mujeres también, pero sobre todo, se trata de adelgazamiento y debilidad del cabello por la forma en que lo pierden. Los hombres pierden el cabello dependiendo de algunos factores. Puede ser genético. Este tipo de calvicie se denomina calvicie de patrón masculino o alopecia androgénica.

Cuando estaba aprendiendo a cortar el cabello, teníamos que tomar diferentes clases y el plan de estudios se dividía en un promedio de diez o doce temas. Nos pidieron que tomáramos un curso de tricología. En esa clase, que enseña la ciencia del cabello, me dijeron que la calvicie viene del lado de la familia de la madre. Después de todos estos años, estoy de acuerdo con eso. Este no siempre es el caso, pero la mayoría de los hombres que tienen una madre con cabello fino, una frente prominente y una línea de cabello en retroceso son más susceptibles a quedarse calvos en la edad adulta.

Te daré un ejemplo. Rick Harrison, el empresario estadounidense y estrella de programas de telerrealidad conocido por su programa Pawn Stars y Pawnography, es un hombre calvo. Pero no es el mismo caso que el de su padre Richard B. Harrison "El Viejo" (R.I.P) en el programa o el de su hijo Corey Harrison, ¿ninguno de ellos es calvo? Entonces, ¿por qué si su papá y su hijo tienen mucho cabello, él es calvo? No puedo decir que esté 100% seguro de que sea porque su madre tenía el pelo fino o porque su padre o sus tíos eran calvos. Pero me hace sospechar.

Incluso yo tengo circunstancias similares. Mi cabello vino, definitivamente, de los genes del lado de mi madre. Mi papá tiene el pelo lacio y el mío tiene una onda como el de mi mamá. Tengo la suerte de tener todavía algo de pelusa que puedo llamar cabello. Mis hermanos, en cambio, perdieron todo el cabello. Cuando éramos más jóvenes, recuerdo que nuestro cabello era como el de nuestra madre. Mi papá tiene más cabello que su papá, así que, tal vez mi abuela "arregló" sus genes.

Veo todo el tiempo a hombres adultos, con calvicie, llevar a sus hijos a cortarse el cabello, y veo que no todos se quedarán calvos cuando sean adultos. En la mayoría de los casos, su madre tiene buenos genes de cabello. Lo confirmé muchas veces.

La calvicie también puede ser causada por el estrés. Algunas personas con trabajos estresantes y problemas personales pueden quedarse calvas temporalmente. Además, la calvicie puede ser causada por la dieta. Me di cuenta de algo hace unos años. No quiero sonar racista, pero algunas personas, dependiendo de su origen étnico, pueden tener más cabello que otras. Es la forma en que comen y la dieta lo que les hace tener más cabello. La forma en que comemos afecta nuestro cuerpo de muchas maneras. **La comida picante es la clave**. No todos, en diferentes partes y países del mundo, comen comida picante. Si te fijas en los países, que no la comen, su población tiene más hombres calvos; países, como por ejemplo, Alemania, Rusia, Francia y Reino Unido.

En países con una dieta que incluye comida picante, su población tiene más cabello. Tomemos México, por ejemplo. No puedo decir que todos los mexicanos tengan cabello, pero puedo decir que la mayoría de sus hombres tienen mucho cabello. Y sospecho que es por los ingredientes picantes que comen todos los días durante siglos. Por alguna razón, este no es el caso con su vello facial. Su falta de barba es otro tema.

Además, los indios tienen el cabello más deseable para hacer pelucas porque su cabello es fuerte y abundante. A ellos les encanta la comida picante. Ha sido parte de su dieta durante cientos, quizás miles de años. No todos sus hombres están exentos de quedarse calvos, pero te puedo decir que incluso sus cuerpos tienen mucho vello. Los jamaiquinos también son conocidos por su pollo cecina y sus salsas picantes. Este es el país donde los hombres se dejan el cabello rasta, y necesitas tener abundante cabello para hacerlo. La comida tailandesa también es picante, y si te fijas, la mayoría de sus hombres tienen pelo. Japón, China y Corea también incluyen especias en su dieta. La mayoría de los varones también tienen el pelo muy grueso.

Por otro lado, en los países que no incluyen ingredientes picantes en sus platos, verás que su población masculina, en la mayoría de los casos, está llena de hombres calvos. Hagamos un experimento. Lo hago en mi silla todo el tiempo. Si tienes un amigo calvo, hazle esta pregunta. ¿Te gusta la comida picante? En la mayoría de los casos, obtendrá estas respuestas. No, no puedo comerlo, o no me gusta. Algunas personas no pueden comerlo por alguna condición médica o porque les produce malestar estomacal y crea "lava" caliente en el colon, lo que les provoca hemorroides. Esas personas evitan la comida picante.

Para obtener aún más datos, haz otro experimento. Este, probablemente lo hayas hecho antes sin saberlo. Trata de comer comida muy picante. Antes de que lo hagas, te dejaré saber que la leche es conocida por bloquear la sensación de ardor en la boca creada por las especias. Cuando la comas, fíjate si te hace cosquillas en el cuero cabelludo con una sensación sudorosa. Estoy bastante seguro de que sabes de lo que estoy hablando. Para mí, porque no sientes esta sensación en otra parte de tu cuerpo, es un misterio. Pero me da mucha curiosidad en mi viaje para descubrir qué causa la calvicie de los hombres. Al tener este conocimiento, cada vez que alguien me pregunta si quiero la comida picante, siempre le digo que sí. Al menos, en una porción leve. En mi casa éramos tres hermanos. Soy el único que todavía tiene algo de pelo. Mis dos hermanos, el mayor y el menor, son completamente calvos.

Después que descubrí que una dieta picante podría ser la razón por la que algunas personas tienen mucho cabello, comencé un experimento. Quise desarrollar una crema para aplicar en el cuero cabelludo, con la idea de hacer crecer el cabello. Tenga en cuenta que hacer crecer el cabello con éxito es una industria multimillonaria. Quien descubra cómo hacer crecer el cabello será muy rico, él y todos bajo de su árbol genealógico. Fui al supermercado y compré unos chiles y vegetales que son muy picantes. Intente hacer diferentes cremas y diferentes mezclas, sin éxito. Pensé que, tal vez, si me emparejaba con alguien que hubiese estudiado química y le contaba sobre este descubrimiento, podríamos hacer una fórmula para desarrollar una crema, o un remedio para la caída del cabello.

Ahora que revelo esta información, al escribir este libro, alguien puede desarrollar un producto que ayude a las personas a hacer crecer el cabello y combatir la calvicie de patrón masculino. Pero no estoy seguro de si esto es lo que quieren todas las compañías que obtienen ganancias vendiendo productos que, probablemente, no funcionan para la calvicie masculina. También, me di cuenta de que las personas que se dejan el pelo tan largo como para tocar las orejas, les crece pelo en ellas. Es como si el cabello tuviera semillas y se siembra donde haya caído, extendiéndose como la hierba. Cada vez que tengo un cliente al que le crece demasiado el cabello y lo deja tocar las orejas durante meses, puedo predecir que cuando corte ese cabello y revele la oreja, tendrá cabello implantado. Debes ser consciente de esto si eres joven. Lo último que quieres es tener orejas peludas a una edad temprana.

De lo único que estoy seguro es de que ningún producto funciona para la calvicie de patrón masculino. Pero a veces, compramos una ilusión. No nos importa tener ese anhelo porque nos hace sentir mejor. Nos hace tener esperanza. El miedo al fracaso nos hace buscar la forma de no perder. A veces pasamos por alto el problema y pensamos en todas las cosas posibles que podemos hacer para resolverlo. En lo profundo de nuestros corazones, sabemos la respuesta tan pronto como pensamos en ella. Pero está en la naturaleza humana tratar de resolver un problema y complicarlo al mismo tiempo. En cambio, tomamos medidas en un mal "negocio". A veces, la fijación por algo que queremos nos ciega y no nos deja ver que no es bueno para nosotros o que no lo necesitamos.

Volviendo al tema, estas empresas que venden productos para la caída del cabello son abundantes, y en eBay o Amazon se encontrarán sus productos y la gente los comprará. Pero aquellos de mis clientes que los han usado, me dicen que la mayoría de estos productos no funcionan. La razón por la que continúan vendiendo los productos es que estas empresas emplean personas y estas personas pagan sus impuestos. Por esa razón, se les permite seguir vendiendo sus productos, aunque no funcionen o tengan pruebas notorias de que funcionen. Ayudan y contribuyen a la economía. Mientras no maten ni dañen a nadie con sus productos, seguirán vendiéndolos. Como consumidor, usted debe ser inteligente con su dinero.

Piénselo, si Jeff Bezos es el segundo y, a veces, el primer hombre rico del mundo, ¿por qué es calvo? Hazte una pregunta, si él tiene todos los recursos del mundo y el dinero, pero no tiene pelo, ¿qué te hace pensar que comprar un producto en eBay o Amazon te hará crecer el cabello? Las empresas se aprovechan de las personas, especialmente cuando son jóvenes. Ellos comercializan su producto, y tal vez compras uno o cinco productos de esta compañía, y cuando te das cuenta de que no funcionan, dejas de comprarlo. Otra persona, igualmente con la esperanza de que su cabello crezca, comprará el producto, quizás una o cinco veces más. Y luego será el momento de que la siguiente persona lo pruebe y así sucesivamente.

Otra razón por la que algunos hombres perderán el cabello es **la higiene**, como discutimos en el capítulo anterior. Tengo clientes que vienen a cortarse el cabello, y lo tienen tan grasoso y tan sucio, que no dan deseos de tocarlo. Este tipo de persona, con malos hábitos de higiene, perderá el pelo más rápido que una persona que se cuida y se lava el cabello, al menos, cada dos días. Hay que recordar que nuestra piel es alérgica a nuestro sudor y a los aceites naturales. Además, si no te lavas el cabello, el folículo se obstruirá, por lo tanto, no podrá respirar, lo cual es fundamental para la buena salud del cabello. Una buena higiene te mantiene joven. Si tienes una buena higiene, no tendrás enfermedades de la piel creadas por malos hábitos de limpieza.

Hay otro tipo de alopecia que no se puede curar; en cambio, no es contagiosa. Afecta a casi siete millones de estadounidenses, independientemente, de su edad y sexo. Forma parches aleatorios del tamaño de una moneda alrededor del cuero cabelludo. Afecta, principalmente, a las personas emocionalmente en cuanto al aspecto de la calvicie. Este tipo de trastorno se llama **alopecia areata** y también se llama AA o pérdida de cabello en parches. Hay diferentes tipos de AA. Alopecia Totalis, cuando todo el cabello, en el cuero cabelludo, se ha ido (raro). Alopecia Universalis, cuando todo el vello corporal se ha ido. Aunque el tipo de alopecia (areata) se considera común, en 200,000 casos por año, no lo veo muy a menudo en la silla. Este tipo de calvicie ocurre cuando el sistema inmunológico ataca los folículos pilosos. También puede ser causado por estrés severo. Requiere un diagnóstico médico. Los peluqueros no pueden hacer un diagnóstico basado en lo que ven. Necesitas un profesional médico para esto. El tricólogo es el profesional médico más apto para realizar un diagnóstico. Algunos de los tratamientos para prevenir la AA son las inyecciones de cortisona, minoxidil, bloqueador solar y algunos esteroides, por mencionar unos pocos. La alopecia areata está relacionada con la enfermedad celíaca. Una dieta baja en gluten o sin gluten ayuda a recuperar la caída del cabello.

Recientemente, hubo un escándalo en los premios Oscar. El martes 27 de marzo de 2022, el anfitrión del evento, Chris Rock, hizo un comentario desagradable sobre la esposa de Will Smith, Jada Pinkett Smith. Se refería a ella como G.I. Jane, porque al evento acudió con el pelo rapado por su condición de alopecia. Es difícil creer que él no supiera sobre su enfermedad antes de hacer esa "broma". Pero tú, como hombre, tienes que evitar hacer bromas sobre las mujeres tanto como puedas. De esa manera, puedes demostrar que eres un verdadero caballero.

Otro factor que puede crear calvicie de patrón masculino es **el estrés**. Las personas que tienen trabajos y vidas muy estresantes pueden desarrollar este tipo de calvicie. El estrés, literalmente, puede matarte. Esto lo aprenderás a medida que crezcas. Cuando eres joven, tienes hambre y quieres trabajar duro por tu dinero y estar preparado para el futuro. Por eso, cuando somos jóvenes, no nos damos cuenta de lo malo que es el estrés para nosotros. Notarás lo perjudicial que es el estrés para ti, cuando te tomes un descanso. Digamos que tiene sus vacaciones de invierno o tal vez sus vacaciones de verano cuando se toma un par de semanas para el descanso propio. Durante ese tiempo, usted se relaja y disfruta de vivir sin el trabajo duro que todos debemos realizar para pagar nuestras cuentas y continuar con nuestro estilo de vida. Durante este período de vacaciones, su cuerpo se siente a gusto. Cuando vuelves al trabajo y de nuevo al mismo patrón, sientes lo duro que trabajaba tu cuerpo para estar al día con todo. Sobre todo, si tienes hijos, que no es mi caso.

Algunas personas que atraviesan momentos difíciles en el trabajo o tienen relaciones conyugales complejas, por lo cual, pueden perder el cabello. Cuando la razón se relaciona con el estrés, se puede perder el cabello, pero recuperará la pérdida con el tiempo, ya que el problema no es permanente. Este tipo de pérdida de cabello se llama **efluvio telógeno**. Sucede cuando tiene un estrés significativo o un evento que cambia la vida, y las células madre pasan por una etapa de reposo que hace que se detenga el crecimiento del cabello; como la hierba en invierno. La buena noticia es que la pérdida de cabello relacionada con el estrés suele ser reversible y no es permanente, como hemos dicho.

En 2020 se informó que la caída del cabello era común debido al COVID-19 y al trauma de la propia pandemia. Todo el mundo estaba con orden de quedarse en casa y no podíamos vivir la vida de la forma en que se suponía que debíamos hacerlo. La incertidumbre de lo que sucedería hizo que muchas personas, particularmente las mujeres, perdieran el cabello temporalmente. Incluso hubo un artículo en The

Atlantic llamado "El año en que se cayó el cabello de Estados Unidos", escrito por Amanda Mull.

Muchos factores pueden afectar el crecimiento de tu cabello. Creo que los **sombreros o gorras** pueden contribuir a la caída del cabello, como ya dijimos. Algunas personas no estarán de acuerdo en decir que la pérdida de cabello es principalmente genética. Pero no puede ser saludable usar un sombrero o una gorra en el gimnasio si haces ejercicio porque tus folículos pilosos necesitan respirar. Si combina eso con malos hábitos de higiene, eso puede ser incluso peor. Es por eso que trato de evitar cualquier sombrero o gorra. Puede sentir que le duele el cuero cabelludo cuando usa una gorra o sombrero ajustado, especialmente si lo tiene todo el día. Es importante insistir en el tema de las gorras y de la higiene.

Algunas personas pueden perder o reducir el crecimiento de su cabello en verano. Sucede debido a **la exposición a la luz solar**. La exposición a la luz solar crea un escenario en el que su cuerpo produce menos melatonina; no es el caso de todo el mundo. A algunas personas les crecerá más pelo en los días de verano porque el calor abre los poros, además, el sudor actúa como un lubricante permitiendo que el pelo crezca más rápido.

Otro factor que puede ayudar y contribuir a la caída del cabello son los **problemas domésticos**. Estos pueden incluir relaciones tóxicas con su novia o esposa. Incluimos a las hijas e hijos problemáticos. Esto me recuerda algunas relaciones que tuve en el pasado. Sabía que no era lo mejor para mí estar en algunas de estas relaciones, pero forcé la situación hasta que acepté pasar la página.

Otra razón por la que ciertas personas pierden el cabello es cuando reciben **quimioterapia**. Este es un procedimiento químico muy fuerte que se dirige a todas las células que se dividen rápidamente, células sanas y células cancerosas. La alopecia es uno de los efectos secundarios de la quimioterapia y una de las razones por las que alrededor del 14 % de las mujeres se niegan a recibirla. Eso debería recordarnos lo importante que es el cabello y cómo afecta nuestra autoestima. Si pones en un equilibrio entre tener cabello y perder la vida, definitivamente deberías elegir seguir con vida. Los hombres pueden usar un sombrero y las mujeres pueden usar una peluca. En línea, tienen a la venta pelucas de aspecto muy natural, y si tienes un amigo o familiar que sabe que estás en tratamiento contra el cáncer, no dirá nada si llevas una. No soy un experto en este tema porque nunca me han diagnosticado cáncer, así que pido disculpas si ofendí a alguien al exponer mis opiniones.

Durante mis años como barbero, tuve clientes que pasaban por este desafiante proceso. Y cuando me cuentan su historia, no quiero ni cobrarles el corte de pelo. No porque sienta lástima por ellos, sino porque sé que las personas que atraviesan este proceso desafiante están pasando por momentos económicos difíciles. Hace poco tuve dos clientes que atravesaban por su tratamiento contra el cáncer. Uno de ellos tenía Jon Hopkins linfoma. Le pregunté cómo descubrió que tenía esta enfermedad. ¿Cuáles fueron los síntomas que lo hicieron ir al hospital? Me dijo que cuando dormía sudaba mucho. Este problema lo obligaba a cambiarse de ropa, al menos, dos veces durante la noche porque se había mojado y tenía algunos escalofríos. Cuando fue al médico y le hicieron la prueba de laboratorio, le diagnosticaron este tipo de cáncer. Según él, era tratable y se recuperaría pronto porque descubrieron a tiempo la enfermedad.

Otro cliente que tengo también fue diagnosticado recientemente con cáncer. Este cliente emigró a Florida para encontrar un mejor trabajo y mejor paga. Alquiló un apartamento y compró un automóvil, y estaba en el proceso de traer a su esposa a Florida cuando sintió una fiebre extrema que no se le quitaba. Un día tuvo fiebre durante unos días. Estaba esperando que la fiebre desapareciera, pero no fue así. Fue entonces cuando decidió ir al médico para que lo examinara. Al principio, no quería ir porque no tenía seguro médico. Le preocupaba tener que pagar mucho por el chequeo. Su fiebre era tan alta que comenzó a sangrar por los oídos y la nariz. Después de que le hicieron algunos análisis, descubrieron que tenía leucemia, que es el tipo de cáncer que se presenta en la sangre.

La leucemia también se llama cáncer de la sangre. A pesar de que es raro en los Estados Unidos, hay menos de 200,000 casos por año. Los tratamientos para este tipo de cáncer dependen de la gravedad. La leucemia es un cáncer de los tejidos del cuerpo que forman la sangre, incluidos la médula ósea y el sistema linfático. Después de la primera ronda de quimioterapia, regresó del hospital y perdió al menos el 80% de su cabello. Todavía tiene algo de cabello, y se lo corté. Tenía suficiente para hacer un contorno. En el caso de un hombre, es un poco más fácil de ocultar porque un hombre puede usar un sombrero, y se nota menos porque muchos hombres usan un sombrero a diario.

Otro procedimiento que descubrí y que también ayuda a conservar el cabello es estimular el cuero cabelludo rascándolo o masajeándolo. Hacerlo puede atraer y llevar sangre a los folículos pilosos, de manera que logren obtener los nutrientes necesarios para el crecimiento del cabello. Estos nutrientes se encuentran en su sangre como resultado de los alimentos que normalmente ingiere todos los días. Cuando te rascas el cuero cabelludo, notarás que se pone rojo, lo que significa que hay sangre alrededor del área que rascas y estimulas.

Algunas personas también piensan que la gravedad afecta el crecimiento del cabello. Puede tener sentido si lo piensa desde la perspectiva de que la cabeza es la parte más alta de su cuerpo. Y esa es la razón por la cual es difícil que la sangre llegue al cuero cabelludo.

Creo que ese no es el caso porque en algunas partes de la cabeza crece cabello, pero en otras no, así que creo que la calvicie de patrón masculino es más un problema genético que un problema de circulación sanguínea. Eso no significa que la mala circulación sanguínea no pueda afectar el crecimiento de tu cabello. Por eso te sugiero, que de vez en cuando, te masajees el cuero cabelludo y lo rasques para llevarle sangre, y así pueda obtener los nutrientes que necesita para que el cabello crezca.

La perfección se logra mejor (si llegas a ese nivel) cuando no la estás buscando. Tiene que haber un equilibrio entre hacer y sobre hacer las cosas. Los remedios para problemas de salud se descubren por error o por experimentos en algo que no tiene relación con la enfermedad que estaban investigando.

En peluquería o barbería, a veces sobre hacer un estilo es tan malo como un mal corte de pelo. Si tu cabello crece rápidamente, querrás un corte de cabello más corto para que dure. Bueno, este puede no ser el caso. Cuanto más corto te cortes el cabello, más rápido crece. Es la reacción natural del cuerpo: hacer lo contrario para compensarse cuando es necesario.

Por eso, cuando tenemos calor, nuestro cuerpo busca la forma de refrescarse sudando. Las pupilas de nuestros ojos se contraerán naturalmente cuando estemos expuestos a la luz solar. Se expandirán en la oscuridad de forma natural en busca de mejor visión. Algunos clientes van a la tienda pidiéndome que les corte el pelo más corto porque está creciendo demasiado rápido. Esto no es necesariamente lo mejor que se puede hacer.

Algunos peinados duran más que otros. Un corte de cabello clásico puede durar de cuatro a seis semanas, según el peinado y la textura del cabello. Con cabello lacio, como el pelo asiático, el corte puede durar más. Esto sucede porque el cabello se asienta cerca del cuero cabelludo y se nota menos cuando es más largo. El cabello rizado puede necesitar un mantenimiento frecuente o la aplicación de un producto para conservar su forma. Esto sucede porque el cabello se sienta lejos del cuero cabelludo, dándole un aspecto abundante más rápido. Los estilos en el lado corto requieren mucho mantenimiento porque se nota más cuando el cabello vuelve a crecer. Los cortes de cabello que son inferiores a 3 mm o un sobre peine # 1 se duplican por semana en la cantidad de crecimiento del cabello. Así que no necesariamente un corte de pelo más corto durará más que uno largo.

Cuando los hombres se afeitan el vello facial, el crecimiento del vello se duplica cada día. Si se afeita hoy, mañana, tendrá el doble de vello que ayer. Para el tercer día del afeitado, tendrás tres veces la cantidad de cabello que tenías cuando te afeitaste. Pero si tienes barba y te la cortas hoy con un protector #2 y esperas una semana para volver a cortarla, no tendrás el doble de pelo que tenías el primer día que te la afeitaste. Se nota menos porque la cantidad de cabello es mayor que la cantidad que crecerá en una semana.

Teñir el cabello y el afeitado de la cabeza son los estilos y cortes de cabello que requieren más mantenimiento. Es la forma natural que tiene el cuerpo de solucionar un "problema". Su cuerpo sabe que se supone que debe haber cabello, por lo que el cuerpo sabe que algo está pasando y la reacción natural es hacer crecer el cabello rápidamente.

Lo mismo ocurre cuando los caballeros se tiñen el pelo. Cuando es más largo, se necesita menor mantenimiento. Porque cuando el cabello es más largo, cubre las canas que crecen debajo del cabello teñido. Cuando el cabello es más corto que un sobre peine #2, el gris se notará más rápido. Esto se debe a que no tiene un "techo" en la parte superior con el cabello teñido, por lo que las canas están a la vista. Puede salirse con la suya por no más de dos semanas si el cabello es corto. Puedes disimularlo más con el cabello más largo hasta por cuatro semanas.

No es fácil darse cuenta cuando no eres peluquero, pero los poros suelen cambiar el ángulo por la forma en que crece el cabello. Cuando las personas con cabello rizado se lo cortan después de mucho tiempo, los poros y los folículos organizan la forma natural en que crece el cabello. Tan pronto como el cabello comienza a crecer y su longitud hace las ondas, los poros toman forma a favor de la onda. A veces, cuando cortas este tipo de cabello corto, después de ser largo, notas que los poros y los folículos se mueven. Tomará de dos a cuatro días, tal vez menos, para que los poros vuelvan a la forma natural en que crecen.

Con frecuencia, cuando corto el pelo de personas con cabello rizado, tengo que explicarles cómo se comporta su cabello. Después de realizar el corte, quieren hacerle ajustes según lo que ven en ese momento. Este tipo de cabello debe lavarse y acondicionarse antes de realizar cualquier cambio, luego de que el peluquero o estilista crea que ya está hecho. En ocasiones, necesitarán un poco de confianza en nosotros. Con los años de experiencia, podemos predecir cómo se verá el cabello después del lavado. El cabello y el corte de cabello tomarán una nueva forma después de asearlo adecuadamente.

Así lo aprendí con el primer amigo de pelo rizado a quien le corté el cabello. Después de su corte de pelo, me sentí frustrado porque pensé que lo había cortado mal completamente. Estaba triste porque no podía hacer que se viera bien como mis otros amigos. Una vez terminé el corte, se fue a casa, se duchó, se lavó el cabello con champú y lo acondicionó. Nos íbamos a juntar en la esquina de la calle por la noche porque íbamos a una fiesta. Cuando nos reunimos más tarde, esa noche, miré su cabello y fue increíble cómo se veía, hasta el punto de que le pregunté si había ido a otro lugar para arreglarlo. Me dijo, ¡no

hombre! este es tu corte de pelo. No hice nada después que lo cortaste.
Así que, a partir de ese momento, cuando corto el pelo rizado, luego de
finalizar, rocío un poco de agua, mientras afeito los bordes con la
navaja. A los pocos minutos, el cabello vuelve a cobrar forma mientras
hago los bordes con la navaja.

Incluso con el cabello lacio, cuando no se mantiene
adecuadamente y está sucio, esto puede suceder. Se debe a que el
cabello se vuelve impermeable debido al exceso de aceites naturales
creados por el cuerpo para protegerlo. En este caso, el agua solamente
no será suficiente. Necesita ser lavado y acondicionado para tomar una
nueva forma.

Sobre hacer un corte de pelo es el error más común que cometen
los estudiantes de peluquería y los principiantes. Conoce el número de
guardia de la maquinilla que prefieres en tu estilo. Como cliente, esto
es básico para que tu peluquero no se exceda ni adivine al cortarte el
pelo. Tengo muchos clientes que se sientan en la silla y les pregunto
¿cómo quieres que te corte el pelo? La mayoría responde que lo quiere
corto por los lados y un poco más largo por arriba. Al decir esto,
literalmente, es como si estuvieras pidiendo una hamburguesa en la
tienda; el cajero te pregunta cómo querías tu hamburguesa y tú
respondes, quiero un trozo de carne entre dos panes. Va a ser difícil
para él entender exactamente cómo quieres tu hamburguesa. Las guías
de las máquinas de cortar, que se usan regularmente para su corte de
cabello, deben estar en su repertorio de medidas como la talla de su
camisa, pantalones y zapatos. Esto disminuirá las posibilidades de
exagerar e incurrir en malentendidos en la silla del barbero.

A algunos peluqueros les gusta trabajar con cita previa, y
tenemos un horario limitado y apretado para hacer los cortes de pelo.
Por lo general, es de 30 a 45 minutos. Algunos cortes de cabello
necesitarán más tiempo, pero si el peluquero está ocupado, lo hará en

30 minutos. El tiempo es dinero y es siempre la respuesta. Es lo que hizo que el cabello de Albert Einstein se volviera más gris y salvaje. El tiempo afecta nuestra calidad de vida de muchas maneras. Si no sabes exactamente cómo quieres tu corte de pelo, eso significa que de esos 30 minutos que tiene el barbero para tu corte, ahora perderá 10 minutos en una situación de prueba y error contigo. Podría usar esos minutos para perfeccionar lo que ya sabes que quieres.

Haz lo que quieras... tampoco es la mejor respuesta a la hora de responder cómo quieres tu estilo. Si vas a un restaurante o comida rápida y dices esto, solo vas a confundir al mesero. Después de todo, no se lo van a comer ellos, ¿verdad? usted es el que va a comérselo.

Por eso creo que lo mejor es llevar tus fotos a una barbería o salón. Mientras tengas expectativas realistas sobre tu cabello y que el del modelo en la imagen se vea como el tuyo, deberías estar bien. También se excluyen expectativas realistas cuando te das cuenta de que el peinado de la imagen tardó cerca de una hora en realizarse. Tu peluquero solo tendrá de 30 a 45 minutos, a menos que no tenga a nadie después de tu turno. En ese caso, tendrán tiempo para pulir más tu estilo.

En mi caso, no me gusta extenderme más del tiempo que tengo porque si "mimas" a ese cliente ese día en concreto, va a esperar el mismo trato en el próximo corte de pelo. En la próxima ocasión, el peluquero, probablemente, tendrá la próxima cita justo después de la tuya. El estilo no será tan detallado como el anterior, y te enfadarás.

Otra situación que puede afectar el resultado de un corte de cabello es que los barberos se distraigan con sus teléfonos. Enviar mensajes de texto y hablar por teléfono no es la mejor manera de mostrar respeto por un cliente. Es muy difícil tratar de lograr la perfección mientras se habla por teléfono o a veces, con un compañero de trabajo mientras cortas cabello. Los peluqueros que hacen esto no son profesionales, y explico las razones.

Cuando el barbero o estilista habla por teléfono, dependiendo del tema, la conversación puede hacer que sus emociones suban o bajen, especialmente, si se muestran demasiado felices, o demasiado enojados. Entonces, si están emocionados mientras cortan el cabello, existe la posibilidad que se exceda en su corte de pelo. Porque cuando estás emocionado, puedes hacer las tareas demasiado rápido, o demasiado lento, o incluso olvidar lo que estabas haciendo y perder los pasos y la secuencia que llevabas para cortar el cabello.

Por otro lado, si sus emociones son bajas, es posible que no esté enfocado en el corte de pelo. Esto se debe a que sus emociones son bajas y pierde interés en lo que venía haciendo. Por eso no contesto mi teléfono cuando estoy trabajando. Si contesto el teléfono por una emergencia, dejo de cortar el cabello hasta terminar y trato de que sea breve. Me gusta mostrar respeto por mis clientes. Quiero que entiendan que el tiempo que pasan en mi silla, haré todo lo posible para aprovecharlo. Después de todo, pagan por ese tiempo y servicio.

Probablemente, nunca entenderé completamente cómo funciona la vida. La vida se hizo para vivirla, no para entenderla. Sé cómo se supone que debemos vivirla, cómo se nos dice en nuestra casa y en la escuela. Para que nos comportemos bien en la sociedad y que no nos metamos en problemas ni nos arresten. Cómo me dijo una vez un cliente, su abuelo le dijo que la mejor manera de evitar problemas es... "no hagas estupideces". Esa forma de hacer las cosas abarca casi todo en la vida. Trato de no seguir los estereotipos a menos que sean un hecho. No porque el cielo esté gris, significa que va a llover. Pero definitivamente, si hace cero grados afuera y la mayoría de las personas caminan mojadas y descalzas, sin abrigo, se resfriarán; esto es un hecho.

Si un abogado entra al juzgado con un peinado mohicano, al principio, la gente pensará que se ve estúpido. Pero si gana muchos casos, la gente lo respetará, pase lo que pase. Para mí, es un hecho que si quieres algo de una persona y piensas que lo vas a conseguir siendo amable todo el tiempo, te equivocas.

Eso puede funcionar con una relación duradera como un cónyuge o un miembro de la familia, pero afuera del círculo interno no funcionará todo el tiempo. Por eso no quiero ser el que "ama más que el otro" en una relación. Por lo general, son los que más se lastiman. Como a un trabajador en una oficina del gobierno, tienes que presionarlos para que hagan su trabajo. Si no lo hace, terminará con menos documentos o más errores.

No puedes ser demasiado suave, o demasiado bueno con las personas porque se aprovecharán de ti. Pensarán que eres estúpido, te probarán y te montarán como a un caballo. Te chuparán toda la sangre como lo hacen los parásitos. Empieza a ser fuerte con la gente. Comience con el barista o la camarera de pedidos para llevar sin ser demasiado exigente al respecto. Pero no camines por el mundo despreciándote a ti mismo. Habla, obtendrás un mejor servicio; las personas son programables.

Hace poco me comuniqué con una ex. Después de dos años, me vio en una aplicación de citas. Yo trataba de evitarla, no quería hablar con ella. Eventualmente, ella envió el mensaje para preguntarme cómo me iba. Le dije que muy bien, que estaba aquí en la aplicación solo conociendo gente de vez en cuando, y que no buscaba nada serio. En el tercer mensaje, ella me escribió esto. Es tu vida, puedes desperdiciarla como quieras, pero eres viejo. ¿No quieres casarte y tener hijos? ¿Simplemente quieres perder el tiempo? ¿De verdad? ¿Qué sucede contigo? Disculpe si no le puedo ayudar a recrear algunas escenas en retrospectiva de peleas y argumentos tóxicos anteriores. No

respondí al mensaje cuando vi la puerta del infierno semi abierta.
Esperó un día y medio y luego me envió cuatro mensajes adicionales,
Luego, borró su cuenta. Si fuera más joven y con menos sabiduría,
habría saltado de nuevo. Ahora lo sé mejor, y sé que probablemente no
sea bueno volver a una relación tóxica solo para obtener algo de "eso".

He visto clientes pagando manutención de niños por un hijo o
hija que no ven. No quiero que ese sea mi caso. La ironía es que
algunos clientes tienen hijos, a quienes no tienen que pagar
manutención infantil porque no son suyos, y, sin embargo, los ven
todos los días. Admiro a los hombres en esta situación, porque en esa
relación, ellos son segundos, y el niño es primero, pase lo que pase. Si
me hubiera quedado en esa relación, probablemente perdería mi
cabello. Pero algunas personas tienen que quedarse en esas relaciones
perjudiciales porque tienen hijos juntos y tienen que pensar en ellos y
en su futuro.

En mi silla tengo clientes problemáticos y gente que no lo es. No
quiero hacer estereotipos, pero por lo general, los clientes exigentes
carecen de confianza. Piensan que, si hay algo mal con el corte de
pelo, esto los hará más feos o no se sentirán cómo ellos mismos. Lo
cierto es que tu personalidad no puede cambiarla ni siquiera un mal
corte de pelo. Si te afeitas la cabeza y tienes la misma personalidad
que cuando tenías el pelo largo, tu confianza en ti mismo seguirá ahí.
La gente lo notará y te tratará igual. Pero si actúas tímido y sin
confianza, la gente notará un cambio en tu personalidad. Luego te
preguntarán porqué actúas así.

Nunca fui fanático de las personas verbalmente extravagantes.
Los que "nunca se callan". Personas que son ruidosas y quieren la
atención de todos para sentirse vivos. Muchas de mis experiencias con
personas así son malas. A algunas personas les gusta hacer muchas
preguntas sobre situaciones personales. A mí tampoco me gusta este

tipo de gente. Creo que están llenos de inmundicia y al lado mío no los quiero. Tengo clientes en mi silla que se sientan por primera vez y la tercera pregunta que me hacen es donde vivo. Mantengo los pensamientos en mi cabeza, pero solo quiero decirles... ¿por qué quieres saber tanto? Datos como dónde vivo, quiero decir, ¡te acabo de conocer! Trabajé con recepcionistas y compañeros de trabajo durante años, y nunca me preguntaron dónde vivo. En la mayoría de los casos, nunca han estado en mi casa. ¿Por qué debería decirle eso a esta persona extraña? Pero lo entiendo, tú como peluquero, tienes que ser amable y educado. Tal vez ese cliente solo quiere saber sobre el área en la que vives, y eso está bien para mí. Otros clientes no estarán satisfechos si les dices un lugar al azar. Quieren el edificio de condominios con el número y todo.

A veces desearía ser más un mentiroso que un tipo de respuesta directa. Probablemente me divertiría más en el trabajo. Pero por alguna razón, no me funciona así; soy sencillo no me gusta mentir. Una vez le dije a un cliente que tenía que irme porque iba a recoger a mi hija. ¡No tengo una hija!, no tengo hijos. La próxima vez que fue a cortarse el pelo, me preguntó cómo estaba mi hija. Me olvidé de lo que dije en esa ocasión en particular y le dije la verdad. Yo no tenía una hija. Luego se confundió porque le dije que tenía una, la última vez que estuvo allí. No tuve otra opción que decirle que era una excusa porque quería salir temprano ese día. Por eso siempre les digo la verdad a mis clientes.

Siempre estoy callado mientras corto cabello. Tiendo a ser malinterpretado. Tampoco me gusta repetir las palabras. A veces eso no es bueno porque algunas personas me preguntan si se están quedando calvos. Ahí es cuando les digo una de esas respuestas de abogados neutrales, como sí, pero no. Créeme, si les pongo el espejo encima de la cabeza, ni siquiera necesitaré hablar. Los asustaría muchísimo cuando el reflejo del espejo los deje ciegos, tal como cuando reflejas el espejo contra el sol; aveces lo hago. Si tengo un cliente que no me gusta, que me ha hecho la vida difícil durante los últimos treinta minutos, pongo el espejo encima de la cabeza para dejar claro que no es mi culpa que el corte de pelo no esté funcionando. Como no me importa quedarme calvo, estoy feliz de reventar esa burbuja. Cuando les muestro la "corona", sus labios se arquean como cuando le dices a un niño que no hay más dulces. A veces tienes que ser malo, tienes que decirle a la gente algunas verdades que no quieren escuchar.

Empecé a vivir en la nueva tendencia de corte de pelo pompadour y copete en 2013. Con esta tendencia, me ha quedado claro que algunas personas piensan que somos magos. No puedes dejar un montón de cabello encima si no tienes abundante cabello. Esos cortes de cabello son para personas con cabello muy largo y grueso. Este tipo de corte de cabello también es, en su mayoría, para personas con cabello lacio; al menos en aquellos años. A menos que tengas la suerte de levantarte temprano para secarte el cabello, este estilo no es para ti.

En el cabello ondulado, un corte de pelo copete se ve bien, dependiendo de la longitud y el estilo del cabello. Si te alisas el cabello con un alisador o keratina, este peinado es posible con cabello largo. El corte de cabello copete puede ser similar al cabello rizado con una tendencia de desvanecimiento y tupé que comenzó en 2019-2020. Pero en este caso, este corte de cabello incluye un desvanecimiento de la piel mediano o bajo. También se puede hacer con un tamaño de sobre peine diferente o más largo como el #2 o #1. Este suele ser el corte de pelo que prefieren los adolescentes. Este corte de pelo se ve muy bien con el pelo rizado. Cae naturalmente sobre la frente del cliente con rizos en lugar de peinarse hacia arriba y hacia atrás, como en el copete. Es casi el mismo estilo, pero peinado diferente. Si eliges tener este corte de cabello, debes lavar tu cabello con frecuencia, especialmente si usas un producto. La razón es que el cabello cae en la frente, y en ocasiones al cliente que no tiene la higiene adecuada le pueden salir granitos en la frente. Recuerde, nuestra piel es alérgica a los desechos de nuestro propio cuerpo.

El estilo pompadour lleva el nombre de Jeanne Antoinette Poisson o Madame de Pompadour. Fue miembro de la corte francesa y amante del rey Luis XV en Francia desde (1745 hasta 1751). Este corte de pelo tiene diferentes variaciones para mujeres, hombres y niños. Para describir mejor este corte de pelo, tiene una gran parte del cabello en la arte superior, peinado hacia atrás, y cuando va hacia atrás de la cabeza es más corto. El cabello del costado se peina hacia arriba para encontrarse con el cabello en la parte superior.

Los clientes que se sientan en la silla en silencio, observando lo que hace el peluquero, tienen un mejor resultado en sus cortes de cabello que un cliente que lo interrumpe cada dos minutos. La interrupción es un asesino de musas en el arte o cualquier cosa que requiera concentración. Deja que el estilista haga su trabajo. No mates su musa a menos que el peluquero esté matando tu cabello, por supuesto. Si necesitas un ajuste en el corte de pelo, hágaselo saber al principio o al final del corte de pelo.

Pido disculpas si, al decir esto, incomodo a alguien, pero por alguna razón, los clientes inseguros y exigentes, son feos. No quiero sonar como si me estuviera burlando de nadie, déjame explicarme. Un cliente guapo necesita muy poco para verse bien. Aunque a veces también pueden ser exigentes. Si un cliente es guapo y tiene buena simetría en sus rasgos faciales, necesitaría un corte de pelo horrible y en ocasiones, ni siquiera eso para verse feo. Pero algunos clientes "difíciles de ver" necesitan muy poco para que se vean aún más feos. Algunos clientes se ven muy bien calvos. Ni siquiera necesitan pelo para verse bien. Mire a Jason Statham o Vin Diesel; los hombres son calvos. No hay una habitación de hotel en el mundo a la que no puedan ir acompañados, si así lo desean.

Por otro lado, los clientes que no tienen una buena simetría en sus características faciales, es muy común que se vean más feos con un mal corte. Desafortunadamente, hemos sido programados para pensar que lo feo significa que las modelos, los actores de comerciales de televisión y las revistas de moda, no tienen.

Todos somos, a nuestra manera, hermosos. Algunos clientes guapos no tienen personalidad. Entonces, lo que los hace lucir hermosos es la apariencia. Pero algunos clientes no son los más atractivos, pero tienen personalidades notables y extraordinarias. Su personalidad es lo que los hace hermosos. Si has visto el drama/crimen de 2013 "La gran estafa americana" (American Hustle), recordarás al personaje de Amy Adams (Sydney Prosser) describiendo al personaje de Christian Bale (Irvin Rosenfeld), y sabrás de lo que estoy hablando. Ninguno de los cumplidos que ella describe es sobre su apariencia, sino sobre su carácter y confianza en sí mismo. Algunos clientes no tienen apariencia ni personalidad, pero tienen dinero. Entonces, lo que los hace hermosos es su dinero. Algunos clientes no tienen apariencia, carácter o dinero, pero tienen cerebro. Entonces su cerebro es lo que los hace atractivos. Algunas mujeres se sienten atraídas por cerebros además de la apariencia, la personalidad o el dinero.

Los clientes que se sientan en la silla para cortarse el cabello y se quedan callados y observan son personas que tienen mejores expectativas realistas sobre el resultado de su corte de cabello. Están seguros de sí mismos y del peluquero que hace el trabajo. Estos clientes son los mejores para trabajar. Encontrar un buen peluquero es principalmente una situación de prueba y error. Cómo la mayoría de nuestras necesidades diarias en un restaurante, una tienda de comestibles, buscando un médico, empresa de construcción, etc.

Pruebas sus servicios, y si no te gustan, no vuelves. ¿Porqué molestarse en intentar cambiar el mundo?

Durante mis años en el trabajo, entendí que no puedes escuchar todo lo que dice la gente. Cuando estás aprendiendo otro idioma, solo necesitas unas pocas palabras para entender lo que alguien está tratando de comunicar; palabras claves. Aveces la fonética del idioma suena grosera. Algunos idiomas, como el cantonés, hacen que el hablante suene desagradable. Tal vez están diciendo una cita hermosa, pero suena tosco. Lo mismo sucede con algunos clientes. El tono que usan para hablar cuando dan instrucciones suena mal. Es casi como si estuvieran enojados contigo, incluso si es el primer corte de pelo con nosotros. Simplemente, suenan enojados, pero entiendo que se debe a sus experiencias previas con otros barberos. El sonido de sus instrucciones es un sonido paranoico.

Es como cuando conoces a un nuevo compañero en la vida. A veces, te tratarán como si fueras la expareja. Debido a las experiencias previas, la persona se moldea al comportamiento pasado de la pareja anterior. Entonces, incluso si no tienes algún tipo de razón, serás culpable, si eres inocente. Esto puede sonar divertido, pero las relaciones barbero y cliente son como un matrimonio. Si tengo un cliente y sé que lo ha sido durante mucho tiempo, y de repente lo veo hablando con un compañero de trabajo, puedo pensar que el compañero coquetea con mi cliente. Se puede considerar hacer trampa si se cortan el pelo con otro barbero. Por supuesto, las relaciones matrimoniales son diferentes. No se permite hacer trampa, pero la relación barbero y cliente lo permite y yo la considero, incluso, saludable.

No te puedes casar con un solo barbero porque pueden pasar situaciones de la vida diaria, tales como enfermedades o vacaciones. Si su barbero habitual no se encuentra cerca porque está enfermo o de vacaciones, es bueno tener una mano extra para ayudarlo. No creas que estás haciendo trampa. Quizá no te guste mi trabajo tanto como a otro barbero. Quizás estoy dando el 100% de mi esfuerzo para complacerte, pero no estás satisfecho. Otro peluquero puede usar 10-20% de esfuerzo en tu corte, y te gustará aún más. Tal vez no sea el corte lo que no te guste, pero es mi personalidad, y lo entiendo. A veces siento lo mismo con algunos clientes.

Una vez iba a cortarle el cabello a un nuevo cliente y lo llamé por su nombre para que se sentara en la silla y comenzara el servicio. ¿Y qué crees que me dijo?... "no pareces barbero". Fue gracioso porque ya sabía que él era el tipo de cliente que se guía por los estereotipos y las apariencias. Quería responderle", ¿y qué aspecto tengo? ¿Un florista? ¿Un mecánico? En fracciones de segundo, estudió toda mi cara, cabello, tatuajes, ropa, y los zapatos que llevaba puestos. Llegó a una conclusión sobre mí basándose en lo que estaba mirando. Al igual que los perfiles, que me hacen algunos guardias de seguridad encubiertos, en Florida, mientras compro en el supermercado. Complacer a un tipo como este era casi como si tuviera que orquestar un espectáculo de acróbatas del Cirque du Soleil para obtener su aprobación. Ni siquiera quiero hacer negocios con gente como esta. No necesito la aprobación de nadie. Lo que ves, es lo que tienes. Seré más feliz si nos saltamos todo el espectáculo de fenómenos y te consigues otro barbero.

Por eso no me gustan las críticas, malas o buenas. Prefiero ser neutral. Malas por razones obvias, buenas porque atraes a clientes inseguros y exigentes. Los clientes referidos por buenas críticas tienen altas expectativas de lo que será el servicio. No necesariamente la experiencia del cliente que escribió la reseña será la tuya. Quizá no sea un cliente exigente, y simplemente esté contento con lo que le hizo el estilista a su cabello. Pero la interpretación del lector es que se va a encontrar con Superman o Spiderman. Está a punto de conocer a su héroe, la salvación de todas sus oraciones. El mago que va a arreglarle el cabello. La realidad es que no necesariamente, la experiencia de ese cliente sea la misma que la tuya. Deberías probar tu resultado individualmente. Una revisión puede ayudar, pero no va a hacer todo el trabajo. Soy un peluquero afilado. Todos mis cortes son uniformes y simétricos. Eso tal vez no es lo que estás buscando. Tal vez esté buscando un tipo de corte desigual. No importa el esfuerzo que le ponga a un cliente, si no le va a gustar el corte, simplemente, no le gustará. Un día van al peluquero que está a mi lado y les hace un corte de pelo terriblemente desigual. No porque lo hiciera así, sino porque no sabía lo que estaba haciendo. Pero te dio una conversación amistosa y te gustó la experiencia. En ese caso, el cliente no busca un barbero habilidoso sino un barbero con el que se sienta cómodo y respeto eso.

Capítulo 6

"Más sabio"

uando nos hacemos mayores, nos daremos cuenta de que el tiempo pasa más rápido que cuando somos más jóvenes. Es como esa sensación que tienes cuando estás en los últimos minutos de una meta en una sesión de ejercicio. Parece que el tiempo, mientras corres, nunca va a terminar. Apartas la vista del cronómetro para ver si el tiempo pasa más rápido. Sientes que ha pasado un minuto. Pero miras hacia atrás y solo se han agregado diez segundos al tiempo. Esos últimos dos minutos se sienten como diez.

Cuando somos jóvenes, el tiempo parece que se detiene o va más lento, y pensamos que el tiempo nunca terminará. Creemos que tenemos todo el tiempo del mundo, incluso nuestros cuerpos se congelan. No verás muchos cambios a partir de los diecinueve años hasta que seas un adulto joven. Esto sucede hasta que tenemos entre 27 y 30 años. Creemos que sabemos todo cuando somos jóvenes porque ya estamos conscientes de todo lo que nos rodea, que sea importante para nosotros. Al menos eso es lo que creemos.

A medida que envejecemos, el tiempo parece volar. Cada mes, cada estación del año, a medida que envejeces, pasará más rápido. Eventualmente, una década se sentirá como cinco años. Cuando mi padre nos recogía a mí y a mis hermanos los domingos para pasar tiempo con él en su casa, yo sabía que iba a ser la hora de la siesta camino al auto. Era un viaje de una hora y media hasta su casa. En aquellos días, no teníamos reproductores de video juegos portátiles ni tabletas. Las opciones eran hablar con nuestro padre sobre nuestra semana mientras dibujábamos en un cuaderno con crayones.

La otra opción para nosotros era tomar una siesta. La segunda elección fue casi involuntaria. Cuando estaba en el auto, era casi automático que después de los primeros treinta minutos, me iba a quedar dormido. Era inevitable no hacerlo mientras escuchaba la relajante música gospel, el ruido blanco y la vibración del automóvil.

Para las personas que no saben, el ruido blanco se usa a menudo para ayudar a las personas a dormir mejor, reducir el estrés y relajarse. El sonido de un automóvil es un ejemplo de ruido blanco. Puedes encontrar diferentes ejemplos de ruido blanco en Youtube. Esos treinta minutos eran como dos horas. Si, por alguna razón, cuando estaba dormido durante el viaje, y había un ruido fuerte o mi padre presionaba el freno de repente, me iba a despertar. Aunque solo fuera una siesta de treinta minutos, me despertaba con cara de sueño pensando que ya estábamos en la casa de mi padre. Solo para decepcionarnos porque solo estábamos a menos de la mitad del camino.

Yo veo la misma situación en la barbería cuando un cliente viene a cortarse el pelo con su hijo o hija. Cortésmente pongo algunos dibujos animados para ellos mientras esperan. Ese es el momento para que me ponga al día con lo que está pasando en los programas de televisión para niños. Aunque encuentro que los dibujos animados modernos son extraños y sexualizados, parecen disfrutarlos mucho y olvidarse de cuánto tiempo lleva el corte de pelo. Mientras tanto, sus padres y yo somos torturados con algunas de estas canciones de dibujos animados de alto tono. Está bien conmigo porque al menos están entretenidos y puedo hacer mi trabajo sin que sus padres o yo nos concentremos en su comportamiento.

Algunos niños son demasiado pequeños para distraerse o entender las caricaturas, entonces es cuando el cliente y yo estamos en problemas. Tratar de cortar el cabello en esta situación es como estar atrapado en el tráfico. Te sientes feliz cuando de repente empiezas a moverte, pero te enfadas cuando no pasan ni cinco segundos, y tienes que parar de nuevo. Confía en mí, debes tener paciencia para hacer este trabajo. Termino esas sesiones de corte de pelo con dolor de cabeza, si es más de un niño. Tengo un cliente que tiene cuatro hijos, así que imagina que son cerca de dos horas de estos molestos temas musicales de dibujos animados.

Si quieres comprobarlo, toca el tema musical de Phineas y Ferb. Tócalo varias veces durante cuatro episodios seguidos, te sentirás como si estuvieras en una zona de guerra siendo torturado psicológicamente. Alerta de revelación, ¡a ellos también les encanta cantarlas! Tenga en cuenta que les gusta el volumen agradable y fuerte por alguna razón. Incluso sirviendo estos dibujos animados para ellos, puedo ver cómo los niños se ponen incómodos e impacientes antes de que terminen de cortarse el pelo. El truco para cortar el cabello de los niños es hacerlo lo más rápido posible.

Cuando ven que es hora de cortarle el pelo al padre, no me dejan ni ponerle la capa, y ya están preguntando si terminamos. Tienen un pie en la tienda y el otro en la puerta, listos para salir. Entonces sé que se sentían como yo cuando iba a la casa de mi padre. Si tomo un vuelo largo o internacional, y veo niños alrededor de mi silla, empiezo a ponerme los auriculares o los tapones para los oídos de inmediato. Solo sus padres, y aveces ni siquiera, pueden manejar ese tipo de "arrebato natural". Cuando envejecemos, el tiempo parece pasar más rápido porque tardamos más en desenvolvernos. Nuestros cuerpos se vuelven más lentos, y por esa razón, el tiempo pasará más rápido.

Cada año, gracias al capitalismo, la gente trata de resolver un problema e intenta ganar dinero en el proceso. Piensan que simplifican la forma en que la gente hace las cosas. Pero lo que están haciendo es complicarlo. Ahora tenemos que trabajar más duro para pagar su nuevo y costoso dispositivo. Eso significa más horas en el trabajo y menos tiempo en casa. Esta es otra razón por la cual cuando eres mayor, el tiempo se reduce. Estamos más ocupados con tareas que a veces no son tan necesarias.

Si ves una película antigua o la recreación de una época de los años 50, las familias se reunían por las mañanas para desayunar en el comedor. Verás cómo leían el periódico, tomaban café y jugo de naranja con todo el tiempo del mundo para cocinar su tocino, y se tomaban su tiempo antes de prepararse para ir a trabajar. Incluso si tenían que ir al trabajo o la escuela, tenían tiempo para matar y pasar una mañana relajante antes de ir a trabajar.

Esos tiempos eran menos complicados y el costo de vida era más económico. Al contrario de los días modernos, cada dólar valía más en ese entonces. No necesitábamos tanto dinero como en los tiempos actuales. No teníamos que trabajar en exceso como ahora. En aquellos días, también había menos tráfico. Ahora ves mujeres enviando mensajes de texto, maquillándose, poniéndose desodorante, quitándose el esmalte de uñas, pegándose una pestaña postiza y desayunando en su auto. Al dar este ejemplo, entrenan a sus hijos para que hagan lo mismo. "Mono mira, mono hace".

Vi hombres afeitándose con máquinas de afeitar eléctricas, usando hilo dental, limpiándose la nariz, las orejas y comiendo al volante. Cuando vivía en Miami, mis antiguos clientes jubilados me contaban cómo era la ciudad hace cincuenta años antes y después de la revolución cubana. Solía ser una ciudad donde la gente mayor iba a disfrutar de la jubilación. Después de vivir allí durante catorce años, puedo decirles que ya no lo es. Florida del norte o central, es mejor para eso en estos días. Algunos de ellos se fueron, pero mantuvieron sus hogares en el sur de Florida, en busca de un mejor clima y escapando de la temporada de invierno en el norte. Estos son los famosos "pájaros de nieve". Puedes identificarlos fácilmente porque les gusta usar pantalones cargo cortos, coloridas camisas hawaianas y sandalias de cuero, y también porque tienen unas habilidades de manejar terribles.

Después de la migración cubana, cerca de un millón de cubanos llegaron a Miami buscando un mejor escenario que el del nuevo gobierno comunista-socialista en Cuba. Gracias a la Ley de Ajuste Cubano de 1966. Esta ley permite a los cubanos convertirse en residentes permanentes de los Estados Unidos después de dos años de vivir en los Estados Unidos. Posteriormente en 1976, esta ley fue modificada y reducida a un solo año. Los jubilados ya no estarían solos. Además, la criminalidad, las drogas y las situaciones económicas en América central y del sur obligaron a las personas a mudarse a Miami.

De repente, los jubilados empezaron a evitar la muerte con todos los conductores locos de Miami. No necesariamente cubanos, sino choferes en general en Miami. Regalando sus días de descanso a personas con prisa que intentan llegar a casa del trabajo o viceversa. Una vez estaba estacionando mi auto en el supermercado, y esta anciana, probablemente de 75 años, estaba cruzando la calle, y había un tipo en su auto que se detuvo para dejarla pasar. En medio de la tarea de cruzar la calle, la anciana, haciendo un gesto de miedo como si hubiera olvidado algo en la tienda, miró su bolso. Después de mirar, se dio cuenta de que el objeto que estaba buscando no estaba en su bolso, probablemente, dentro de su billetera, y siguió caminando. El tipo que la dejaba pasar aceleró, en medio de ese proceso, cuando pensó que ella regresaría a la tienda y casi la atropella. Ese día, me di cuenta de que la ciudad que me describían mis antiguos clientes jubilados había desaparecido hacía mucho tiempo.

Miami es una ciudad moderna con residentes jóvenes y ambiciosos en medio de un auge de la construcción. Mires donde mires, hay un proyecto de construcción. Tratar de ganarse la vida en esta hermosa, concurrida y costosa ciudad, puede ser abrumador. Miami superó recientemente a Nueva York como el mercado inmobiliario más caro de los Estados Unidos. La consideración y el sentido común por las personas mayores son menores a medida que pasan los años. Trato de mantener mi respeto y modales con las personas mayores, tanto como sea posible. Después de todo, espero aspirar a serlo en el futuro. Nos estamos divirtiendo un día, y no sabemos cómo será el próximo.

Hace poco tuve un pedido en la barbería. Una joven llamó a la barbería para solicitar un afeitado a domicilio para su padre, quien estaba en un hospital recuperándose de un derrame cerebral que tuvo mientras viajaba a las Bahamas en un bote. La recepcionista pasó el mensaje a todos los barberos para ver si alguno podía o quería hacerlo, y todos dijeron que no. Como era de esperar, eran egoístas bastardos y perezosos de todos modos. No hago llamadas a domicilio porque estoy muy ocupado en la tienda. Trabajo cerca de diez horas al día, así que no tenía tiempo para hacerlo. Pero acepté hacerlo. Fui, principalmente, porque me sentía mal por él, y no es fácil para una persona afeitarse estando en esta situación. Me puse en su lugar, respeto a las personas mayores.

Ir allí fue una buena experiencia para mí. Era un recordatorio para disfrutar de la vida. La vida es muy corta y no nos damos cuenta hasta que envejecemos. Los tiempos más saludables que tenemos es cuando somos jóvenes. Aunque lo sabemos, pasamos la mayor parte de ese tiempo trabajando. No tenemos elección, ¿verdad? Tal vez la gente rica tenga esta opción. Cuando veo gente más joven en mi silla, me recuerda a esa etapa "congelada" en la vida. Casi quiero decirles lo mismo que le dijo el personaje de Alan Arkin, "El abuelo Edwin", a su nieto "Dwayne" durante un viaje por carretera en un autobús en la película de 2006 "Little Miss Sunshine". Busca en internet y encontrarás el discurso. Una vez que me di cuenta de que la vida iba demasiado rápido, decidí comenzar a viajar cuando aún era joven. A veces tenemos que obligarnos a hacerlo. Si veo una buena oferta en un billete de avión, lo compro. A veces sin ni siquiera saber si podré ir. Así es como me obligo a buscar el momento o hacer espacio para divertirme y tomar un descanso de la loca rutina del trabajo. A veces me salteaba los viajes a Europa algunos años porque no tenía una pareja o un amigo que igualara el mismo tiempo libre. Ahora, si no tengo con quién ir, voy solo. También me gusta, y puedes ir a un ritmo diferente de como si fueras con alguien.

Me sorprendió la cantidad de personas que viajan solas y tienen blogs o videos en Internet. Aunque no viajó solo, el chef y presentador de televisión Anthony Bourdain (R.I.P.) hacia que viajar me pareciera fácil y natural. Esto también me inspiró a hacer lo mismo. Hice algunos viajes por todo el mundo y aprendí mucho de esos viajes. Hasta ahora, he estado en 25 países. Lo único que lamento es no haberlo hecho antes. Viajar no es ir a otro estado de Estados Unidos, como piensan algunos. Necesitaba experimentar otras culturas y personas fuera de mi etnia y la incomodidad de tratar de comunicarme con alguien que no habla nuestro idioma.

Viajar no es ir a Disneylandia, viajar es dejar todo lo que sabes sobre tu cultura y experimentar otra y aprender cómo otras personas viven y hacen sus rutinas en un entorno diferente. Tal vez con diferentes formas, pero teniendo el mismo resultado. Creo que es la mejor manera de saber quién eres y lo que representas en el mundo. Cuando viajas, te comparas con otras personas y entiendes mejor quién eres.

Tomé el ejemplo de mi padre. Cada año viajaba a un nuevo país casi al punto que apenas le quedaba algún lugar o al menos uno al que quisiera ir. Fue profesor universitario hasta su jubilación. Quería viajar a países relacionados con su plan de estudios en la universidad. De esa manera, podía enseñar a sus alumnos de primera mano a partir de las experiencias que tuvo personalmente en esos países. Además, podía mostrar a sus alumnos imágenes como ejemplos y artículos que obtuvo de esos países específicos. Tengo un gran respeto por mi padre, el también es escritor. Ha publicado nueve novelas a lo largo de su carrera. Escribe sobre temas culturales en la isla de Puerto Rico. También escribe cuentos y libros para niños y adolescentes. Tiene un tremendo conocimiento de las palabras, y su vocabulario es vasto. Si fuera él quien escribiera esto, la elección de las palabras sería muy diferente.

Yo escribiendo esto no es coincidencia, tomé su ejemplo. Quería poner en sus manos un libro escrito por mí. Traté de hacerlo sentir orgulloso. El es más sabio y a quien dedico este capítulo. Los más sabios son las personas mayores que conocen y entienden a través de sus experiencias las diferentes situaciones de la vida. La sabiduría es la combinación de experiencia, conocimiento, sentido común y cuidadoso juicio. Saben cómo detectar una bandera roja en un negocio o en un trato. También saben si una dama es buena para ti o no. Saben si los planes no van a ir en la dirección correcta desde el principio.

En muchas culturas, como India, China y Rusia, los padres eligen a la esposa o al esposo de sus hijos o hijas; a través de matrimonios arreglados. A veces supongo que es bueno, pero a veces no, porque se centran principalmente en la riqueza del elegido o de su familia. Esto puede crear algunos problemas porque, como sabemos, no todo en la vida es dinero. El más sabio también sabe qué hacer en el trabajo si tiene algún tipo de enemigo. Mi padre una vez me dio la mejor respuesta a este problema. No es bueno tener un enemigo en el trabajo porque a veces tú o ellos se necesitarán por cualquier motivo algún día; él estaba en lo correcto. Aunque elijo ignorar a los odiosos es mejor hacer que las cosas funcionen y olvidar las diferencias.

El problema es que estas personas a veces no tienen la misma forma de pensar que tú. Entonces, pase lo que pase, siempre te odiarán, incluso si haces algo bueno por ellos. La vida es como una película, y alguien tiene que participar haciendo ese papel. Esto me pasó con un tipo que trabajaba conmigo en la misma barbería. No importaba lo mal que esta persona hablara de mí, si necesitaba mi ayuda, siempre estuve ahí. Una vez, a esta persona se le pinchó una llanta. Nadie tenía un gato, una llave de tuercas de cuatro vías. Adivina quién lo tenía. ¡Tienes razón, yo!

Hubo un apuro en la barbería en otra ocasión, por lo que el tiempo para almorzar era limitado. Siempre llevo bocadillos diferentes durante el día, así tengo comida disponible en caso de una emergencia. Esta persona estaba casi al punto de desmayarse. Tomé uno de mis bocadillos, este resultó ser un plátano, y lo pasé. Se lo comió junto con la mierda que siempre solía hablar. Necesitarás ayuda a veces, y vendrá de la menor persona que creas.

Mi padre tenía razón, aunque yo no era el que necesitaba la ayuda, terminé ayudando a el odioso. Mi padre no supo cómo lidiar con el racismo, no porque le falto algún detalle, sino porque nunca había vivido en los Estados Unidos. El juego del racismo aquí es significativo y vergonzoso. Es increíble cómo estamos en el primer cuarto de los años 2,000 y la gente todavía piensa así. En Puerto Rico y muchos países latinos, el racismo no existe. Si lo hay es muy limitado. Uno de mis mejores amigos de la infancia es negro. El esposo de mi prima es negro. Tuve algunas novias en mi vida que eran negras. Son atractivas para mí, y yo soy atractivo para ellas. Amo a mis latinas negras. En Puerto Rico copiamos la forma de vestir, hablar y hacer música de los negros. Aunque soy un latino de piel blanca, considero que tengo negrura dentro de mi sangre. Mi bisabuelo también era negro.

Los puertorriqueños somos una mezcla de tres razas, los blancos europeos, los negros de África y los nativos puertorriqueños o indios. Su nombre era indios Taínos. Llamamos indios al pueblo nativo de Puerto Rico antes de la colonización española el 19 de noviembre de 1493. El término indio, en algunos países de América Latina, podría ser un insulto. Puede significar personas sin modales ni educación. Es casi como el término cuello rojo o crakero en los Estados Unidos. Pero en Puerto Rico, el término indio está totalmente bien para usarlo. Los nativos de Puerto Rico fueron los primeros habitantes de la isla. En nuestros ojos, la isla nunca fue descubierta por los conquistadores españoles. El descubrimiento fue un descubrimiento para los españoles, pero no para los nativos. La gente solía vivir una vida feliz allí antes de la colonización. Hay evidencia de que los taínos ocuparon la isla durante 1,000 años antes de la colonización. La cultura taína se extinguió durante la segunda mitad del siglo XVI debido a la explotación, la guerra y las enfermedades traídas por los españoles.

Los segundos habitantes de la isla fueron los europeos o españoles. Cuando los españoles se dieron cuenta de la importancia estratégica, los minerales y la tierra para explotar de Puerto Rico, trajeron y esclavizaron a hombres negros de África para hacer el trabajo duro. Estaban ubicados en San Juan, especialmente en La

Perla, que es un barrio que aún hoy existe. En La Perla se filmó el video musical "Despacito" de Luis Fonsi y Daddy Yankee, con más de 7 billones de reproducciones en Youtube. Ubicaron allí a los esclavos porque estaban cerca de las fortalezas construidas para proteger a San Juan de enemigos como Francia, Inglaterra, Holanda y los piratas. El fuerte construido allí fue el de San Felipe del Morro, llamado así en honor al rey Felipe II de España. El propósito de su construcción fue proteger a la ciudad de San Juan de los ataques desde el mar. Además, el Fuerte San Cristóbal se encuentra a 15-20 minutos a pie de El Morro, y su razón principal fue proteger a la ciudad de los ataques terrestres.

Otro barrio que aún existe y que fue utilizado para albergar negros esclavizados fue Loíza. "La capital de las tradiciones". Esta es una de las ciudades que dio origen al estilo de música y danza folclórica tradicional de Bomba y Plena. Todos los años tienen un carnaval o festival en el que la gente usa una máscara. La "máscara de vegigante". Esta máscara está hecha de una cáscara de coco y la pintan a mano usando colores brillantes. Se nota la cultura africana en Loíza. Hay diferentes rumores sobre el origen del nombre de la ciudad. Me gusta pensar que fue en honor a una Cacique (Cacica) llamada Yuiza Loaíza, "La última Reina Taína". Esta era la versión del jefe tribal o Taíno de un Rey o Reina. Ella era la única Cacica en Borikén; el nombre precolombino de Puerto Rico. Significa "La gran tierra del valiente y noble Señor". Ella era una de las dos únicas Cacicas en todo el Caribe. Era la persona a quien Lior Patcher describía en su blog como la vecina más cercana de "El humano perfecto" es HG00737; una mujer que es puertorriqueña. La gente argumenta que escribió esto sarcásticamente, pero me gusta la idea del Sr. Patcher.

Son tres razas diferentes, y también tenemos la influencia norteamericana como la raza más reciente que se agregó. Esto, resultado de la Guerra Española con los Estados Unidos en 1898. La adición norteamericana es más una influencia cultural en nuestra idiosincrasia. Somos una raza, no cuatro; somos mezclados en una sola raza. Cuando vine a los Estados Unidos, noté una marcada línea divisoria entre las razas. No sabía nada de esto, y lo aprendí de la manera difícil.

Mi primer trabajo en Miami estaba ubicado en Liberty City, la ciudad más peligrosa de Miami y una comunidad, principalmente, de personas negras. Como no soy racista y vine a Estados Unidos con mentalidad puertorriqueña, me mudé justo al lado de la barbería donde trabajaba. No tenía auto, así que caminé de la barbería al estudio (eficiente) que alquilé. Era una caminata de cinco minutos. Noté que los vecinos estaban un poco incómodos con mi presencia allí. Me estaban haciendo comentarios divertidos, como "creo que está nevando por aquí" cuando estaba caminando de regreso a casa. El trato para mí fue diferente, así que, eventualmente, tuve que mudarme. Decidí mudarme cuando un día compré una moto usada para ir al trabajo y conocer la ciudad en mis días libres. Cuando volví de comprar una moto, noté que había alguien en mi apartamento. Tan pronto cuando abrí la puerta principal, salieron del apartamento a través de una ventana en el baño. La ventana estaba conectada al patio. Esperaron a que entrara para poder salir de mi apartamento y no los siguiera. No puedo decir la raza del ladrón, y no quiero estereotipar.

Decidí mudarme a Miami Beach porque amo la playa y tenía un ambiente similar al de Puerto Rico. Verás que cada raza tiene su zona o barrio en Miami. Los judíos están alrededor de Aventura y Surfside, los rusos en Sunny Isles y los cubanos en Hialeah y Little Havana. Little Haiti es obvio, pero están siendo expulsados debido a la inflación inmobiliaria, y Little Jamaica también. Los estadounidenses blancos se encuentran en el centro de Brickell, Hollywood, Ft

Lauderdale y Las Olas. Los afroamericanos se encuentran en Liberty City, North Miami, algunas áreas de Opa Locka y Carol City. Argentinos y latinos de diferentes países en North Miami Beach y Wynwood. Wynwood es una ciudad Hipster con una fantástica vida nocturna. También es mundialmente conocido por el famoso Art Basel, el arte callejero y el graffiti.

Me mudé a Miami Beach porque la etnia aquí es más mixta y es a lo que estoy acostumbrado. Puedo ver cómo el racismo afecta a los residentes de los Estados Unidos, incluso en mi silla. Cuando tengo un cliente negro en mi silla, puedo decir que sienten que los voy a juzgar o que van a ser tratados como todos los demás. En mi silla de barbero, mi vida, no hay racismo, entonces trato a todos por igual. Tomo el mismo tiempo y esfuerzo con ellos. Yo hago el mismo proceso, y ellos lo aprecian de mi parte. Ya sé mejor sobre el racismo, así que hago todo lo posible para que sepan que no lo soy. Después de todo, les gusta mi toque de "latino", y los envicio.

En mi barbería La Navaja Bendita (Blessed Blade), tengo diferentes decoraciones relacionadas con la herencia negra. Nunca he visitado África, pero un día de estos quiero ir. Pedí en línea un collar tradicional hecho a mano de Ghana, África. También encargué un cuadro de Jean Discart llamado "La barbería". En esta pintura se pueden ver dos hombres negros del norte de África; uno de ellos está siendo rapado por otro negro en una barbería callejera. Este tipo de configuración prevalece en el norte de África, India, Pakistán, Tailandia y Filipinas. El autor de este cuadro fue un pintor de origen italiano conocido por sus retratos y escenas orientalistas. Trabajó en Francia y los Países Bajos, pero se identificó como francés. Algunas de sus pinturas famosas son Los Conocedores, El Taller de Cerámica, El Zapatero y La Barbería; todos ellos cuentan con hombres negros.

Quería que la barbería se viera acogedora para todo tipo de etnias.

También incluí en las decoraciones una placa hecha a mano que dice "Bienvenido" (Nawartona) نـورتـونـا en idioma árabe. A veces tengo clientes de África. Son estudiantes de intercambio de la universidad. Cuando están buscando en Google los nombres de las barberías para cortarse el pelo, se encuentran con el perfil de mi barbería y ven las fotos y las buenas críticas y deciden probar la barbería. Algunos de ellos se sienten agradecidos de que tenga estos artículos en la barbería. Dicen que se sienten bienvenidos como clientes en la tienda. Es por eso que coloco estos artículos en la barbería para que las personas de otras etnias diferentes a la mía puedan verlos en la pared y sentirse bienvenidos.

No me gusta tener artículos relacionados con la religión en mi barbería. Quiero mantener un ambiente neutral para que las personas de todas las etnias se sientan cómodas en la tienda. Esta es mi opinión y experiencia personal, pero a veces la religión, en vez de unificar, divide. He visto a mucha gente discutiendo sobre las diferentes interpretaciones de la Biblia. Algunas personas quieren pretender que saben más que otras sobre el tema y pueden molestarse si la otra persona no acepta su punto de vista. Para probarte esto a ti mismo, puedes hacer un experimento simple. Ten en cuenta que cuando escuches a dos personas hablar sobre lo que está escrito en la Biblia y lo que dice, notarás que en muy pocas ocasiones estarán de acuerdo en lo que está escrito. Por eso, no tengo muchas ganas de hablar de religión en la barbería. Un sabio dueño de una barbería para el que trabajé una vez me dijo que nunca deberías hablar de religión, deportes o política en la barbería, pero si lo haces, no indagues demasiado al respecto.

Lo que está escrito no es lo más importante; en su lugar deberíamos aprender a tolerarnos y respetarnos cara a cara en tiempo real y comprender nuestros diferentes puntos de vista sin pelear. Para mí, no hay una religión correcta. "La verdadera", recuerde, usted es quien es en base a las experiencias aprendidas en su cultura. No puedes JUZGAR a alguien que no tiene la misma religión que tú porque fueron criados en un país diferente con creencias no similares a las nuestras. Ellos pensarán que son los que tienen la religión perfecta o correcta. Al igual que piensas que tienes la suerte de haber sido adoctrinado con "la verdadera". Entiende esto y aprende a vivir en armonía con los demás. Después de todo, todos queremos ser felices. No impongas tu religión sobre los demás; la "salvación" es individual. Ser conocedor de tu religión no significa que tengas razón si lo ves desde una perspectiva más amplia.

Por ejemplo, te equivocas si predicas la Biblia, pero no toleras la homosexualidad. ¿Cómo puede el amor ser un pecado? Ellos, simplemente, decidieron amar a una persona de su mismo sexo. Independientemente de su orientación sexual, debes amar a tu hermano como a ti mismo. He visto a personas religiosas alardear de su conocimiento de la Biblia, odiar y burlarse de los homosexuales en contra de sus creencias. Después de todo, a nadie le concierne con quien se acuesta la gente. ¿O es esa la excusa que tienen algunas personas para sentirse superiores a otras? Llegué a la conclusión de que esa puede ser la razón. En un mundo donde puedes ser cualquier persona, elige ser amable con la gente. Vi gente predicando la Biblia como si fueran teólogos. Pero después del servicio de la iglesia, hablan basura sobre sus compañeros "hermanos", revisan las curvas de sus esposas y van a comer como un caballo en un buffet, olvidando que la glotonería es un pecado. Supongo que eso los hace sentir felices. Entonces, ¿por qué JUZGAR a una persona que también quiere sentirse feliz? Si te sientes incómodo o no estás de acuerdo con leer esto, será suficiente para probar mi teoría. No quiero dividir a mis lectores, así que continuemos.

Siendo de Puerto Rico, estoy acostumbrado a cortar todo tipo de cabello, y el cabello negro es uno de los más comunes. Sé bien cómo cortar el pelo a los hombres negros. También tengo en mi canal de YouTube algunos tutoriales con hombres negros para que todos los peluqueros que no saben cómo cortar este tipo de cabello puedan aprender. Este tipo de cabello es fácil de cortar. El cabello rizado es cabello fino. Esa es la razón por la que se riza. El cabello asiático, por ejemplo, es un tipo de cabello muy grueso, y por eso crece liso. El cabello asiático, para mí, es el cabello más difícil de cortar. La razón es que el cabello no se aplana cerca del cuero cabelludo, y por esa razón, el cabello hace lo que quiere. No se queda cerca de la cabeza. Hay que hacer una escultura y dibujar para que el pelo quede bien. Este tipo de cabello necesita mucha textura.

El cabello rizado, por otro lado, no necesita mucha textura. A veces uso las tijeras de adelgazamiento si el cliente quiere dejar el cabello largo. La razón por la que hago esto es para eliminar el volumen del cabello. Al texturizar el cabello de un hombre negro, eliminas el cabello para que se vea menos voluminoso. El cabello es cabello, y lo cortas de la misma manera, y no importa si la textura es diferente. Puedo cortar el pelo de un hombre negro con unas tijeras. Solo necesito un peine ancho con más dientes separados; similares a los que usaban las damas para desenredarse el cabello. De esa manera, puedes agarrar el cabello fácilmente y cortarlo. Si los dientes del peine están demasiado apretados, será difícil sujetar el cabello.

La razón por la que los hombres negros tienen vello encarnado es que este tipo de vello no se puede afeitar demasiado cerca del cuero cabelludo. Casi me hace gracia cuando veo un comercial que anuncia navajas de afeitar de cuatro hojas, y muestran al modelo afeitándose la cara a favor y en contra del crecimiento y, a veces, estirando el cuero cabelludo. Esto es lo peor que puedes hacerle a tu cara. Este estilo de afeitado crea una gran cantidad de vellos encarnados en hombres negros y hombres blancos con vello facial fino; pelo de bebé, si podemos llamarlo así.

Es difícil para mí explicar esto sin un ejemplo visual, pero lo intentaré de todos modos. Cuando te afeitas, tienes que dejar las puntas del cabello fuera del poro. Cuando te afeitas demasiado cerca del cuero cabelludo, esto provoca que la punta del cabello vaya detrás del poro. Cuando el cabello trata de volver a crecer detrás de la línea del poro, se atasca dentro de las paredes del poro y no puede salir. La reacción natural del sistema inmunológico es crear una infección. Esa infección permite que la piel se rompa, y esa es la única forma en que el cabello puede volver a salir del poro. Nunca debes afeitarte a contrapelo si eres un hombre negro, a menos que seas moreno, pero tengas el pelo liso o rizado como los indios.

Algunos hombres tienen diferentes patrones de crecimiento en el vello facial. En ese caso, la mejor forma de eliminar el vello facial es utilizando un delineador. Algunos delineadores pueden acercarse bastante sin acercarse demasiado al cuero cabelludo. Tenga en cuenta que algunos vellos que crecen dentro de la piel debido a un afeitado al ras no volverán a salir por el poro. En ese caso, el dermatólogo deberá realizar una incisión en la zona de crecimiento del vello por dentro de la piel para permitir que el vello vuelva a salir. Si puede ver el cabello dentro de la piel, puede agarrarlo y sacarlo con una pinza. No lo elimines por completo. Saca la punta del cabello del poro y déjalo ahí.

Los adolescentes, que también tienen este problema, pueden usar una maquina para afeitarse vello el facial. Puede ahorrar dinero usando una máquina porque la máquina requiere menos mantenimiento y no tiene que comprar tantas cuchillas. Las navajas de afeitar son costosas, puedes ahorrar dinero usando una navaja de afeitar de doble filo porque las hojas son más económicas. Puedo comprar 1,000 cuchillas por 50-$60 en línea. Pero sé que afeitarse con una navaja puede ser arriesgado para algunas personas. Puede ser peligroso si no tienes el tiempo y la paciencia para afeitarte de esta manera. La paciencia es una virtud y es lo que necesitas para afeitarte con la navaja de dos filos.

Cuando tenía dieciocho años y estudiaba en el instituto de barbería, solíamos "afeitar" los globos. Les aplicamos crema de afeitar. Si el globo explotaba cuando lo estábamos afeitando, eso representa un corte que hiciste en la cara del cliente. También puedes comprar una navaja de afeitar de seguridad. Así no tienes que comprar las otras marcas de cuchillas que son tan caras en la farmacia. Puedes colocar una cuchilla de doble filo en las navajas de afeitar de seguridad y, como digo, puede comprar 1,000 por $50-$60 en línea. Simplemente no compre una barata, consiga una buena navaja de afeitar de seguridad.

Aprendí a afeitar con navaja cuando tenía trece años. En Puerto Rico, el corte desvanecido a la piel es muy común y todos lo usan. Creo que la mejor crema de afeitar es el acondicionador para el cabello. Puedes mezclar una porción de acondicionador para el cabello y agua en una botella con atomizador. Y aplícalo directamente en tu rostro. Además, puedes tirarte un par de gotas de acondicionador para el cabello en la mano y mezclarlo con agua, y luego aplicarlo con las manos y en la cara. Puedes hacer tú mismo este experimento y verás que no hay mejor crema para afeitarte la cara. También es perfecto para las personas que tienen barba porque el acondicionador es transparente y puedes ver las líneas de tu barba fácilmente. Si te afeitas la cara con espuma, será difícil ver las líneas de tu barba.

Incluí el servicio de afeitado con toalla caliente en mi lista cuando trabajé en mi primer trabajo en una barbería de lujo en Miami. Cuando estudie en el instituto de barbería nos enseñaban a afeitarnos usando catorce pasos, pero no los sigo. Tengo mi propia técnica para el afeitado, la cual debe personalizarse según el patrón de crecimiento del cabello del cliente.

Te explicaré el proceso del afeitado con toalla caliente para que entiendas cómo se hace. Si el cliente tiene un exceso de vello facial, creo que es un buen momento para eliminarlo con la máquina. Corto el exceso de cabello antes de reclinar la silla. La razón es que todo el cabello que estoy cortando caerá sobre la capa del barbero. Si primero reclino la silla y luego corto el exceso de cabello, todo el cabello caerá sobre la cara y el cuello del cliente. Ahora sin el vello extra, es hora de preparar la piel del cliente. Las cremas y aceites llegarán a la piel y no al exceso de vello.

Primero, reclina la silla de barbero en una posición cómoda para el cliente y ajusta el reposacabezas. Coloque una toalla limpia y seca sobre el pecho del cliente hasta el cuello de la camisa para protegerlo de la crema de afeitar y el agua que gotea de la toalla caliente. Luego coloco encima un papel toalla especial para barberos. Usaremos este papel desechable y <u>no la toalla</u> para limpiar la navaja. Vamos a utilizar dos toallas calientes y una fría. Es hora de colocar la primera toalla caliente y dejarla por lo menos uno o dos minutos. Después de quitar la primera toalla caliente, la guardaremos y aplicaremos el aceite de pre afeitar para antes del afeitado. Luego vamos a utilizar la crema de afeitar de tu preferencia. Puede comenzar a afeitar ahora, pero me gusta agregar un poco de espuma caliente en la cara del cliente después de la crema de afeitar.

Lo afeito a favor del crecimiento en la primera pasada de acuerdo con el patrón de crecimiento del cabello del cliente. Después de terminar con la primera pasada, coloco una segunda toalla caliente y cambio la hoja de la navaja. En la segunda pasada, afeito a contrapelo. Doy un masaje facial en el área de la barba para estudiar y sentir el patrón de crecimiento del cabello del cliente usando una crema de afeitar de segunda pasada. Esta crema me gusta que sea del lado aceitoso. De esa manera, puedes afeitar varias veces sin dañar la piel. Además, puedes usar algo como aceite de coco o manteca de cacao. A veces no afeito a contrapelo porque algunos clientes ya pueden estar irritados por su afeitado anterior porque tienen la piel sensible. En ese caso, hago una segunda afeitada a favor del crecimiento.

Una vez que termino con el segundo afeitado, uso una toalla fría para refrescar la cara del cliente en caso de que esté irritada o dañada por el afeitado. El último paso será aplicar alguna loción líquida o crema para después del afeitado. Dependiendo de su ubicación, este servicio puede costar entre $20 y $50 o incluso más, según el área, el producto y el equipo utilizado. En algunas barberías incluyen un facial también con el servicio de afeitado. Muy pocas barberías cuentan con este servicio. Me gusta incluirlo porque me hace sentir como un verdadero barbero. No digo que los peluqueros que no lo hagan, no lo sean. A algunos peluqueros no les gusta afeitar con una navaja de afeitar debido a la responsabilidad y las demandas, si cortan al cliente. Tengo tanta experiencia con la navaja de afeitar que no es un problema para mí.

Los peluqueros y cosmetólogos restringidos no pueden usar la navaja de rasurar para afeitar. Esta ley varía según el estado. Algunos cosmetólogos pueden usar una navaja de afeitar, pero solo para afeitar el área del cuello y no un afeitado facial completo. Afeitarse puede ser intimidante. Pero, al fin y al cabo, no es una película como Sweeney Todd: "El barbero diabólico de la calle Fleet". Johnny Depp interpretó al personaje en (2007). Interpreta a un barbero que asesina a sus clientes con una enorme navaja de afeitar que parece un machéte. La atadura entre el afeitado con navaja y las películas ha existido durante décadas. En películas como (1986) "Kung Fu", (1987) "Los Intocables", (1992) "Drácula", (1994) "Dos tontos muy tontos", (2006) "El laberinto del fauno", (2012) "Skyfall", Hollywood ha estado usando navajas de afeitar rectas dramáticamente en escenas de afeitado durante décadas.

A algunos clientes les gusta afeitarse con la afeitadora eléctrica. Pero no saben que la afeitadora eléctrica tiene truco. Te diré qué es y la forma correcta de usar esta máquina. No puedes dejar el cabello demasiado largo; de lo contrario, el cabello nunca entrará en los orificios de lámina de la afeitadora eléctrica. Si te has dado cuenta, estos agujeros son muy pequeños. Cuando el cabello es demasiado largo, peinará el cabello en lugar de cortarlo. Si el pelo es corto, como, digamos, tres días sin afeitar, el pelo se mantendrá firme y será más fácil que el cabezal de la afeitadora eléctrica agarre el pelo y lo pase por el agujero de la lámina. Veo muchos clientes en mi silla que se afeitan con la afeitadora eléctrica, y siempre tienen mechones de pelo largo que se les escapan porque se lo dejaron demasiado largo. Yo siempre les digo que no esperes mucho entre afeitado porque si dejan el pelo demasiado largo será imposible cortarlo con una afeitadora eléctrica. Necesitarás una maquinilla para volver a acortarlo, y luego podrás afeitarlo con la afeitadora eléctrica.

Las afeitadoras eléctricas son una herramienta utilizada a diario en las barberías modernas. Esta máquina se utiliza en la parte inferior del corte de cabello degradado para que quede lo más cerca posible de la piel. Siempre uso esta máquina cuando un cliente pide un desvanecimiento a la piel. Además, después de usar esta máquina, siempre afeito con una navaja de porque algunos de los pelos no pueden entrar en los agujeros de la lámina. Y también, porque la navaja representa el trabajo de afeitado definitivo.

Hay muchos modelos de máquinas de afeitar. Siempre digo que cuanto más simple, mejor. Algunas de las afeitadoras más grandes que a veces incluyen tres ruedas, no son las mejores. Las mejores afeitadoras son las que tienen una cuchilla que parece una barra. No digo que las otras, de tres ruedas, no vayan a afeitar los pelos, pero siento que los de modelos de barra, son mejores. Este estilo de afeitado también es mejor para las personas que tienen barba. Sería más fácil afilar los bordes de la barba si tienes una afeitadora con aspecto de barra. Si tienes una afeitadora con cuchillas circulares, notarás que será más difícil hacer una línea recta con ellas. Te puedo decir que ni una sola afeitadora eléctrica usada por barberos tiene cuchillas circulares. Todas las máquinas de afeitar que usan los peluqueros tenían hojas de barra. Eso no significa que no encontrarás un peluquero "alienígena" que lo haga de manera diferente.

Si alguna vez compras una herramienta relacionada con el corte de cabello, te recomiendo que vayas a tu barbero y le preguntes cuál es la mejor herramienta para cortar el vello facial. A veces las maquinillas y afeitadoras, que están a la venta para uso doméstico, no son las mejores. He visto herramientas como esta, incluso más caras que las herramientas que usan los peluqueros. Siempre compre una herramienta profesional cuando compre una máquina para cortar cabello o su vello facial. La diferencia no es mucha, y durará para siempre. Los peluqueros las han usado todos los días con diferentes personas durante años. Una maquinilla de barbero usada a diario en el trabajo puede durar hasta cuatro o cinco años. Te durará toda la vida para uso doméstico, si la cuidas.

El mantenimiento es muy fácil, no te fíes del botecito de aceite que te dan al comprar la máquina. Tienes que comprar una botella más grande de aceite para ellas. Una vez que haya terminado de cortarte el cabello o la barba, aplique aceite a las cuchillas antes de guardarlas. Eso ayudará a prevenir la oxidación de las cuchillas cuando las guarde durante un período de tiempo prolongado. Si necesita algún ajuste de tus máquinas, simplemente llévelas a su barbero. Estoy seguro de que estará encantado de ajustarlas o arreglarlas si tiene algún problema con la cortadora.

Algunas de las herramientas que te puedo recomendar son las que yo uso para cortar el cabello, que es la marca Wahl; el modelo (Senior). Uso esta maquinilla solo para cortes de pelo y tal vez, para recortar la barba. Tienen un precio razonable. Otra buena marca de maquinillas es la Gamma + Ergo. Esta es una marca italiana de maquinillas y herramientas para peinar el cabello. La mayoría de los modelos más nuevos son inalámbricos, pero no necesitas una inalámbrica para uso doméstico si no lo deseas. Ten en cuenta que las cortadoras inalámbricas son más caras. Si tienes el dinero, eso no importa, pero puedes comprar una con el cable si quieres ahorrar dinero. Ambas harán lo mismo.

Una máquina excelente que puedes comprar para hacer los bordes de tu barba o tal vez la línea del área del cuello es la máquina Baby Liss FX. También es una marca italiana de herramientas para cortar y peinar el cabello. Esta es la mejor delineadora que puedes encontrar en estos días. La marca de automóviles Ferrari se asoció con esta empresa para diseñar esta máquina. Te recomiendo esta herramienta. La compré recientemente por alrededor de $129, pero hay que hacer una buena búsqueda para encontrar una económica porque cuesta alrededor de $160. Una de las mejores máquinas y la patillera que he usado durante más de 20 años son la máquina Styliner 2 y Outliner. No son demasiado caras. Cuestan alrededor de $50 o $ 60 por máquina si la compras en línea. Eso si vas a comprar la que tiene el cordón. El inalámbrico, como decía, es más caro. Sus afeitadoras de láminas también son unas de las mejores que puedes encontrar.

Debes tener en cuenta que si tienes barba, es posible que necesites ambas herramientas, una máquina de cabello, para cortar el largo de tu barba. La delineadora para afeitar los bordes. Los bordes los puedes hacer con la delineadora, pero si siempre llevas barba y no te quieres depilar, es mejor que te la tengas para tenerla arreglada todo el tiempo, como en la barbería. También les digo a mis clientes que, si tienen barba, tengan una maquinilla en casa y aprendan a usarla. El vello facial crece demasiado rápido y no puedes estar en la barbería todas las semanas. Entonces, entre cortes de cabello, puede mantener su barba si tiene buenas herramientas en casa.

Si tienes un poco de sobrepeso, tal vez una barba se vea bien si tienes suficiente cabello. A veces me dejo una barba completa porque me ayuda a disimular mi "doble mentón". Me veo más delgado y moldea mi cara de una manera que parece como si no la tuviera. Tener barba es cómo usar maquillaje a veces. En lugar de usar colores, estás usando cabello. Puedes corregir y ocultar algunas características faciales que quizás no te gusten. Recomiendo a las personas que mantengan sus barbas bastante cortas, para que se vean bien y bien arregladas. Es difícil no lucir desarreglado si tienes una barba muy larga. ¿Y cuál es la razón de todos modos? Muy poco puedes hacer para que se vea bien si tienes mucho pelo en la barba. A menos que quieras parecer un deambulante o como Sócrates, el filósofo griego de Atenas, entonces puedes hacerlo. Pero si a tu esposa no le gusta y quieres seguir casado, debes mantenerla recortada.

A la mayoría de las chicas a las que les atraen las barbas, les gusta que estén bien arregladas. A muy pocas mujeres les gustará que su hombre tenga un trapeador industrial en la cara. Así que no entiendo por qué algunos hombres hacen esto. Los encuentro muy asquerosos a menos que estés en la barbería cada dos semanas. Si mantiene mucho vello facial, puedes tener enfermedades de la piel, como lo es la caspa. Recuerda que tu piel es alérgica a sus propios desechos. Te recomiendo secarla bien después de la ducha si tienes barba larga. Si dejas tu barba húmeda durante un período prolongado, comenzarás a incubar hongos en la piel.

También te recomiendo que, si tienes una barba larga, compres algún aceite para barba, así se mantendrá hidratada. Tener barba no es para todos. Algunas personas no pueden dejarse crecer la barba y tienen muchos parches en la cara. Esto, para mí, se ve muy mal. Parece que te estás esforzando demasiado. Confía en mí, no hay nada peor y más doloroso que una mujer que te dice que no debes tener barba porque apenas puedes crecer una. Algunas personas se dejan crecer la barba, pero no deberían hacerlo. Se ven como si estuvieran enfermos, como si estuviesen estado hospitalizados durante dos meses.

En la antigüedad, las barbas eran un símbolo de conocimiento y sabiduría. Desafortunadamente, sabemos que ese puede no ser el caso en los tiempos modernos. La longitud de tu barba no te dice el tamaño de tu intelecto. La experiencia tampoco te convierte en un hombre sabio. Algunas personas con mucha experiencia en una situación particular continúan cometiendo los mismos errores y no aprenden de ellos. Esto sucede porque no quieren cambiar sus métodos.

Por ejemplo, si usted es una persona tacaña y está haciendo un proyecto de casa, compra materiales baratos para ahorrar dinero. Más adelante, te das cuenta de que los materiales baratos se están rompiendo o no duran lo suficiente, pero si continúas obteniendo esos materiales baratos, no has alcanzado el nivel de sabiduría que te dio la experiencia.

No te juzgo si no tienes suficiente dinero para comprar el material más caro. Pero hay que tener en cuenta que al final ahorrarás más dinero si consigues el material de mayor calidad, aunque sea más caro. Al esforzarte por conseguir ese material más fuerte, en el futuro, te darás cuenta de que no tendrás que comprar tantos baratos, porque te durarán más. Estoy tratando de decir que, si eres uno de estos tipos de personas, no eres sabio, tengas barba o no.

Otro ejemplo que les puedo dar son los estudiantes de último año a punto de graduarse de la escuela secundaria. Van al baile de graduación y algunos tendrán barba. Los chicos que tienen barba no son necesariamente los estudiantes más sabios que se gradúan. Son solo los que se ven mayores en el evento. Lo que te hará más sabio es saber cuál será tu próximo paso después de graduarte. Esa es probablemente la situación más desafiante que enfrentará un estudiante después de graduarse.

Tomar las decisiones correctas en la vida es uno de los proyectos más desafiantes que cualquiera puede hacer. Siempre supe que quería cortar el pelo desde que era adolescente. Cortar el cabello para mí es divertido, es un trabajo fácil después de tener experiencia y eventualmente sabiduría. No necesariamente tienes que ir a la universidad para tener éxito en la vida. Algunas personas con diferentes puestos que no requerían una educación universitaria tienen mucho éxito. A veces trabajan incluso menos horas que alguien que fue a la universidad y estudió durante cuatro años o más.

Puedo darte algunos ejemplos, personas que cortan árboles para ganarse la vida. En solo un par de horas, pueden ganar miles de dólares y si quieren, no tienen que trabajar el resto de la semana. Alguien que se especialice en triturar raíces de árboles puede cobrarte $500 en solo una hora. Si esa persona tiene dos trabajos más ese día por aproximadamente el mismo precio, son $1,500 en un día. Alguien que corta el césped puede ganar en un día alrededor de $1,000 si así lo desea. Después de obtener esa sabiduría, te darás cuenta de que al final del camino es mejor tener un trabajo poco estresante que uno estresante. Eso te permitirá disfrutar mejor de la vida y tener tiempo para "oler las rosas".

Como dijo una vez Steve Jobs, "la simplicidad es la máxima sofisticación". Algo que encontré divertido y frustrante es el hecho de que mi canal de YouTube no tiene muchos suscriptores o visitas. Mi técnica simplifica años del proceso de aprendizaje de barbería para los estudiantes. Simplifico tanto esta técnica que incluso puedo hablar con un alumno y decirle qué hacer, y lo entenderán sin tener la habilidad manual tan necesaria para cortar el cabello. Me tomó años hacer en veinte minutos lo que hacen los peluqueros en 45 minutos o una hora si no están todo el día diciendo tonterías. Mi técnica no es común, y no es lo que hacen la mayoría de los barberos cuando trabajan. Se necesita alguien con sabiduría para entender que lo que se está haciendo es diferente y más sencillo. Pero algunas personas no piensan fuera de lo normal, quieren seguir lo que hace la mayoría de la gente. Algunas personas prefieren seguir lo que es colorido y extravagante y no te enseñan nada más que ser un payaso. Busca la simplicidad, y no sea el que no es más sabio.

Capítulo 7

"Problemas"

En este capítulo resumiremos algunas de las quejas de los clientes sobre los barberos, que he recogido a lo largo de los años. Son comportamientos que molestan al cliente y que en ocasiones hacen que no quieran ir a la barbería. Probablemente hayas experimentado algunos de ellos antes.

Algunos de los problemas que un cliente puede encontrar en una barbería son, por ejemplo:

* <u>**No ser bienvenidos o ser ignorados cuando entran a la barbería**</u>.

Por lo general, esto sucede en las barberías donde no tienen recepcionista, y son solo los barberos los que trabajan en el negocio. A muchos barberos les gusta hablar con sus clientes y a veces, ni siquiera se dan cuenta de que alguien abrió la puerta y entró a la barbería.

Cada vez que un cliente entra por la puerta de mi barbería, siempre lo saludo por lo menos, nunca lo ignoro. Incluso si no puedo hacer contacto visual en este momento, porque estoy afeitando o haciendo algo delicado que requiere concentración. Como trabajamos con cita previa y normalmente mi próximo cliente tiene una cara familiar, le pregunto si tiene una cita. Algunos clientes no saben que necesitan una cita para cortarse el cabello en estos días. Muchas barberías todavía trabajan sin cita previa. Prefiero el sistema de citas porque puedo gestionar mejor mi jornada laboral.

Creo que es muy grosero por parte de los barberos cuando están trabajando, y no le dan la bienvenida al cliente, ignorándolos. Eso, por supuesto, hace que el cliente se sienta incómodo porque no sabe si es bienvenido en la barbería. A veces piensan que son un problema o que están molestando al barbero por estar ahí. En ocasiones tengo que preguntar a mis compañeros de trabajo si el cliente que entró por la puerta es su cliente o si no tiene cita, porque son sus clientes, pero ni siquiera los saludan o los miran. Esto crea confusión, así que tengo que preguntarle al cliente si tiene una cita. Debo asegurarme de que no pierda el tiempo, ya que estamos muy ocupados y no puedo aceptar visitas sin cita previa.

Algunos barberos son tan vagos que ni siquiera quieren trabajar. Trabajé en el pasado en las barberías de Mami, en las que los barberos siempre tenían una excusa para no cortar al cliente. Este trabajo puede no parecerlo, pero es un trabajo muy exigente físicamente. Tienes que estar de pie y moverte alrededor de la silla, levantando los brazos todo el día. A veces el peluquero se siente desgastado o cansado, y cuando llega el cliente lo ignora porque no quiere cortarle el cabello. Esto pasa mucho si, por ejemplo, vas a una barbería cuando están a punto de cerrar y te presentas sin cita, ni previo aviso.

A los barberos nos gusta sentir que confías en nosotros. Nos pones en duda si estás haciendo demasiadas preguntas sobre la experiencia del peluquero, asegurándose de que pueda hacer el trabajo. Esto crea una sensación incómoda que hace que no queramos cortarles el pelo. Esto me sucedió en varias ocasiones. A veces, cuando el cliente aparece en la tienda, con solo mirarlo, ya sé que habrá un problema. Me dan esa mirada de desconfianza y esperan que nosotros, con palabras, les demostremos que somos capaces de hacerlo. Esta es una forma terrible de iniciar una interacción con un peluquero. Las bromas sobre la apariencia o el tipo de calzado que usa el barbero son cosas de las que no se debe hablar. Recomiendo guardártelo para ti. Recuerde, estaremos trabajando en usted, y decir cosas como esta simplemente me hacen no querer hacerlo. Me dan ganas de hacer lo mismo que hace el pizzero cuando eres grosero por teléfono.

Algunas personas piensan que son estrellas, como una estrella de cine o un músico. Creo que el corte de pelo y el peinado son muy importantes. Pero tener uno como una estrella de cine, no te va a salvar si dices algo estúpido. Te verás tonto, incluso, si tienes un buen corte de pelo. Uno de los consejos que te puedo dar es, que no seas de las personas que espera demasiado para cortarse el cabello (meses). Las personas que se dejan el pelo demasiado largo, hasta el punto de no poder verles la cara son un problema para el barbero.

Este trabajo ya es bastante difícil de hacer. Si traes tu cabello en una condición que requiere mucha faena extra, el peluquero no estará feliz de verte. Cuando un cliente abre la puerta luciendo como un deambulante con cabello de seis u ocho pulgadas de largo y la barba de ZZ Top; ni siquiera quiero hacerlo. Ese puede ser uno de los pocos casos en los que pensaré dos veces antes de saludar y dar la bienvenida al cliente a la tienda. Si sé que alguien más en la tienda lo va a hacer, eso me haría feliz. Para ser honesto, con clientes como estos, prefiero sacar mi billetera y pagarle al peluquero que está a mi lado con mi propio dinero, para que cualquiera, menos yo, le corte el cabello.

Otro problema que un cliente puede enfrentar en las barberías es:
* **<u>El barbero malinterpreta tu corte de cabello o hay una mala planificación antes de comenzar.</u>**

Por eso le digo a los clientes que traigan con sigo un par de fotos, porque explicar el cabello es muy difícil. Lo que puede ser corto para ti, puede ser largo para otra persona. Lo que puede ser una pulgada para ti, puede ser tres para otro. Lo que puede ser una esposa terrible para ti, puede ser una joya para otro; tú me entiendes. La gente tiene conceptos muy peculiares sobre las pulgadas. A veces el cliente me dice... quítame una pulgada, le quito una pulgada, y después de terminar, me dicen que es demasiado largo, y cuando termino el cabello, corto al menos 3-4 pulgadas. Cuando traen su método de medición no compatible, les pregunto si siente que su cabello está muy largo en la parte superior o si siente que le gusta el cabello tal como está. Eso me da una mejor comprensión de lo que quiere el cliente.

En mi experiencia, a veces el corte de pelo sale mejor cuando recibimos instrucción de una sola persona. Tengo clientes que traen a sus esposas o amigos, y hay cuatro personas en la barbería, todos con una opinión diferente sobre el corte. Siempre escucho al cliente porque él es el que va a recibir el servicio. Estas otras personas que influyen en lo que se está discutiendo entre el barbero y el cliente son innecesarias. Eso crea confusión para el peluquero. A veces no es posible, pero si puedes ir solo a la barbería o al menos no traes mucha gente a cortarte el pelo, el barbero se concentrará mejor.

Otro tipo de cliente que no me gusta es el que cuando me explica el corte de pelo me dice... no hagas esto, no hagas aquello. No cortes aquí, no cortes allá. Al final, en mi cabeza estoy pensando... así que, si no puedo hacer todo eso, ¿qué diablos vamos a hacer aquí? Con este tipo de clientes, no puedo evitar la sensación de decirles... aquí están las tijeras, y aquí está la maquina, ¿por qué no te lo cortas tú mismo?

Otro problema que te puedes encontrar en una barbería y que es totalmente comprensible es:

* <u>**Conversaciones extrañas y vulgares.**</u>

Las barberías son el lugar perfecto para las personas que quieren sacar el "macho" que llevan dentro y dejarlo salir en la tienda. Alardeando de cuántas chicas se acostaron con él. Durante mi tiempo cortando cabello, escuché muchas conversaciones raras y vulgares. A veces, incluso hablando de deportes, la conversación puede volverse inapropiada. En mi barbería, me gusta mantener todo muy civilizado y profesional. De vez en cuando, sé que habrá un cliente que lanzará bombas verbales en la tienda. Si solo soy yo en la barbería, no me importa. Pero a veces algunos clientes traen a sus hijos o esposas, y ahí es cuando tengo que decir algo antes de dañar el ambiente de la tienda.

Me gusta mantener un ambiente familiar en la barbería. No, porque creo que soy superior a nadie o más educado que nadie. Pero esta es la manera de conseguir los mejores clientes. Que son los que les gusta pagar por el servicio y te lo agradecen, dándote una buena propina. Si tengo profesionales en mi barbería, como gente que trabaja en una oficina, abogados, médicos y gente de negocios, lo prefiero así. Eso no significa que no reciba a ningún otro tipo de cliente en mi tienda.

Conozco barberos a los que les gusta hablar con sus clientes. Yo no hablo mucho, pero si tengo que hablar, hablo. No me gusta hablar de política, religión o deportes. Algunas personas pueden ser muy fanáticas de su equipo y a veces, hay alguien en la barbería que no está de acuerdo con los logros del equipo X. Esa es la razón por la que no transmito noticias en la tienda. Las noticias son una fuente de negatividad. Todo lo que ves en las noticias es negativo, esta programación esta hecha para dividirnos.

Una de las conversaciones más extrañas que escuché en una barbería fue la de un tipo que le decía al barbero que tenía orejas sexys. Le estaba diciendo al barbero que dondequiera que iba, todas las mujeres amaban sus orejas hasta el punto de querer tocarlas. Hablaba muy en serio al respecto, y no estaba bromeando. Esto fue tan malditamente extraño que desearía haber estado libre ese día. No podía creer lo que estaba escuchando. Pensaba, ¿por qué diablos estoy escuchando esto? ¿Supongo que también me deberían gustar sus orejas y estar de acuerdo? Lo siento, sé que tú tampoco quieres leer esto.

Pero esa es la mejor manera de describir las conversaciones extrañas que a veces tienes en la barbería ¿Cómo vas a una barbería donde hay mucha gente y haces este tipo de historia? No debe tener vergüenza alguna. ¡Para mí, sus orejas parecían una arepa colombiana mordida de todos modos!

A veces llevo mis audífonos y pongo música de fondo porque es difícil estar nueve horas al día escuchando todo tipo de conversaciones que tiene la gente. La salud mental de la gente se deterioró durante la pandemia y se volvió muy estúpida y tonta.

Otro problema que pueden tener algunos clientes en la barbería es:

* **<u>Drogas y estupefacientes.</u>**

Una vez estaba trabajando solo en la barbería y un barbero vino a la tienda pidiendo trabajo. Abrió la puerta y me preguntó si yo era el dueño, y le dije que sí. Me preguntó si estaba buscando barberos, pero no pude ignorar el hecho de que tenía un olor a marihuana muy fuerte. Hasta el punto de que cuando se fue, la barbería todavía olía a hierba durante unos cinco minutos. Tuve que rociar aerosol de olor, de lo contrario, el próximo cliente pensaría que era yo el que olía como Cheech y Chong. Gracias a Dios, estaba solo ese día, eso fue cuando el movimiento era más lento en la tienda.

No sé por qué, pero algunos barberos tienden a ser adictos a las drogas. Sé que la marihuana ahora es legal para fines médicos, pero ¿cómo puedes ir a una barbería y pedir trabajo si estás drogado y olías a marihuana? Independientemente de si es legal o no, la gente todavía piensa que es algo malo. A algunos peluqueros también les gusta vender narcóticos en la barbería. No sé por qué, si lo haces de la manera correcta y trabajas duro, ganarás dinero en este trabajo. No necesitas hacer esto, no me gusta la actividad de drogas en la barbería. Me gusta mantener un ambiente familiar en la tienda.

Cuando trabajaba en Miami, esto era muy común. Nunca conocí a un barbero que no consumiera al menos un tipo de droga mientras trabajaba. El trabajo en aquel lugar era muy loco y si no eran drogas, era alcohol. Todos juntaban $10 aquí, $10 allá, y nosotros comprábamos la botella grande de Johnny Walker Black Label 1.75L; a veces, comprábamos dos. Todos tenían un vaso con hielo y nosotros lo llenábamos hasta el tope con whisky. Luego tocábamos música todo el día cortando el cabello de la gente, y algunos peluqueros se emborrachaban mucho al hacerlo.

Estaría mintiendo si digo que no extraño esos días. Había un barbero que solía vender pequeñas bolsitas de hierba. Cierta vez, estaba trabajando en un día típico. Su esposa llegó con un oficial de policía uniformado y comenzó a señalar la parte inferior de su gabinete. Parecía muy enfadada y le dijo al policía... ¡mira! ¡mira, ahí lo verás! ¡El policía le dijo al barbero... ¡quédese atrás! y abrió la puerta de su puesto. En la parte inferior, encontraron una gran bolsa llena de pequeñas bolsas de hierba. El policía lo arrestó ese día, pero estaba trabajando de nuevo al día siguiente. No sé cómo salió, pero lo dejaron ir.

Otra situación que un cliente puede encontrar en una barbería es:

* **<u>Acoso o Bullying.</u>**

La intimidación y burla a menudo ocurre en la barbería, por momentos, cuando los peluqueros y los clientes no tienen nada mejor que hacer y quieren reírse. Este es uno de los comportamientos que les digo a mis barberos que no me gustan en la barbería. No me gusta que los clientes o los barberos hablen mal de otra persona dentro de la barbería; por su aspecto o por su forma de vestir. El bullying es terrible, no sabes lo que pasa por la cabeza de nadie; es mejor no hacerlo. Esa persona podría estar pensando en suicidarse o matar a alguien. No debes meterte con esas personas.

No me gusta hablar mal de nadie, nadie es perfecto. Todos somos humanos. Somos hermanos, debemos preocuparnos por ayudarnos unos a otros en lugar de estar divididos. La intimidación y el acoso, cierta vez, me costó mi trabajo. Un peluquero siempre hablaba mal de mí y siempre prestaba atención a lo que yo hacía. No me gustaba esto, y era una situación muy incómoda para soportarla todos los días en el trabajo. Tuve este problema, hasta que un día, exploté en furia. Desafortunadamente, manejé la situación de manera equivocada, me enojé mucho y renuncié ese día. No quería renunciar, pero todo sucedió muy rápido y al final del día me di cuenta de que había cometido un error.

Esta es, precisamente, la reacción que estas personas quieren para deshacerse de ti. Intenté hablar con el dueño para ver si me permitía volver a la barbería, pero me dijo que no. Según él, una vez que toma una decisión, no retrocede. Por eso no me gusta el bullying en la barbería.

Otro problema que un cliente puede encontrar en la barbería es:

* **<u>El peluquero no está prestando atención a lo que dice el cliente al describir un corte de cabello.</u>**

El barbero actúa indiferente al cliente y no presta atención a lo que dice. Esto sucede porque algunos peluqueros solo saben cómo cortar el cabello de una manera particular, y cortan, prácticamente, del mismo modo a todos los clientes. Cuando les explicas cómo quieres que te corten el pelo, filtran tus palabras y solo harán lo que saben hacer.

Me gusta cuando los clientes describen el corte de pelo con la mayor claridad posible, pero tampoco me gusta que el cliente explique demasiado. Recuerda que explicar el cabello es difícil. Recientemente tuve un cliente que no sabía cómo describir su corte de pelo y me mostró una foto. Al mirar la imagen, vi que tenía una idea bastante clara de lo que haría. Pero el cliente quería que le diera mi opinión, para que él se sintiera mejor sabiendo que yo entendía bien lo que me estaba diciendo.

Le dije al cliente, no compliquemos mucho las cosas y empecemos de a poco. Le pregunte qué tan corto quería su corte de pelo a los lados, me dijo, abajo lo quiero en la piel y un desvanecimiento bajo, entonces le pregunté... ¿quieres la parte superior sea desconectada de los lados como un socavado? Entonces accedió, y me dijo que sí, pero al principio nunca me dijo que era una desconexión. No sabía cómo explicarlo, o tal vez no sabía el nombre del corte de pelo. Pero al comenzar poco a poco, se entiende mejor lo que quiere el cliente. Más tarde, cuando hice los lados y llegó el momento de cortar la parte superior, le pregunto si quería dejar la parte superior larga o si quería que cortara una cantidad decente. Él respondió que solo quería cortar un poco, como una pulgada. Empecé cortando la parte superior. Corté una pulgada y luego le pregunté si le gustaba el largo de arriba y me dijo que sí.

Eso fue todo. El corte de pelo salió igual que la foto que me mostró, y al final quedó satisfecho. También texturicé la parte superior y quité volumen y le expliqué lo que hacen las tijeras de adelgazamiento en el cabello. Pero sé que algunos peluqueros no son iguales y cuando el cliente está explicando el corte de pelo, tienen esa actitud de, sí... lo que sea, y eso puede enfurecer al cliente. Esta reacción es comprensible porque están pagando por un servicio y esperan lo mejor de ti porque el corte de pelo no es gratis, te pagan por él.

Otro problema que tiene la gente, especialmente las personas de raza negra, es:

* **<u>Cuando van a una barbería, el barbero no sabe cómo cortarles el cabello.</u>**

He visto barberías donde les dicen a las personas negras que no saben cortar "ese tipo de cabello", y los clientes tienen que irse a otro lado. Me siento fatal, porque en esos momentos se sospecha que no quisieran cortarle el cabello por el color de su piel. Para mí, el cabello es cabello, debes saber, como barbero que eres, cortar todo tipo de pelo.

En la barbería tengo diferentes artículos de decoración en las paredes de mi tienda relacionados con la raza negra, para que sepan que en mi barbería son bienvenidos. Me crié en Puerto Rico, y en la isla tenemos mucha gente negra, así que sé bien cómo cortar este cabello. Para mí es fácil cortar esta forma de cabello, pero algunos peluqueros, especialmente en el norte de Florida, no están acostumbrados a tratar con él. Le dicen NO al cliente.

Otro problema que puede tener un cliente cuando los barberos le cortan el cabello es:

❖ **<u>La ausencia del barbero en el lugar de trabajo.</u>**

Cuando los clientes van a la barbería buscando al peluquero que les cortó el pelo la última vez, el barbero no está. A veces el peluquero tiene un horario raro e inconsistente, y empiezan a trabajar al mediodía, puede que se vayan demasiado temprano y cuando el cliente trata de buscarlos en la tienda, no están.

A lo largo de mi carrera, he trabajado en unas barberías donde el barbero nunca estaba allí, o iban a trabajar cada dos días. Al cliente le costó mucho cortarse el pelo, al punto que tuvo que buscar otro peluquero. En mi opinión, siempre debes tener dos barberos. Nunca confíes en un solo barbero porque un día, el barbero puede estar enfermo y no estará en la barbería. Tal vez se tomó unas vacaciones por una o dos semanas y no puedes cortarte el cabello. Es muy importante que cada cliente tenga dos barberos que puedan cortarle el pelo. Eso te ayudará a evitar esa situación cuando vas a la barbería y buscas un barbero, y no está. Entonces puedes ir al otro.

Otro problema que un cliente puede tener es:
* **<u>Tener un barbero irrespetuoso que no te escucha o responde de una manera mala y grosera.</u>**

He visto muchos peluqueros así. Se enojan cuando los interrumpes para decirles algo sobre el corte de pelo. Algo que quiere que cambie antes de que termine el corte. No me importa cuando el cliente me dice que le arregle algo en el cabello. Como dije, están pagando por un servicio, y debería poder complacerlos y hacer mi trabajo.

Una vez estaba en una barbería y el cliente en la silla era uno de esos tipos que pertenecen a una pandilla. Al mirar a estos tipos, puedes decir que no debes meterte con ellos. Pero el barbero decidió hacerse el tonto ese día y el cliente le estaba diciendo cómo quería su corte de pelo. Mientras le cortaba el cabello, el peluquero se enojó y empezó a faltarle mucho el respeto. El cliente se levantó de la silla aún con la capa puesta y agarró una navaja perdida y se la metió en el cuello al peluquero y comenzó a gritarle al peluquero, ¿que dijiste? ¿qué dijiste? El peluquero con cara de estúpido le dijo a este tipo, lo siento, no volverá a pasar.

Hay personas, que nunca debes meterte con ellas. Algunas personas son "especiales", aunque no lo creas. Parecía loco, y era pandillero. Deberían respetar aún más a este tipo de persona y no maltratarlo porque viste y mira con una mirada extraña.

Otro problema que un cliente puede tener en la tienda es:
* **<u>Un peluquero que nunca se calla.</u>**

Algunos clientes solo quieren ir a la barbería para disfrutar de un momento de esparcimiento. A veces el cliente no quiere hablar; estos son mi tipo de clientes, porque yo soy igual. No hablo mucho. Hablo muy pocas palabras antes del corte de pelo, luego me quedo callado y me concentro en lo que estoy haciendo. Pero he visto peluqueros que siempre están hablando cuando trabajan y nunca se callan durante todo el corte de pelo.

Tienes que entender esto, es agradable hablar, pero tienes que concentrarte en lo que estás haciendo. A veces, cuando hablas demasiado, no prestas atención a lo que haces, y traes tus emociones a las conversaciones, y tal vez te excedas con el corte de cabello o no lo hagas como el cliente quiere. He visto barberos hablando con un cliente durante una hora, haciéndole diferentes preguntas personales. Cuando el cliente regresa para el próximo corte de pelo, ni siquiera recuerda de qué estaban hablando y tiene que responderle las mismas preguntas al barbero nuevamente.

He visto clientes que regresan a la tienda para arreglarse una patilla que el peluquero nunca hizo, o el área del cuello que nunca le afeitó, por lo que el cliente se va con un lado cortado y el otro sin cortar. Vi peluqueros que les cortan una ceja a los clientes sin siquiera darse cuenta, y luego el cliente se mira en el espejo y ve que no tiene la punta de la ceja solo porque hablaba demasiado.

Otro problema que puede enfrentar un cliente puede estar relacionado con un tema anterior y es:

* **<u>Cuando el peluquero está drogado en el trabajo o tal vez borracho.</u>**

A algunos barberos, especialmente en los tiempos modernos, les gusta drogarse e ir a la barbería a cortar cabello. No voy a decir que esto es completamente malo porque a veces, por ejemplo, la marihuana puede volver creativa a la gente. Dado que estamos trabajando con el arte, a veces eso puede ser algo bueno, pero algunos peluqueros no saben cómo controlarlo, y van muy arrebatados a la tienda. Esta es una situación incómoda para el cliente porque, por supuesto, el cliente prefiere que el peluquero esté limpio mientras le corta el cabello. Pero puede ser terrible cuando el cliente está en la silla y el peluquero está tan drogado que el cliente puede percibir el olor.

No voy a mentir, esto lo hice cuando era más joven, pero como digo, soy un peluquero tranquilo, así que principalmente me concentro en lo que estaba haciendo y escuchando música de fondo, y esto me ayudó a crear un excelente trabajo; algunos barberos son diferentes. Les gusta hablar con el peluquero que tienen a su lado, y se olvidan por completo de que están cortando el cabello, y comienzan a discutir entre los peluqueros dentro de la barbería. Para mí es mejor si el barbero está limpio. Fuera del trabajo, no me importa lo que hagan en su vida privada, porque eso es privado. Pero en el trabajo, no me gusta este tipo de comportamiento.

Otro problema que tienen los clientes en la barbería es:

* **<u>Barberos sin licencia.</u>**

A veces, los barberos le dicen al dueño del negocio que tienen una licencia, pero no la tienen. El dueño del negocio acepta contratar a estos peluqueros, incluso sin licencia. Esta no es una buena situación para el cliente porque, por lo general, estos peluqueros no han aprendido a cortar el cabello en el instituto ni han tomado las clases para tomar el examen estatal. No saben cómo desinfectar las herramientas para evitar infectar a un cliente con un virus.

Es gracioso, pero esto me pasó en una barbería donde estaba trabajando; fue en una barbería de lujo. Un día el inspector vino a la barbería a revisar nuestras licencias. Uno de los peluqueros vio al inspector por los alrededores, se fue y dejó al cliente sentado en la silla con el pelo medio cortado. El inspector no es tonto, así que sabía que allí estaba un peluquero cortando cabello. Así que preguntaba por el barbero que trabajaba en esa estación. En esta barbería, cada estilista tenía un cubículo. No vi a dónde fue. Presumo que fue al baño, la cocina o a la lavandería. Nunca me pasó por la cabeza que no tenía licencia. Le mostré al inspector mi licencia. Por ley, debemos tener la licencia en nuestra estación. Por alguna razón, el peluquero no tenía su licencia o estaba vencida. Eventualmente, tuvo que regresar a la estación y asumir la responsabilidad por lo que hizo.

Después, el dueño de la tienda le dio unas semanas para que pudiera obtener su licencia, por lo cual, siguió como empleado en tienda. Sin embargo, luego de un tiempo, nunca volvió. Creo que se fue a trabajar a otra barbería. Siempre pensé que no fue una buena decisión porque esa barbería era excelente y los dueños eran muy amables.

Otro problema que puede enfrentar el cliente en la barbería es:

* **<u>Falta de motivación de los barberos.</u>**

En algún momento de su carrera, se sintieron desmotivados y no querían alcanzar su máximo potencial. Se desempeñan mal en la tienda y eso afecta al cliente porque espera el mejor servicio. Pero algunos peluqueros se conforman con darle al cliente un simple corte de cabello para quitarlo del camino. A veces el barbero viene a trabajar sintiendo la monotonía de hacer lo mismo todos los días.

Creo que un barbero nunca debe decirle a un cliente que prefiere estar en casa durmiendo o que está cansado porque el cliente asumirá que no le darás el 100% que se merece. Pero no todos los peluqueros son iguales, y les gusta decirles a los clientes que están cansados y que ya quieren irse, o que tienen hambre, y esperan con ansias la hora del almuerzo, diciéndole indirectamente al cliente que quieren deshacerse de ellos.

Siempre trato de dar lo mejor de mí para el cliente. Como dije antes, el cliente paga el corte de pelo. Deberíamos ser capaces de proporcionarles todo el potencial que se merecen. Entiendo si estás enfermo un día, o no te sientes bien. Pero este comportamiento no debería durar más que esos días en que estés enfermo o no te sientas bien. Después de eso, deberías poder dar todo tu potencial al cliente. Además, algunos peluqueros no quieren aprender más de lo que ya saben y no toman seminarios ni educación continua. No miran videos en YouTube y simplemente no quieren aprender más de lo que ya saben; "barberos perezosos", como los llamo.

Otro problema al que se enfrentan los clientes es:
* **<u>Los clientes quieren cortarse el cabello un lunes.</u>**

A veces, por motivo de su trabajo, es la única opción que tienen. Antiguamente, era tradición que las barberías cerraran los lunes. La explicación de por qué puede ser muy simple, y si usas un poco de sentido común, sabrás la respuesta. Algunas personas pueden necesitar la explicación ya que no pueden usar sus cerebros por sí mismos y necesitan que los demás les digan cómo funcionan las cosas. El motivo es que trabajamos los sábados. Sustituimos los lunes por los sábados. Así es como podemos tomarnos dos días libres seguidos como todos los demás. En los tiempos actuales esto ha cambiado ya que un lunes puede estar tan ocupado como un sábado. Algunos peluqueros trabajan el lunes porque quieren tener libre el sábado, quizás porque comparten el mismo día libre con sus esposas. Entonces pueden disfrutar de su tiempo libre juntos. A menos que se odien, entonces tal vez sea mejor que el barbero elija trabajar el sábado. De esa manera, no tienen que verse la cara un día más durante la semana. Algunos de ellos terminan recibiendo órdenes de sus esposas mandonas todo el día diciéndoles que tienen que cortar el césped, pintar la casa, lavar el auto y ser productivos ese día libre.

Me gusta estar libre los lunes porque es el día en que no hay mucha gente afuera mientras hago mis diligencias. Los sábados pueden estar ocupados en la tienda de comestibles, los parques, la playa en cualquier lugar en general, hay más gente afuera los sábados.

Para mí, el lunes es un día tranquilo. Si quiero ir al correo, al supermercado, o divertirme en la playa, parques, ríos o manantiales, no hay mucha gente. Por eso, me encantan los lunes libres. Hay algunas personas que podrían odiar los lunes. Lo entiendo completamente porque es el primer día de la semana para ellos. Puede ser como un martes para mí cuando no estoy de buen humor porque es el primer día de la semana para mí. Por eso, muchas cadenas crean programas para hacer los lunes amenos, Monday night football, Monday night raw, etc.

La primera masacre escolar prácticamente inventó la frase "odio los lunes". Es mejor no presionar los botones de nadie un lunes. El 29 de enero de 1979, Brenda Spencer, una niña de 16 años que vivía al otro lado de la calle de la escuela primaria en Cleveland, disparó a dos personas con un rifle Ruger semiautomático calibre 22. Cuando un reportero le preguntó por teléfono, mientras aún estaba en su casa y antes de ser arrestada, por qué cometió el crimen. La respuesta que dio fue... odio los lunes; esto me anima el día. Fue declarada culpable del crimen y sentenciada a 25 años de prisión. La acusaron como adulta. Esta frase también fue la inspiración para una canción muy mala "No me gustan los lunes" (I don't like Mondays), una canción de The Boomtown Rats, lanzada el mismo año (1979). Prefiero estar libre los lunes porque no estoy casado. Si tuviese una pareja que tiene libre los sábados, probablemente también me tomaría el sábado libre. Así puedo compartir el mismo día libre con mi pareja. Después de todo, las mujeres y los hombres son un "mal necesario" el uno para el otro.

Cuando eres novato, parte de lo malo es que no puedes elegir el día libre que quieras. Si trabajas para una de esas cadenas y franquicias de peluquerías, te darán el día libre que ellos prefieran para cumplir con un horario. Cuando tienes experiencia y años cortando cabello y desarrollando una clientela, tú eres el jefe. Puedes elegir los días libres que quieras. Lo peor que puedes hacer para no descansar es tener días libres al azar y no tener tus días libres juntos. Hice eso muchos años cuando trabajaba como novato en barberías. Esto suele suceder cuando el propietario quiere abrir seis días a la semana o siete días a la semana. Entonces los empleados tienen que rotar sus días libres.

Otro problema que un cliente puede enfrentar en la barbería es:

❖ **<u>Golpes a la cabeza.</u>**

Esto sucede cuando el barbero es muy torpe con el cliente. Cuando los peluqueros están haciendo un desvanecimiento, tienen que pasar una y otra vez para difuminar la línea. A veces el barbero se precipita, y no se da cuenta de que está golpeando la cabeza del cliente, casi como un pájaro carpintero sobre un árbol. Estoy seguro de que la mayoría de la gente, al menos una vez en la vida, han tenido un peluquero como este.

A algunos barberos lastiman al cliente cuando alteran la hoja de su maquinilla para que quede demasiado cerca. Esto sucede cuando el peluquero está alineando al cliente y hace un corte en la piel. Algunas áreas como el área del cuello son muy sensibles, y algunas máquinas pueden ser poderosas casi como una motosierra. Incluso para mí, cuando conozco esta información y soy cauteloso, puedo lastimar a un cliente con la esquina de la cuchilla de la máquina. Te puedes imaginar si un peluquero no está teniendo cuidado, ahí es cuando ocurren los cortes y accidentes. Tengo muchas quejas de clientes que se cortaron el pelo con otro barbero, y luego cuando van a mi silla me dicen que en el corte anterior, el peluquero los cortó en la frente o en la zona del cuello usando la máquina. Por eso prefiero no jugar demasiado con las cuchillas de mi delineador. A veces, el tipo de cepillo utilizado es demasiado fuerte. Cuando compro brochas, trato de comprar las que tienen pelo suave. De esta manera, cuando cepillo el cabello no lastimo al cliente.

Otro problema que enfrentan los clientes en la barbería es:

❖ <u>**El peluquero confunde un cliente con otro cliente.**</u>

Una vez tuve un cliente parecido a otro, casi al punto de que parecían gemelos. Cuando se sentó en mi silla, accidentalmente, le hice el corte de pelo a esa persona al cliente que pensé que estaba en mi silla. Pero sucede que ese no era el cliente y, por accidente, hice una línea en su corte de pelo. Sentí pena por el, pero fue mi culpa, y admito que somos humanos y, a veces, podemos cometer estos errores. Gracias a Dios el cliente no estaba enojado y entendió que eso podía pasar. Después de todo, no le cobré la línea extra. Por eso, por muchas veces que un cliente se siente en mi silla, siempre le pregunto si quiere lo mismo de siempre. Debo pedirles que me refresquen la memoria antes de empezar a cortar el pelo para evitar confusiones.

Esos fueron dieciséis problemas que un cliente puede encontrar en la barbería. Seguro que hay más, pero esos son los más comunes. Espero que este capítulo lo ayude a comprender algunos problemas que puedes encontrar en la barbería, y espero que no se encuentre con la mayoría de estos tipos de barberos.

<u>Resumen de Problemas</u>

❖ **No ser bienvenidos o ignorados cuando entran a la barbería.**

❖ **El barbero malinterpreta tu corte de cabello o hay una mala planificación antes de comenzar el corte de cabello.**

❖ **Conversaciones extrañas y vulgares.**

❖ **Drogas y estupefacientes.**

❖ **Acoso o Bullying.**

❖ **El peluquero no está prestando atención a lo que dice el cliente al describir un corte de pelo.**

❖ **Cuando van a una barbería, el barbero no sabe cómo cortarles el cabello.**

* La ausencia del barbero en el lugar de trabajo.
* Tener un peluquero irrespetuoso que no te escucha o responde de una manera mala y grosera.
* Un peluquero que nunca se calla.
* Cuando el peluquero está drogado en el trabajo o tal vez borracho.
* Barberos sin licencia.
* Falta de motivación de los barberos.
* Los clientes quieren cortarse el pelo un lunes.
* Golpes a la cabeza.
* El peluquero confunde un cliente con otro cliente.

Capítulo 8

"Precios"

lo largo de mi carrera, la gente siempre me ha preguntado sobre un tema específico. Algo que despierta mucha curiosidad en el cliente y eso es... ¿cómo se les paga a los barberos? Hay al menos cinco formas diferentes en que se le puede pagar a un barbero.

Comencemos con la peor forma de cobrar como peluquero o estilista, y es:

❖ **<u>Cobrando por hora.</u>**

Si "ellos" (barberos y estilistas) trabajan por hora, no hay mucha diferencia entre ellos y alguien que trabaja en McDonald's o Burger King o cualquier otra tienda minorista. Tenga en cuenta que los peluqueros tienen que ir a la escuela de barbería o a la academia de estilismo para obtener sus licencias. Tienen que pagar la colegiatura de la escuela. Cuando estaba estudiando en Puerto Rico para ser barbero, la duración del curso era más larga que en los Estados Unidos.

Cuando estudié, fueron alrededor de catorce meses y 1200 horas para obtener mi diploma. Eso es mucho tiempo para estudiar barbería. Porque tenga en cuenta que, a veces, no aprenden mucho en términos de habilidad manual o corte de cabello en sí. La mayoría de las veces, estas escuelas y academias no tienen los mejores maestros y no les enseñan a los estudiantes a cortar el cabello. Ciertas academias están ahí para enseñarles a los estudiantes a cómo aprobar el examen estatal para obtener las licencias. En los Estados Unidos, en Florida, por ejemplo, pasan unos seis meses antes de que obtengan su diploma. Luego pueden solicitar una licencia de barbero o cosmetología. Seis meses es un tiempo razonable para obtener todo lo que se necesita para aprobar el examen estatal. Lo que estoy tratando de decir es que, para ser barbero, tenemos que gastar tiempo y dinero yendo a un instituto o academia para obtener nuestra licencia. Entonces, ¿por qué querremos que nos paguen los mismos salarios que obtendrá alguien que trabaja por hora? Incluso, sin pasar por ningún tipo de educación. La única capacitación que reciben en sus trabajos suele ser de dos a tres días. Algunas cadenas de salones en los Estados Unidos solo pagan por hora. A veces les dan una pequeña comisión si venden un producto. Estas cadenas requieren que el peluquero obtenga al menos dos o tres cortes de cabello en una hora.

Les enseñan y les exigen que mientras trabajan corten el pelo de una forma determinada. Les gusta cuando todos los estilistas cortan de la misma manera en el salón. Tienen métodos obligatorios para trabajar allí. Entonces, todos los que trabajan en esa tienda cortan más o menos de la misma manera. Hacen esto porque quieren que el cliente regrese a la tienda sin importar quién le corte el cabello.

Digamos que estoy enfermo y tengo un cliente que siempre se corta el pelo conmigo. Ese día, si no estoy, el negocio quiere que el cliente se vaya con otra persona en lugar de esperar a que yo regrese. Por eso nos enseñan una técnica específica y todo el mundo tiene que seguirla, si queremos trabajar allí.

Yo trabajé antes en barberías y cadenas de salones que usan esta forma de pagar a los barberos, y no es buena. El único que gana dinero es el dueño. Después de que trabajan duro durante una o dos semanas y reciben un cheque, que viene prácticamente vacío. ¿Por qué? Esto se debe a que las ganancias se han transferido al dueño del negocio y no al barbero.

Es como alguien que trabaja en Walmart, por ejemplo. Independientemente de cuánto compre la gente en Walmart, el empleado siempre recibirá el mismo pago. Es lo mismo con esta forma de pago. El peluquero recibirá lo mismo en sus cheques en estas tiendas, independientemente de cuánto esfuerzo, trabajo, tiempo y experiencia pongan en cortar el cabello. Siempre obtendrán lo mismo porque están trabajando y cobrando por hora, y a veces les pagan el salario mínimo. Tienen supuestos beneficios que no los benefician. Pero, si pudieran cortar a dos o tres personas en una hora y les pagan por comisión, el pago sería mayor.

Eso nos lleva a la segunda forma de cobrar como peluquero o estilista:

* **Comisión.**

Los propietarios de peluquerías y salones prefieren esta forma de pago a los peluqueros porque obtienen más dinero del trabajador. No tanto como pagar por hora, la razón es que de cada cliente que corte el peluquero, el dueño del negocio obtendrá una comisión. Las comisiones pueden fluctuar entre el 40 y el 70%, los peluqueros suelen quedarse con la parte más alta y el dueño de la tienda se queda con el resto.

Esta es una buena manera de que te paguen si el corte de pelo es caro y no es económico. Porque, incluso, si les pagan la mitad del precio del corte de pelo, obtendrán una cantidad decente. Pero si el corte de pelo en ese establecimiento en particular es económico, entonces esta no es una buena manera de que te paguen. Porque digamos que cortan el cabello en un establecimiento que cobra $12 el corte y el dueño le paga el 50% al peluquero, entonces solo van a recibir $6, más propinas, si el cliente quiere dar una.

Eso no es mucho dinero porque incluso si pueden eliminar a dos o tres clientes en una hora, solo obtendrán entre 12 y $18, más la propina. Si están trabajando en un establecimiento donde los cortes de pelo no son caros, tienen que cobrar por lo menos el 60% y el dueño recibe el 40%, o incluso más. He visto a algunos peluqueros cobrar el 70% y el propietario recibe el 30%. Puede ser menos, o aveces más.

En este caso, tienen que traer sus productos de peluquería para usarlos en la barbería. Eso incluye gel para el cabello, pomadas, cremas, barbicida, cuchillas de afeitar, papel y una capa de estilo. También tenemos que lavar nuestras capas, toallas, etc. Pero si trabajamos en una barbería donde el dueño paga el 50 o el 60%, a veces el dueño del negocio nos da el producto y las cuchillas. Además, se encargan de la lavandería.

Solía trabajar en una barbería de lujo en Miami, donde me pagaban el 50-50% el corte de pelo era muy caro para el cliente. Un corte de cabello era a $40, si corto a un cliente, recibiré $20 por cada cliente, lo cual es bueno incluso si me pagan el 50%. Pero en esta barbería me descontaban un dólar, a veces dos. Del dólar que me sacaban, no daban los productos, y teníamos que pagarlos.

Tienen una sección para que los barberos puedan agarrar cualquier producto que quieran y usarlo. Eso incluye champús, cremas, geles, cuchillas y papeles, pero deducen esa pequeña tarifa de cada cliente. Esto es bueno para el dueño del negocio porque, por ejemplo, cortamos 50 clientes en una semana, ellos descuentan $50, o a veces más del pago, porque cobran una tarifa de dos dólares si fueron dos servicios en un cliente. Pero no usas tantos productos frecuentemente. Mucha gente no quiere nada en el cabello, y una botella de champú, que solía usar, puede durar dos o tres semanas, por lo que es un buen modelo comercial para el propietario y no me importó pagarlo. Porque, como dije, los cortes de pelo eran caros y estaba obteniendo una buena comisión de ellos. Una vez, estuve explicando a un nuevo compañero de trabajo durante casi quince minutos cómo funciona esto, y no lo entendió. Mirándolo, en el minuto diez cuando todavía estaba haciendo preguntas, yo estaba en mi cabeza como, tipo... realmente eres un un idiota, ¿o no?

La tercera forma en que se les paga a los peluqueros es:
* **<u>Alquilar una silla en la barbería o peluquería.</u>**

De esta manera, pagamos una tarifa fija cada semana, de modo que cuando reunimos la cantidad que tenemos que pagar al dueño de la tienda, todo lo demás, después de esa tarifa, es una ganancia para nosotros. A veces, esas barberías y salones de peluquería pueden alquilar la silla por alrededor de 75 a $220. Los comercios que cobran tanto, suelen tener muchos clientes y siempre hay trabajo. Pagaremos esa tarifa fija y seguiremos recibiendo una cantidad decente en una semana.

De esta manera, somos nuestro propio jefe. Podemos hacer lo que queramos. Si nos vamos a tomar un día libre o unas vacaciones podemos hacerlo. Pero tenemos que recordar que tenemos un acuerdo con el dueño de la tienda. No les importará si te tomaste un día libre, dos días libres; aún tendrás que pagarle la tarifa fija que tienes. Algunos peluqueros tienen miedo de hacer esto y no quieren aceptar pagar la tarifa al dueño de la tienda. Porque piensan que no alcanzarán la cantidad requerida de dinero que deben pagar.

Pero en la mayoría de los casos, el dueño de la barbería cobrará menos cuando el barbero recién comicnza a trabajar en la tienda. Cuando progresen y comiencen a ganar clientes y seguidores, el dueño de la tienda aumentará la cantidad que el peluquero tiene que pagar por la silla, hasta que alcancen la tarifa que pide el dueño del negocio. Por ejemplo, supongamos que debe pagar $200 a la semana por la silla o la estación. Pero no tienes clientes, o tal vez solo tienes una pequeña clientela. Tendrás miedo de no llegar a esa cantidad de dinero.

Cuando empiezas las primeras semanas, a veces el dueño de la tienda te regala la primera semana o la segunda. Para la tercera semana, comenzarás a desarrollar una clientela. Cobrarás más, por lo que comenzarás a pagar más al dueño de la tienda. Por ejemplo, comienzas pagando $50. Luego, la próxima semana haces más clientes, y obtienes más dinero, y ves que puedes pagar $80. Luego pagas $80 al dueño del negocio y así sucesivamente hasta que tengas suficiente clientela para cumplir con el requisito.

El dueño de la barbería podría darnos tiempo, pero a veces nos pondrá una fecha hasta llegar a la cantidad. De esa manera, es menos estresante para nosotros y podemos concentrarnos en ganar clientes más que en pagar la tarifa requerida para el dueño de la barbería. Los peluqueros que prefieren el alquiler de sillas suelen tener seguidores. Ya tienen clientes, por lo que solo buscan cambiar el entorno laboral. A veces tienen un problema con el dueño del negocio o en el trabajo. Tal vez una pelea o desacuerdo con un compañero de trabajo en ese lugar, y están cansados de estar allí. Entonces pueden transferir su clientela a una nueva barbería.

Los peluqueros sin clientela, a menudo, eligen que les paguen por comisión. Como no tienen seguidores, no tienen que preocuparse por cobrar una tarifa fija. Solo se les pagará, si trabajan. Si no trabajan, no les pagan. Entonces no tienen ese estrés de pagarle al propietario. La razón por la que ves tantos peluqueros malos en cadenas de salones o peluquerías es que ningún peluquero con experiencia quiere que le paguen por hora. Porque no hay dinero en el método de pago por hora. Esa es la razón. En estas cadenas de salones y barberías se suele ver a estudiantes recién salidos de la escuela o instituto de barbería. Ese es el único trabajo que pudieron conseguir. Porque no tienen seguidores y les falta clientes, experiencia y son los únicos dispuestos a aceptar el pago por hora. Eventualmente, cuando reciban el cheque y lo vean casi vacío, se irán a una barbería o salón de belleza real y traerán a sus clientes. Por eso la gente que va a estas barberías o peluquerías, cuando vuelven a buscar al peluquero que le cortó el cabello la última vez, y preguntan por ese barbero en concreto, normalmente, ese estilista ya no está. Estas cadenas nunca tienen un peluquero estable. No digo que no sea posible, pero por lo general, los estilistas van y vienen en estos lugares. He visto barberos a los que les pagan de esa manera, y se quedan por años en estas cadenas.

Hay otra forma en que los peluqueros ganan dinero:

* **<u>Los estudios privados de salón-barbería.</u>**

En este establecimiento, por lo general del tamaño de una casa, dividen y construyen habitaciones que son alquiladas por barberos o estilistas. El dueño del edificio necesita tener una licencia de barbería para abrir el establecimiento. Cada barbero necesita tener una licencia y colocarla frente al espejo para que el cliente pueda verla.

Estos cubículos incluyen tazones de champú y gabinetes para que los peluqueros puedan colocar sus herramientas, iluminación adecuada, plomería y baños. Todo lo necesario está listo para que el barbero pueda empezar a trabajar. Esta es otra forma en que el peluquero puede ser su propio jefe. Estos establecimientos requieren un contrato. Por lo general, el arreglo típico para estos lugares es de uno o dos años.

Digamos que firmas un contrato con el dueño del estudio. Se te pide que pagues una cantidad X cada mes, al igual que una factura de contrato de teléfono celular. Este modelo de negocio también es adecuado para barberos que ya tienen seguidores y clientes, por lo que no tendrán problemas para pagar el requisito mensual. Además, es bueno porque estos lugares suelen tener luz incluida, agua e internet, así que solo tienes que cortar el pelo, eso es todo. El dueño del estudio hace todo lo demás y paga el mantenimiento.

Pero no creas que esto es barato. A veces es muy caro porque el dueño del estudio quiere obtener ganancias y quiere sacar lo más posible de nosotros. Solo recibirá una parte del dinero que se gana en este establecimiento. Creo que es un buen modelo de negocio porque puedes ser tu propio jefe. Además, puedes trabajar en privado en tu cubículo, para que no tengas más barberos a su alrededor hablando, haciendo ruidos, pidiendo herramientas prestadas o peleando por motivos estúpidos, como la música que suena en la tienda, o el programa de televisión, o la película.

Puedes evitar discutir sobre política, deportes o religión en la barbería porque puedes estar cortando el cabello, por ejemplo, a un demócrata, y luego el siguiente cliente que espera, es un republicano. Comenzará a hacer argumentos que probablemente no le gusten al otro tipo, y ahí es cuando la gente comienza a pelear en la barbería.

Una vez estaba cortando a un anciano, otro, probablemente, de la misma edad, fue a la tienda y esperó por su corte de cabello. Estos dos tipos tenían el aspecto de personas pegadas a las noticias de la televisión todo el día. Cómo se creen bien informados, creen saberlo todo. Uno de ellos estaba diciendo que él es un creyente de Dios y cree en Jesús, y por eso, es bendecido. El otro tipo que vino más tarde y no tenía nada que ver con nuestra conversación, no estuvo muy de acuerdo con eso. Porque estaba dejando bastante claro que él era ateo. De repente, lo que era un buen ambiente de paz, se convirtió en una pelea de gallos. Corrí con el cliente que tenía en mi silla, así que se fue y dejaron de pelear.

A veces la gente tampoco está de acuerdo con los deportes. Digamos que estoy cortando el cabello de un chico que, en las eliminatorias, su equipo favorito para ganar es el equipo X. Pero luego, de repente, otro tipo llega a la barbería y quiere que el otro equipo gane debido a una estadística ridícula y otros argumentos. Esto creará un problema, algunas personas pueden ser muy serias cuando hablan de deportes. No comprendo esto, y es entonces cuando en lugar de una barbería, se convierte en un lugar de gente enojada defendiendo a su equipo. Puedes evitar todo esto con solo tener tu estudio en el que serás el único dentro y tu cliente.

Los diseños más antiguos de las barberías cambiaron hace muchos años. En el pasado, las barberías estaban diseñadas para interactuar directamente entre los barberos y los clientes que esperaban. El diseño moderno de la barbería ahora tiene el área de trabajo separada de los clientes que esperan. Por eso, en el pasado, las barberías eran un lugar de reunión social. Lo sigue siendo, pero ahora tienes el obstáculo de separar la zona de trabajo de la sala de espera.

Hay otra forma, y la última, de que se les pague a los peluqueros. La quinta vía a la que se les puede pagar a los barberos es:

❖ **Patrocinio.**

Algunos peluqueros obtienen un patrocinador porque son muy buenos y famosos o tienen muchos seguidores en las redes sociales. Se les puede pagar por salario, o también se les puede pagar cuando publican algo en sus redes sociales. A veces también se les puede pagar mediante un intercambio de productos o herramientas.

Estas son las cinco formas en que se les paga a los peluqueros: por horas, comisión, alquiler de la silla, disponer de estudio privado y patrocinios. Creo que, en el pasado, los peluqueros estaban muy mal pagados. Por alguna razón, los cortes de pelo eran baratos. En el pasado, esos cortes de cabello eran más fáciles porque las personas se dejaban más cabello o querían mantenerlo largo. Solían tener un tipo de corte clásico como, digamos, James Bond o más como un tipo de corte de pelo de negocios, que son bastante fáciles de hacer, si sabes cómo hacerlos. Si no sabes como, probablemente será difícil, pero estos son cortes de cabello muy simples hechos con tijeras, y esa es principalmente la razón por la cual los cortes de cabello en el pasado eran más económicos que los de hoy.

A veces, en el pasado, el servicio de corte de pelo incluía la barba. No tiene sentido, ¿por qué quieres cobrarle a alguien el mismo precio por un cliente que recibe dos servicios y alguien que solo se corta el cabello? Pero en los tiempos modernos, los cortes de cabello se han vuelto muy elaborados y consumen mucho tiempo, por eso se ha visto un aumento en los precios de las barberías.

Los peluqueros mayores solían cobrar menos por un corte de pelo clásico que a veces pueden hacerlo en 15 minutos, ahora los peluqueros pasan con un cliente alrededor de 45 minutos o incluso una hora, si están enamorados. Eso es más del doble del tiempo que los peluqueros pasan con sus clientes, lo que, por supuesto, crea un aumento en los precios de las barberías. Tengo diferentes precios para personas mayores y personas que se hacen un corte de pelo moderno regular. Ahora, hago citas para el servicio de la tercera edad por solo 15 minutos. Pero los clientes que se hacen un corte de cabello que requiere un trabajo más elaborado, por lo general los chicos más jóvenes, el tiempo de las citas es de unos 30 a 45 minutos.

En el pasado, los hombres mayores no se hacían los bordes en la frente ni en las sienes, ya que tienen un tipo de corte de pelo clásico. Son "hombres de verdad", por lo que no se arreglan las cejas con navaja. ¡Es broma!... moldeadores de cejas. Tenemos que cobrar por todo eso porque es la única manera de ganar dinero. No podemos regalar lo que hacemos ni incluir eso en el corte de pelo gratis. Como dije antes, ¿por qué cobrar el mismo precio a un cliente que solo se corta el cabello, que a un cliente que se cortará el cabello, las cejas y la barba?

A algunas personas no les gusta el aumento de precios, porque este tipo de corte moderno requiere mucho mantenimiento y tienen que volver a la barbería antes que un corte de cabello clásico. La vida de un corte de pelo clásico es de unas cuatro a seis semanas, pero los cortes de pelo modernos de hoy en día, especialmente los que se desvanecen, solo duran dos semanas, tres como máximo. Puedes extenderlo, pero tienes que volver al menos cada dos semanas si quieres que el corte de cabello se mantenga igual. A veces la gente vuelve cada semana. Por supuesto, los cortes de pelo ya no son económicos y tienes que volver a la tienda antes que antes. No va a ser barato para ti, pero no podemos cobrar menos solo porque quieras volver antes. Debido a que estamos ocupados, podríamos conseguir otro cliente en lugar de usted.

Si pides la cita, tendré que cobrarte lo mismo a no ser que seamos amigos, o tu corte de pelo sea fácil. Pero más que cobrar por los cortes de pelo, los peluqueros también cobran por el tiempo que dedican a cada cliente. Así que, si haces una cita para un corte de pelo y solo quieres cortar los lados, todavía tengo que cobrarte lo mismo. Eso es porque pasaré la misma cantidad de tiempo contigo. Después de todo, usted ocupará ese lugar que otro cliente puede obtener. A veces la gente piensa que cobraremos menos, solo porque se está recortado los lados. Pero lo que no saben es que esa es la parte más difícil del corte de pelo. La parte superior es muy fácil de cortar. Puedo hacerlo incluso en dos o tres minutos. Pero mezclar un desvanecimiento en los lados requerirá casi la misma cantidad de tiempo que un corte de cabello completo.

Durante la pandemia de COVID-19, también se elevaron los precios. Eso fue porque estábamos obligados a comprar productos de limpieza que no son económicos. Cualquier accesorio que use un barbero no es barato, y además, nos exigieron dedicar una cantidad de tiempo sobre regulada; quince minutos limpiando y desinfectando la silla y comprando productos de limpieza que no son baratos. Tuvimos que quitarle una parte del tiempo que deberíamos estar cortando el cabello, para pasar este tiempo limpiando. Quince minutos aquí, quince minutos allá. Al final del día, pasamos dos horas sin hacer nada más que limpiar. No nos pagan por eso.

A los barberos se les paga por su tiempo, pero también se les paga por la experiencia. Probablemente, obtendrá un mejor corte de cabello de un estilista experimentado que de un peluquero que no tiene ninguna experiencia. Un peluquero con más experiencia cobrará según lo que sepa porque sabe que el resultado del corte de pelo será muy bueno y está garantizado. Pero a veces los peluqueros sin experiencia cobran un poco menos porque saben que no tienen la experiencia.

Los barberos con experiencia deben respetarse a sí mismos y cobrar de acuerdo con su experiencia y el tiempo que dedicarán a cada cliente. La experiencia es algo difícil de adquirir porque, más que nada, un corte de pelo es una obra de arte; estamos esculpiendo. A veces la gente no tiene el mejor material para trabajar. Tenemos que sacar lo mejor de lo que tenemos. Un corte de pelo es un dibujo, y las maquinillas son nuestro pincel.

Otra razón por la que los peluqueros aumentaron sus precios es porque las herramientas se han vuelto muy caras en los tiempos modernos. Las herramientas de peluquería son muy costosas. Puedo gastar en una tijera $300 o incluso $1,000 si deseara pagar esa cantidad. No pago tanto por una tijera, pero no son baratas. Debes tener más de una tijera porque cada cabello es diferente y único. Necesitamos otras herramientas para cortar diferentes tipos de cabello. Además, las cortadoras de cabello son muy caras porque ahora las cortadoras no tienen cable. Las cortadoras en estos días son inalámbricas.

Lo mínimo que puede gastar en un par de maquinillas decentes para cortar el cabello es de al menos $150, y eso no incluye el delineador que también lo necesitas. Un delineador puede costarle tanto como la maquinilla en sí. Estas maquinillas a veces tienen que cortar cabellos duros y gruesos. Así que ahora fabrican estas cortadoras con motores potentes para que puedan cortar todo tipo de cabello durante todo el día sin dañarse. Eso también aumenta el precio de las herramientas.

Las cuchillas tampoco son económicas. Los papeles que usamos y todo, en general, que usa un barbero o un peluquero no es barato. Un secador de pelo, uno decente para usar todos los días durante todo el día, puede costarle al menos $100. Y eso es, considerando uno sencillo.

Ahora también cortamos el cabello con cita previa, lo que también aumenta el precio de los cortes de pelo. Nosotros, por supuesto, estamos brindando conveniencia, y eso también debe cobrarse. No podemos darlo gratis porque las aplicaciones que usamos para programar citas no son gratuitas. Se llevan una parte de las ganancias y una comisión por cada corte de cabello. Se nos cobra por transacción a través del sistema de procesamiento. Trabajar con cita previa es una comodidad tanto para los clientes como para el barbero. Porque cuando el cliente llega a la barbería, está casi garantizado que será el próximo si llega a tiempo. Además, el peluquero puede programar su jornada laboral y organizar mejor el tiempo.

En los días en que los peluqueros solían trabajar sin citas, era muy difícil para ellos. Este fue el caso cuando comencé a trabajar en mi barbería. El dueño anterior no trabajaba con cita previa, así que todos los días, cuando abría la barbería, de cinco a seis personas me esperaban solo a mí. No me gustó porque no podía planificar mi día. A veces no podía almorzar, o si tenía uno, eran solo cinco o diez minutos rápidos. Eso no es calidad de vida porque tomar un descanso de diez minutos para almorzar, cuando la gente a veces se toma una hora, pueden salir, sentarse y disfrutar de su almuerzo.

Por eso, incluí el sistema de citas en línea tan pronto como me hice cargo de la barbería de la que soy dueño. Fue un poco difícil para mí porque todos los clientes que venían a esta barbería eran clientes jubilados. No sabían cómo hacer citas a través del sitio web. La mayoría de ellos no quería aprender a hacerlo. Algunos de ellos dejaron de ir a la barbería solo por eso.

No me gusta contestar el teléfono para hacer una cita. Prefiero que las personas vayan directamente al sitio web y lo hagan ellos mismos. Recuerda que tengo tiempo limitado para cortar el cabello. Cuando se trabaja con cita previa, el tiempo es limitado. No puedo pasar dos o tres minutos haciendo una cita por teléfono cuando tengo un cliente sentado en la silla. No quiero interrumpir el corte de pelo para hacer una cita. Recuerde, estamos haciendo arte y debemos concentrarnos en lo que estamos haciendo. También es muy irrespetuoso detener una conversación con un cliente para contestar un teléfono.

Una vez llamó un cliente para decir que llegaría quince minutos tarde. Cuando abrió la puerta principal de su casa, el perro salió disparado y tuvo que perseguirlo por todo el vecindario. Y cuando regresó a casa con el perro, se dio cuenta de que su esposa había tomado las llaves del auto y no podía encenderlo para ir a cortarse el cabello. Por tanto, no tenía suficiente tiempo y quería reprogramar la cita. Yo tenía que estar en una situación de ida y vuelta, leyéndole el horario y tratando de encontrar el mejor momento para que viniera y se cortara el cabello. Estuve en el teléfono con esta conversación durante unos cinco minutos, mi cliente estaba esperando, y tenía la próxima

cita. Ese día, decidí que no contestaría más el teléfono para hacer citas
o reprogramarlas.

Otro problema que solía tener era que recibía muchas llamadas
de mercadeo. Eso me enfurece porque no quiero que nadie llame a mi
teléfono, ese que pago todos los meses, y lo use para venderme algo.
Esa es otra razón por la que dejé de contestar teléfonos para hacer
citas. También estaba teniendo algunos problemas con algunos clientes
que llamaban para obtener una cita. Haciéndome cuentos de por qué se
les hizo tarde o no se presentarían a la cita. Me dijeron que llegarían
tarde porque se quedaron dormidos o se les olvidó la cita.

Esto fue un gran dolor de cabeza para mí. No pude hacerlo más.
A veces las personas llaman dos o tres veces para reprogramar su cita
o cancelarla. Estos servicios de citas y procesamiento hacen todo lo
posible para que puedan reprogramar y cancelar su cita a través del
sitio web. Puedes seleccionar el día que quieras para no tener que ir o
llamar a la barbería para cancelar o reprogramar una cita.

Entiendo que las personas mayores no pueden hacer la cita, pero
tuve que buscar mi conveniencia en lugar de la de ellos, porque soy
solo uno, y hay muchos clientes que debo atender. Ahora lo que estoy
haciendo con los hombres mayores que no pueden hacer una cita es
que programamos la siguiente justo cuando terminamos el corte de
cabello. Eso parece ayudarlos. Sé que es difícil planificar,
especialmente los hombres mayores que se cortan el cabello cada mes
o cada seis semanas, a veces dos meses, no saben si tendrán una cita
con el médico en el futuro cuando seleccionan una cita para cortarse el
cabello. Pero por más cruel que suene, ese no es mi problema.

Algunos de ellos ni siquiera quieren intentarlo o están
interesados en aprender a hacerlo. Nunca entendí por qué no pudieron
hacer la cita porque mi sitio web está escrito en inglés, no en chino.
Así que es muy simple y fácil ir al sitio web, hacer clic en mi nombre,

seleccionar su fecha y hora, escribir su nombre y número de teléfono, y eso es todo. Recibirás una confirmación y un recordatorio una hora antes de tu corte de pelo. Además, tendrá su lugar separado solo para usted, por lo que se sentará en la silla cuando haya seleccionado. Lo siento por ellos, pero tuve que hacer ese cambio, para no volverme loco en la tienda por este tema.

Los barberos también cobran por todos los seminarios y educación continua que toman en su carrera. Tienen que estar bien preparados para cortar todo tipo de cabello. Todo barbero debe tener una educación continua después de terminar la escuela de barbería. Esto se debe a que las tendencias cambian cada año. Siempre hay algo nuevo, y hay muchas maneras de llamar a un estilo. Cada dos años, cuando renovamos nuestra licencia estatal de barbero, debemos tomar educación continua.

Es cómico, pero nos dan el mismo paquete de educación continua cada dos años, que puede costar entre $15 y $20. Si usted es un peluquero experimentado que ha estado cortando cabello durante muchos años, probablemente ni siquiera leerá el material antes de responder las preguntas porque siempre son las mismas preguntas. No puedes confiar en esta educación continua para ser un mejor barbero. Eso es solo un requisito que tienes que hacer. Es una excusa para obtener dinero de nosotros.

La educación continua de la que estoy hablando es tomar seminarios. Observar videos de YouTube y mirar algunas imágenes de tendencias para que, si los clientes me preguntan si sé qué es un "Blowout" o "Quiff", sepa qué hacer. El problema es que a veces estos seminarios no son baratos, y además no los ofrecen en todas partes. Puede que tengas que viajar para conseguirlos.

También es fundamental entender que un buen o mal corte de pelo depende de tus expectativas. Las personas que no están pagando lo suficiente por un corte de pelo o eligen un barbero barato deben entender que sus expectativas no pueden ser altas porque no están pagando lo suficiente para obtener un buen servicio. Si tus expectativas no son altas, entonces, puedes ir a cualquier peluquero y hacerte un corte de pelo poco decente. Pero las personas con grandes expectativas no pueden simplemente sentarse en cualquier silla de barbero. Debido a que todos cortan de manera diferente, probablemente no puedas pedirle a una mujer de 65 años que te desvanezca la piel con una partidura lateral porque es probable que no pueda hacerlo. No puedes tener grandes expectativas pidiendo un corte de pelo tan elaborado como ese a una persona que quizás no se crio cuando ese tipo de cortes de pelo eran una tendencia.

No estoy diciendo que terminarás con un buen corte de pelo cada vez que pagues demás. Porque he trabajado con barberos que cobran lo mismo que yo, pero no son tan buenos. Eso podría deberse a que en la ciudad no tenían suficientes peluqueros, por lo que tuvieron que contratar a quien pudieron encontrar.

Uno de los obstáculos más difíciles que encontré cuando abrí mi barbería lo fue contratar barberos. Al principio, quería contratar a peluqueros excelentes y profesionales, pero noté que no había suficientes barberos así en esa ciudad. Tuve que reducir mis expectativas a un listón más bajo para llenar esas sillas.

Ahora bien, si alguien me pide trabajo en mi barbería, quizás lo escucharía, aunque no tenga la suficiente experiencia, porque después del COVID-19 la falta de trabajadores fue significativa. Eso explica lo que te estaba diciendo. Soy un peluquero excelente, pero si contrato a alguien sin suficiente experiencia, trabajaremos en el mismo lugar. Pero el cliente pagará lo mismo obteniendo diferentes resultados dependiendo de a quién elija para cortarse el cabello.

Otra razón por la que un corte de cabello puede ser costoso es la ubicación de la tienda. A veces la ubicación afecta los precios de los servicios. Digamos que la barbería está en el centro de la ciudad. Probablemente los cortes de pelo sean más caros porque el dueño de la tienda esté pagando un alquiler mensual alto por la ubicación de la tienda. Tiene que aumentar los precios para pagar el arrendamiento. Es la misma situación con las tiendas ubicadas dentro de un centro comercial.

Por otro lado, algunas barberías pueden cobrar menos porque el lugar donde están ubicadas, tienen un buen contrato de arrendamiento, o tal vez es una ubicación pequeña. Pueden darse el lujo de cobrar menos por un corte de pelo. Si vas a una de estas cadenas, podrías pagar más por un corte de pelo. Porque los alquileres en estos lugares son muy altos. Eso explica por qué el barbero que cobra por hora trabajando en una de estas cadenas no está bien pagado.

La mejor manera de conseguir un buen barbero es por recomendación. Conseguimos muchos clientes de esa manera. De boca en boca y de la gente que manda a sus amigos a la barbería. A veces ven un buen corte de cabello y le preguntan a esa persona dónde se cortó el pelo. Esa persona envía al cliente a la tienda. Es por eso que no pago un centavo para anunciarme en periódicos, revistas o papeles. Eso es una pérdida de dinero, en mi opinión.

Este capítulo concluye que los barberos deben cobrar por sus servicios de acuerdo a su:

* **Experiencia**
* **Tiempo**
* **Ubicación**
* **Accesibilidad**
* **Herramientas que utilizan**
* **La dificultad del servicio.**

❖ **Educación continua y seminarios que reciben**

Si no te gusta el precio que cobra un barbero por sus servicios, eres libre de ir donde otro que cobre menos; y vamos a ver lo que te pasa. Si tienes bajas expectativas, probablemente estarás bien. Pero si tienes grandes expectativas, probablemente, te sentirás muy decepcionado con el resultado.

Capítulo 9

"Bendiciones"

La responsabilidad más importante de haber sido bendecido es compartir tus bendiciones con otros. Tienes que guiar a otros y enseñarles los atajos, incluso si no te fueron revelados en primer lugar. Esa es la forma en que tus bendiciones continuarán ocurriendo. Es crucial entender la razón por la cual estas bendiciones te han sido dadas.

Tuve la suerte y bendición de conocer a mi amigo de la infancia Albert (Betíco) la única persona que podría decir que es un verdadero amigo. Esta fue la persona que me ayudó a emigrar a los Estados Unidos. Ahora que miro hacia atrás, él hizo mucho por mí. Le presenté un desconocido a su esposa y lo dejó quedarse en su casa durante casi tres semanas. Eso es algo que muy pocas personas harían en su vida. Por eso, siempre estaré agradecido. Él fue bendecido con una hermosa familia y puso todo en juego para ayudarme. Estoy seguro de que trajo algunos problemas a casa, que tal vez yo no sabía. Siempre necesitas un amigo que te permita sanar y no abrir heridas.

Tengo mucha admiración por mi hermano mayor. Uno de mis primeros "clientes". Le dio otra oportunidad a la vida matrimonial y se casó por segunda vez. Estuvieron juntos durante muchos años. Esta dama fue el amor de su vida. Mi hermano nunca estuvo solo; cada vez que lo visitaba o me visitaba, siempre estaba con ella. Se convirtió en un miembro más en su familia. Disfrutaban haciendo las mismas actividades, cómo cocinar e ir a la playa, y también les encantaba ir de campamento. Todos los fines de semana salían a hacer algo. Mi hermano estaba considerando mudarse a Florida y viajó de Puerto Rico a Miami porque estaba terminando su doctorado en una universidad allí. Le gustaba el área y con su educación, podría hacer mucho mejor en Florida que en Puerto Rico.

No creo que a su esposa le gustara la idea. La entendí porque emigrar a otro país no es fácil. Es muy difícil, especialmente, si no sabes el idioma y tuviste que adaptarte a una nueva ciudad fuera de tu zona de comodidad. Regresaron después de que terminó sus clases para el doctorado en Florida. Pasaron un par de años y supe que le habían diagnosticado cáncer de mama. Fue un proceso muy difícil para ella y mi hermano, su cáncer era terminal. No había mucho que hacer por ella en ese momento. Mi hermano se quedó con ella todo el tiempo y la ayudó a atravesar el proceso del cáncer lo mejor que pudo. Él nunca la abandonó. Durante ese proceso, nunca puso sus ojos en ninguna otra mujer que no fuera su esposa. Todas las personas que pasan por ese proceso probablemente se irán y abandonarán a la persona. Por eso es muy importante que sepas elegir a la persona con la que quieres pasar el resto de tu vida.

Una de las cinco miss universo Puerto Rico, Dayanara Torres, Miss Universo 1993, fue diagnosticada con cáncer de piel en 2019. El año anterior se comprometió con un empresario y productor de cine. Después de muchos años sola y dedicada a sus hijos, estaba emocionada por conocer a alguien que sintiera como la persona adecuada. Alguien a quien pueda presentar a sus hijos. Sin saber que él la abandonaría cuando supiera que le diagnosticaron cáncer de piel. Él le dijo que era mucho para él. Esto, por supuesto, le rompió el corazón porque él la abandonó cuando ella más lo necesitaba. Las puertorriqueñas son guerreras y sabía que ella se recuperaría de esto. Pero esta experiencia debería darnos un ejemplo de lo que puede suceder si no sabes cómo elegir a la persona adecuada para pasar el resto de tu vida juntos.

Tenga en cuenta que ella es una de las mujeres más bellas del mundo. Si esto le pasó a ella, le puede pasar a cualquiera. Finalmente, recuperó su salud y ahora está bien. Su cáncer de piel se curó. Estos son los momentos de la vida que tienen la prueba definitiva. Desafortunadamente, tienes que pasar por eso para saber qué pasará con tu pareja. El sacerdote o pastor debe incluir una nueva pregunta al momento de casar personas. Deben preguntarse entre ellos si están dispuestos a limpiarse el trasero si se encuentran en una mala situación de salud. No hay una manera bonita de decir esto, y tenías que imaginarlo en tu cabeza. Puedes saber quién está dispuesto a hacerlo por la expresión facial. Al principio, todo huele a rosas y todo se trata del amor de cachorros. Pero en situaciones difíciles es cuando se puede saber quién es un hombre real y quién es una mujer real. Mi hermano es un hombre de verdad, su esposa y Dayanara son mujeres de verdad. ¿El prometido de Dayanara?, Hmmm... llena el espacio en blanco_______________.

En la vida, hay muchas maneras en las que puedes ser bendecido. Puedes ser bendecido por tener una hermosa familia. También puede ser bendecido por tener un excelente trabajo. Usted puede ser bendecido por tener buena salud. Puedes ser bendecido al tener paz. Fui bendecido temprano en la vida al conocer mi talento y en lo que era bueno. Yo sabía eso, y aproveché mi talento, tratando de llevarlo a otro nivel, tratando de llegar lo más lejos que pude. No terminó allí. También quiero compartir mi talento y bendiciones con otros en todo el mundo. Recibí un correo electrónico de un espectador en México que me hizo agua los ojos. Es en forma de una carta. Lo compartiré contigo.

"Hola amigo: tengo relativamente poco tiempo siguiendo tu trabajo, y quiero que sepas que es impresionante. La forma de explicar las cosas tan sencilla y meramente ilustrativa es la mejor que he visto en todo YouTube. Pero quiero que sepas que me has devuelto la confianza para seguir por el camino que me apasiona que es la barbería. Hace poco tiempo sufrí un incidente en el que perdí la visión en el ojo izquierdo. Y bueno... me sumió en una profunda depresión, cómo no tienes idea, en consecuencia, pensé que mi mundo se había acabado, siempre me ha gustado ser peluquero, por X circunstancias que no pude completar.

Sé un poco sobre recortar y hacer la barba. Entonces, un día, busqué en YouTube un tutorial que me ayudaría a aumentar mi pequeño conocimiento. Encontré innumerables de ellos, y en lugar de ayudarme, surgieron más dudas. Pero gracias al cielo encontré tu canal dónde enseñas el arte de la barbería, y wow... ¡fue increíble! Es una excelente manera de entender todo paso a paso. Sé que tienes que recibir cientos de felicitaciones todos los días de personas a las que les gustó y valoran tu trabajo, pero solo quería decírtelo. Que supieras que ayudabas a alguien cuando más lo necesitaba. Veo la vida de otra manera, y sé que pronto podré alcanzar mi meta. El que tanto quiero lograr. Mil gracias por tu fácil manera de enseñar. Dios te bendiga hermano y te animo a seguir adelante".

Me encanta leer cartas como esta porque me da el combustible para seguir adelante. A veces me cuesta hacer videos, especialmente cuando estaba abriendo mi tienda y no tenía mucho tiempo para continuar con los tutoriales. Solo estoy tratando de compartir el conocimiento que aprendí durante todos estos años con personas que necesitan ayuda para aprender a trabajar en esta hermosa profesión. Lo hice en memoria de mi hermano Malcon. Así también le pago al maestro que tuve en el Instituto, una de mis inspiraciones cuando estaba aprendiendo.

Comparto todo mi conocimiento con los estudiantes desinteresadamente al igual que alguien compartió su conocimiento conmigo. Algunos de estos países de América Central y del Sur, incluido México, no tienen los recursos para ir a una escuela de barbería y aprender técnicas actualizadas para cortar el cabello. Todo lo que pueden hacer es ir a YouTube y buscar tutoriales en línea, y así es como aprenden. Les estoy enseñando y ayudándoles a sostener una familia para que puedan traer lo que necesiten a casa para ser felices. Estos pueblos donde se encuentran estas personas están muy aislados de cualquier lugar. Algunos de estos países no requieren una licencia de barbero, por lo que es muy productivo para ellos aprender de esta manera.

Me encanta compartir mis conocimientos con ellos. Deseo poder enseñarles todo lo que he aprendido a lo largo de todos estos años trabajando como barbero. Me siento orgulloso de lo que he hecho con algunos de los estudiantes de todo el mundo, cuando veo sus fotos de perfil, junto a su familia, hijos o hijas. Automáticamente, pienso que los ayudo a ser sostenibles y apoyo a su familia con este conocimiento. Si eres una buena persona, sabes que tienes que compartir tus conocimientos con la gente. No puedes ser codicioso. A algunas personas no les gusta compartir lo que saben, por temor a que la gente sea mejor que ellos y los supere. No me importa eso. Después de todo, cuando morimos, no nos llevaremos nada.

Cuando estaba enseñando en el instituto de barbería en Puerto Rico, realicé uno de mis mejores logros como ser humano. Pude ayudar a uno de mis alumnos a ganar el primer lugar en una competencia general de estilistas en Puerto Rico. Era una excelente estudiante de peluquería. Asistía a clases con la otra profesora de cosmetología. No estaba segura de poder competir. El director del instituto quería que la escuela tuviera buena reputación y le pareció muy buena idea registrarse en un concurso de estilismo. Contrataron a dos de los entrenadores de peluquería más exitosos de Puerto Rico para capacitarla. Ganaron múltiples concursos de estilismo en la isla. La entrenaron, pero ella no sentía que pudiera hacer lo que querían que hiciera. La estaban entrenando con una muñeca y el peinado elegido se adelantó a su tiempo. El peinado también incluía complicadas técnicas de color. Querían usar rayitos de color bajos, que es lo opuesto a los rayitos que se hacían arriba de la cabeza. En ese momento, no eran tendencia.

Era madre soltera y yo quería ayudarla. Intentó renunciar y ya no quería competir. Después del entrenamiento de la tarde, ella solía ir a mi salón de clases para contarme lo que había aprendido y contarme sus frustraciones. Empecé a entrenarla también. Era estupenda, pero necesitaba creer en sí misma. Dudaba mucho de sus capacidades para hacerlo. Un día, le dije mirándola a los ojos "vas a competir". Ganarás el primer lugar y te ayudaré a hacerlo. Sus ojos se humedecieron.

Sabía que quería hacerlo, pero no estaba segura de su capacidad. Tuvo algunos problemas con la colocación de la mano mientras cortaba con una navaja. Cortar el cabello con una navaja no es fácil y muy pocas personas saben cómo hacerlo de la manera correcta. Si vas a una barbería en Miami, donde yo estaba trabajando al momento de escribir esto, te doy un 90% de posibilidades de que perderás el tiempo preguntando en una barbería si alguien puede cortar el cabello con la navaja.

Le expliqué cómo funciona la navaja y qué hace para que comprendiera mejor lo que podía hacer, además de cortar el cabello y verlo caer. Este peinado que trataba de hacer estaba muy por delante de su tiempo. Alrededor de 2016, comenzamos a ver desconexiones y fue una tendencia fuerte. La estaba entrenando diez años antes de esto. Empezó a tomar fotos de cómo le estaba enseñando a colocar las manos mientras cortaba con navaja el pelo de la muñeca que estaba usando. Cada día, sé ponía mejor y mejor. Su autoestima se fue al techo. Ella era madre soltera, por lo que su hija también fue una motivación.

Después de meses de entrenamiento, llegó el día de la competencia. Estábamos listos. Todos los estudiantes viajaron en una caravana desde el instituto hasta el lugar de la competencia, aproximadamente 40 minutos en automóvil; no estaba cerca. Finalmente llegamos allí, todos los estudiantes de diferentes ciudades de Puerto Rico estaban montando sus estaciones y herramientas en el escritorio de la competencia. Todo sucede por una razón, por lo que su número de placa era el #1. Empezó la competencia y el reloj empezó a correr. Ella me miró y me dio el pulgar hacia arriba mientras yo también lo hacía. Tenía a su hija en mi mente por alguna razón, incluso sin nunca haberla conocido. Sabía que quería hacerlo por ella. Todos los estudiantes de diferentes escuelas crearon los estilos durante aproximadamente una hora. Se les acaba el tiempo. Al final de la competencia, los jueces de las asociaciones de peluqueros y estilistas estaban listos para ver los trabajos de los estudiantes. De vez en cuando, me miraba a mí ya los estudiantes alrededor. Me di cuenta de que estaba nerviosa, pero su lenguaje corporal era como el de una persona decidida y segura de su trabajo. Tenía el brazo derecho estirado hacia abajo mientras que el izquierdo estaba en un ángulo de 90 grados, agarrando el derecho por detrás de su cuerpo, casi como una posición militar cómoda.

Después de una hora de evaluación, los jueces llegaron a una decisión final. Como en un concurso de belleza, llamaban del tercer al primer lugar. Comienzan a llamar primero al tercer y segundo lugar. Cuando se trataba de llamar a la ganadora de la competencia, ¡la llamaban por su nombre! Fue un sentimiento increíble de alegría para todos nosotros en el instituto de peluquería. Fue uno de los días más felices de mi vida. Logré algo bueno y positivo para el mundo, y no hubo dinero de por medio. Ayudé a alguien que siempre recordará esto, y ella les contará la historia a muchas personas tal como yo en este momento. No la he visto desde que dejé el instituto, pero sé que le va bien donde quiera que esté. Independientemente de si trabaja como estilista o no. Las personas que tienen una fuerte voluntad de hacer algo siempre tienen éxito. Siempre estaré agradecido con Dios por permitirme ayudar a una persona de esta manera.

Me gusta ser útil, si no soy útil, me siento desorientado. Cada vez que puedo ayudar a alguien, ayudo de cualquier manera si me permiten ayudarlo. Algunas personas tienen una barrera y no quieren ayuda de nadie. No seas esa persona, reconozco que soy uno de ellos. Estoy trabajando en ello porque ya sé que no es un buen hábito. A veces hay que quitarse ese peso de encima. Es bueno recibir ayuda de otros que lo hacen de manera honesta. Ahora que me estoy haciendo mayor, siento la necesidad de aceptar la ayuda de las personas que lo deseen. Nunca me gustó la sensación de molestar a la gente. Pero a veces, todo está en mi cabeza. Sé que hay personas que quieren y desean ayudar como yo. Ahora, les dejo obtener las bendiciones que obtienen cuando hacen esto.

Puedes ser bendecido, incluso por haber nacido en un país específico. Cuando viajé a Cuba, contraté a uno de los taxistas que me llevó del aeropuerto a la habitación del hotel en el que me hospedaba en El Malecón. Pasé con él todo el día, me recogió en el hotel a las 7:30 de la mañana. Principalmente quería ir a las plantaciones de tabaco cerca de Viñales. Esa zona del país al oeste de Cuba es hermosa, es puro campo. Según el taxista, esa zona de Viñales estuvo bajo el agua hace millones de años. Incluso puedes imaginar dinosaurios caminando alrededor de las enormes montañas que eran rocas masivas. Había algo de vegetación en las rocas de la montaña. Me dijo que esas plantas crecían allí porque los pájaros transportaban las semillas y las sembraban en las montañas. Eventualmente, la vegetación creció en las colinas. Todo lo que ves en esa zona de Cuba es naturaleza en su máxima expresión.

Mientras conducía, me dio una fiesta, reproduciendo en un USB una enorme lista de reproducción musical para los clientes. Probablemente tocó durante ese viaje por la carretera unas 300 canciones. Durante mi conversación con él, de repente Michael Jackson estaba sonando en su radio. Me dijo algo que me hizo pensar durante el resto del viaje. Me dijo, mira a Michael Jackson... si Michael Jackson hubiese nacido en Cuba, nunca lo verías siendo famoso y el ícono que es en los tiempos modernos. Pero al nacer en los Estados Unidos, la tierra de las oportunidades, obtuvo la bendición de nacer en este país, y por eso conoció promotores y la gente descubrió su música, talento y voz. En Cuba, probablemente haya gente tan talentosa o incluso más que Michael Jackson, y no se pueden descubrir porque estamos aislados del mundo. Él estaba en lo correcto.

Ese viaje en Cuba de La Habana a Viñales fue uno de los mejores viajes por carretera que tuve en mi vida. Paramos, cómo se pidió, en una de las plantaciones de tabaco, y el campesino supo que yo venía, porque el taxista lo llamó para decirles que yo iba para allá. Era fuera de la temporada de viajes, así que el único allí era yo. Me mostró cómo enrollan puros y cómo los empacan. En aquellos días, se permitía sacar de Cuba una cantidad de 80 cigarros sin tener problemas con la aduana. También, me mostró la forma favorita de fumar un cigarro del Che Guevara. Después de torcer su cigarro, le aplicaba miel en la punta del cigarro, y según él, esa era la forma en que el Che amaba fumar cigarros. Si esto es cierto o exacto, no sé, solo te digo lo que me dijo, y lo intenté de esa manera y me encantó. Además, tenía ron cubano, así que mientras fumábamos el cigarro, tomábamos tragos de ron. Entonces, para mí, fue una experiencia increíble solo decir que estaba fumando cigarros cubanos en Cuba y bebiendo ron también en una granja de tabaco con los lugareños. Después, fuimos a "La Cueva del Indio". Es una cueva muy impresionante en la puedes subir a un barco, y mientras navegas tienes un guía turístico narrando las maravillas de esa parte de Cuba.

Reconocer que no necesitamos mucho para ser felices es una bendición. Las pertenencias materiales no son tan necesarias para ser feliz. A medida que envejezco, cuanto menos tengo, más feliz soy. Menos problemas, dramas y complicaciones. Tener una vida sencilla, es una bendición. A veces nos mudamos lejos de la familia para poder conseguir más dinero. No me arrepiento de venir a los Estados Unidos y trabajar aquí para conseguir lo que siempre soñé. Pero estar lejos de la familia durante muchos años me hace pensar en lo que importa. El tiempo se va muy rápido. No nos damos cuenta hasta que se ha ido.

En todos mis viajes por el mundo, puedo decirles que la lección que más aprendí fue vivir con sencillez. Experimente pueblos al azar en los que nunca había estado antes y vi cómo la gente hacían las cosas y se comportaban. En algunas partes de estos países, las personas toman palos de la tierra y pueden hacer una cerca hermosa con ellos. Algunas personas gastarán una fortuna construyendo una cerca en los Estados Unidos cuando a veces tienen los materiales para hacerlo en su terreno y no los usamos. En esos países, algunas personas construyen canalones con la mitad de un tubo de pvc, y lo hacen funcionar perfectamente. Pero aquí estamos preocupados por la estética y queremos que se vea bien y gastamos miles de dólares solo para construirlo. Reconocer todo eso es verdaderamente una bendición.

Desearía haber sabido todo eso cuando era un niño mientras crecía y tener a alguien mayor que yo revelando todos los atajos de la vida. Desafortunadamente, todos mis abuelos murieron jóvenes cuando yo era niño. Aunque aprecio el conocimiento que me dieron mis padres, admito que me hubiese gustado tener la opinión de personas mayores a medida que crecía y revelando todos los secretos, y los trucos de la vida. Dios me bendijo con mi talento. Desde niño tuve la suerte de saber lo que iba a hacer y en qué era bueno. Dios me bendijo con mis manos. A veces puedes ser bendecido al perder. Las malas experiencias en la vida pueden enseñarte mucho, incluso si duele y no te sientes cómodo con la experiencia.

Tener mi barbería no fue fácil, sino una lucha. Después de que la obtuve, pasé por muchas dificultades para mantenerla funcionando. No veo como malo lo que me pasó. Pero veo que es algo necesario aprender, para llegar a ser más fuerte y más sabio. Fui bendecido al poder permanecer en el negocio en mi barbería. Muchos clientes fueron muy generosos conmigo y tengo que darles crédito por eso. Sin ellos, probablemente estaría fuera del negocio. Dios siempre te envía las personas indicadas para ayudarte, para que no luches tanto, sobre todo, si lo mereces y has sido una buena persona.

Es fácil perder el disfrute de la vida si no te enfocas en lo que quieres. Tienes que recordarte a ti mismo que necesitas tomar un descanso y disfrutar el producto de tu esfuerzo. No tiene sentido trabajar todo el tiempo y no tener tiempo para disfrutar. No te lo saltes. Recuerda siempre divertirte y hacer lo que sea que hagas para disfrutar de la vida.

Ojalá la codicia fuera un ingrediente menos en nuestra búsqueda de la felicidad. Sin ella, tendremos más tiempo para nuestros vecinos y las personas que nos rodean. A veces tendremos a alguien que necesite nuestra ayuda, quizás porque se encuentra deprimido o porque pasa por una mala situación en su vida. Pero tenemos tanto pasando en nuestras vidas que a veces es muy difícil tomarse el tiempo para escuchar y ayudar a las personas que nos rodean. He visto a muchos gurús aconsejando sobre cómo tener éxito. Pero después de todo, ¿qué significa ser exitoso?

Probablemente usaremos muchas pertenencias materiales que olvidamos con el tiempo. Un cliente muy bueno me había dicho una vez, que cuando tienes una meta y la alcanzas, querrás otra. Siempre estarás insatisfecho. Cuando es que vamos a estar satisfechos y a gozar de los frutos de nuestro esfuerzo. Después de todo, no nos llevaremos nada de eso cuando muramos. Algunas personas están pensando en tener éxito al poseer autos de lujo en casas masivas. Pero, por otro lado, algunas personas pensarán en la felicidad solo por tener buena salud y tener familia cerca de ellos, que es lo que importa.

Cuando trabajaba en una de las peluquerías de lujo en Miami, era triste ver a la gente que entraba y salía del centro de diálisis con tanques de oxígeno y que las enfermeras retenían para someterse al procedimiento. Mientras tanto, los propietarios de autos de lujo, que estacionaban sus vehículos, no tenían ni idea de lo que estaban pasando esas personas en el centro de diálisis. Puedes tener toda la educación del mundo y puedes tener tanto éxito como quieras, pero si no tienes buena salud, eso no significa nada. Nunca entenderé porqué los precios de la justicia y la salud son tan altos. Esas son necesidades básicas que tiene el ser humano.

¿Por qué una pastilla que vale miles de dólares y que algunas personas pueden necesitar para vivir es tan inaccesible? Las personas deberían poder acceder a sus medicamentos sin arruinarse. Todo vuelve a la codicia. La codicia no es tan buena después de todo, la codicia es un "salto con pértiga". La herramienta que usan las personas codiciosas para saltar sobre los demás. El instrumento que usaron para pasar por encima de todos pensando solo en ellos mismos. La codicia es algo que solo verás en una ciudad. Pocas personas así conocerás en el campo. Por eso, prefiero envejecer en el campo lejos de la ciudad.

Puedes ver quiénes serán codiciosos, incluso, cuando son niños. Algunos niños quieren sus dulces solo para ellos. Pero siempre encontrarás un niño que compartirá todo lo que tiene con alguien. Supongo que nacemos con eso. Solo tenemos que aprender a controlarlo. Algunos peluqueros se mudan a otra barbería y los dueños de la tienda no les dicen a los clientes dónde están. Eso es algo muy codicioso. Después de todo, si tienes talento, no necesitarás los clientes de ese peluquero porque crearás tu propia clientela. Puedes cortar todo el vecindario tú mismo en algún momento. Solo hay tantas personas que puedes hacer en un día. Pero muy pocas personas controlarán ese instinto animal que todos tenemos como humanos. Puedo garantizarte que, si les envías el cliente de ese peluquero, Dios reemplazará a esa persona con otra, que podría ser incluso un mejor cliente solo porque lo que hiciste fue algo bueno.

Tener buenos amigos también puede ser una bendición. Es muy importante que sepas elegir a tus amigos. Afectarán cada parte de tu alma. Tienes que ser capaz de reconocer quiénes son tus mejores amigos y deshacerte de los malos. Los malos amigos te menospreciarán cuando necesites algo. Cuando seas mayor, verás que no necesitas muchos amigos. Puede que estés contando los buenos con las manos, y el resto tienes que hacerlos desaparecer. Si te necesitan, por supuesto que estarás ahí, pero es crucial que te deshagas de toda la negatividad en tu vida.

Como todos los demás, en algún momento, fui burlado. Siempre he sido una persona con sobrepeso. Eso lo tengo muy claro, pero no necesito que un amigo me lo diga cada vez y me recuerde que esa es mi debilidad. Después de todo, nadie es perfecto. Si no ha tenido sobrepeso, probablemente será otra cosa. Ojalá pudieras ver todos los comentarios estúpidos que recibo en mi canal de YouTube por gnomos, y solo estoy haciendo algo bueno. La gente mala siempre encontrará una manera de expresar odio. La mayoría de estas personas ni siquiera hacen ningún bien a la sociedad, y están criticando algo que no pueden hacer. Eso no me desanima porque recibo más comentarios buenos que odiosos.

La mayoría de las chicas hermosas que conozco son hijas de un hombre difícil de mirar. Algunas de las damas más hermosas que he visto caminan junto a un hombre feo. Los polos iguales se repelen, los polos opuestos se atraen, ¿verdad? Los bolsillos de estos tipos suelen ser profundos, pero sus mujeres están vacías. A ambos les dedico la canción "Ironía" de Frankie Ruiz, escrita por Jankarlos Núñez.

Tengo algunos clientes en esta situación y créanme, saben que es un arreglo. Aunque no les importa, y no puedo culparlos. Especialmente cuando me estoy haciendo mayor y es más difícil encontrar pareja. Algunas mujeres buscan estabilidad más que apariencia. Tienes que encontrar la felicidad, y si son felices de esta manera, Dios los bendiga. Olvídate de lo que la gente tenga que decir, pase lo que pase, hablarán tonterías de todos modos. No puedes complacer a todos. Es imposible, la gente odia lo que no puede entender. Incluso si tienes una esposa perfecta con una familia ideal, la gente siempre intentará odiar lo que no pueden tener.

Cuando solía trabajar en una de las peluquerías de lujo en Miami, un día uno de mis clientes fue a la tienda con su esposa. Ella se quedó para la primera mitad del corte de pelo. Más tarde se fue porque tenía que recoger a su hija en la escuela. Quería ir con él a recogerla, pero él estaba en la silla con un par de minutos restantes de su corte de pelo. Ella le dijo que su hija estaría muy feliz si los veía juntos en la escuela para recogerla. Acordaron encontrarse en un local de yogures, cerca de la tienda.

A veces no puedo decir si la acompañante del cliente es su hija o es su esposa. Nunca le preguntaría esto a una persona, espero que me lo digan antes. Ella era significativamente más joven. Me dijo que era su esposa más tarde, cuando se fue. Él tenía 58 años y la conoció cuando ella tenía 28, por lo que había una diferencia de 30 años entre ellos. Empezó a contarme que la había conocido en un restaurante y que fue ella quien tomó la iniciativa de acercarse a él. Comenzaron a hablar y, a partir de ese día, empezaron a salir y finalmente se casaron. Me dijo que este tipo de mujer solo busca dinero, y es obvio, ¿no? Ninguna chica con apariencia de modelo quiere pasar el rato con un marido con aspecto de abuelo, a menos que haya algo arreglado. Pero al mismo tiempo, fue una maravillosa compañera para él y una excelente madre.

Fue muy abierto al respecto conmigo, y lo aprecio. Algunos clientes solo hacen preguntas, pero él quería tener una pequeña sesión de asesoramiento con su barbero. Me gusta ayudar, le dije, escucha, ella ha estado contigo por cerca de 8 años, tienes una hija con ella y puedo decir que se preocupa por ti. ¿Qué más quieres? Algunas personas son parejas de la misma edad, y pelean todo el tiempo, y no se respetan. Incluso, si algún hombre pierde su trabajo o se enferma gravemente, habrá muy pocas mujeres que se queden. Entonces, aunque estés casado, también hay algún tipo de arreglo. No te preocupes por lo que la gente tenga que decir sobre tu diferencia de edad. Al final del día, solo serán usted, ella y su hija los que importen. Considérate un hombre muy afortunado. No importa cómo eres feliz, sino que eres feliz.

Florida está repleta de mujeres buscadoras de oro. No es un secreto que hay mucha riqueza en este estado. A las personas mayores ricas les encanta venir al sur de la Florida, especialmente a Miami, y jubilarse. No he escuchado la palabra retirado tantas veces en mi vida que no sea en esta ciudad. Todos ellos se reúnen aquí. Además, también tenemos celebridades en todo South Beach. Entonces verás muchas mujeres buscadoras de oro. Solo ten cuidado con las B-chicas rusas. Inflarán la factura en el bar y nunca las volverás a ver, con suerte, sin sentir hipertensión epididimaria. Los hombres forman una fila para hablar y conocer mujeres hermosas. No se puede culpar a las mujeres hermosas por tratar de sacar lo mejor de su apariencia.

¿Por qué estar con un hermoso "perdedor" si puedes estar con un "ganador" feo? Algunas de ellas pensarán que la vida será más fácil, agradable y menos complicada. En este caso, no se trata de quién ama más que a quién. Te ahorraras este drama que toda pareja tiene. Y si te cansas de la actual, siempre puedes buscarte otra. De todos modos, es una bendición tener a alguien con quien compartir tus pensamientos al final del día. Compartir la vida juntos, viajar y disfrutar. Después de años de prueba y error en las relaciones de pareja, todos queremos sentar cabeza. Si alguien piensa diferente es solo porque no tiene la madurez suficiente para entender los ciclos de la vida. Un Peter Pan, si puedo llamarlo así.

Estar soltero también tiene sus ventajas. No tienes que preocuparte por muchos problemas que, si estás en una relación, tendrías que preocuparte. Puedes mantener el aire acondicionado tan bajo como quieras, sin que nadie se queje. Tirarte un pedo si quieres, bueno... algunas personas casadas lo hacen de todos modos. Puedes despertarte al mediodía en tu día libre si lo deseas, sin que nadie te diga que estás perdiendo el tiempo. Puedes estar todo el día en casa viendo series de televisión y películas sin que nadie te despierte a las ocho de la mañana para meter millas en automóvil por la ciudad haciendo mandados y yendo a lugares a los que no quieres ir. Como ir a una fiesta de cumpleaños, o caminar por el centro comercial comprando algo que no necesitas, o la boda de un amigo lejano de tu pareja que no conoces. Gastar dinero en ropa que probablemente usarás solo un día.

Soltero puedes viajar cuando quieras, donde quieras sin pedir permiso a nadie. Puedes poner tus galletas favoritas en tu carrito de compras en el supermercado; sin preguntas. Pero no me malinterpretes, al final de esas aventuras, es mejor si puedes compartirlas con alguien. ¡Excepto por los pedos! Tener conversaciones sobre esos recuerdos con alguien. Si te enfermas por las galletas que compraste, tienes a alguien que te cuide.

Es difícil encontrar a alguien con el mismo gusto y pensamientos similares sobre la vida. Estamos programados para estar insatisfechos. Pensamos que nuestra pareja no es lo suficientemente buena, así que comenzamos a mirar hacia otros lugares en los que no deberíamos. Pase lo que pase, necesitamos encontrar a alguien que pueda tolerarnos y no buscar la perfección porque esta no existe.

Cuando era más joven, salía con una chica que conocí cerca de donde vivía en North Miami. Era una chica agradable, pero era una chica fiestera y yo siempre había sido un tipo relajado, casi de una manera hipster. Ella me dijo algo brillante. Me dijo que cada pareja se envuelve en una temporada o período de infidelidad, y que es parte de un matrimonio. En ese momento, no entendí eso, y me asusté. En mi cabeza, pensé que ella estaba diciendo que eventualmente, sin importar qué, me engañaría. Ahora que soy mayor, entiendo a qué se refería.

Todos somos humanos, cometemos errores, y si hubiera una razón para hacer trampa, eso sucedería. Es difícil ser fiel incluso si tu amor por tu esposa es sólido; para hombres o mujeres resistir esto en un momento de ira o cuando perdemos la fe en una relación es un desafío. Cuando ocurren problemas o cuando las personas simplemente no pueden ponerse de acuerdo en algo. Pero al final del problema, si hay amor, incluso si ocurrió el engaño, puede ser una oportunidad para olvidar lo que pasó.

Me explico antes de que alguien se rompa leyendo esto. Vivimos en una jungla de cemento y la gente malvada existe. Algunas personas son lo suficientemente cobardes como para aprovecharse de matrimonios fallidos, especialmente los compañeros de trabajo que conocen la situación conyugal. Estas bolsas de escoria están por todas partes y generalmente ganan porque las personas que atraviesan esta situación desafiante quieren ser felices y son como un rayo de luz en una tormenta oscura. No vemos que este rápido momento de alegría no va a arreglar el agujero en un corazón roto. Puede ser un vendaje que se suelta con muy poca agua.

Al igual que en la serie de televisión, Ray Donovan, el personaje de Abby, la esposa de Ray, interpretado por Paula Malcomson, engañó al personaje de Ray, interpretado por Liev Schreiber, solo porque tenían problemas y él no estaba porque estaba ocupado en el trabajo. Eventualmente, supo y reconoció que lo que hizo estuvo mal. El asunto no valió la pena. Ella le ruega que la perdone. Y lo hizo, tomó una eternidad, pero lo hizo. Sabía que estaba equivocado en algún momento, por lo que no puede culparla por completo por lo que sucedió. Sabía que también era su culpa.

Admiro a las parejas que superan esto porque no es una situación fácil. Todos los matrimonios más fuertes que conozco en algún momento se encontraron con esto. Respeto a todas las esposas y novias de mis clientes. Es muy bajo en la escala de hombría hacerle esto a un amigo o cliente. Karma es un destacado juez vengativo, y no querrás estar en su sala de audiencias. Si le haces esto a un amigo o a un cliente, pagarás las consecuencias. No con la chica fácil, que conseguiste en un club o en un bar, sino con la chica que te gusta y por la que morirás. Es cuando estás profundamente enamorado que tu pago será requerido por el karma. Sé un buen chico o chica y no le hagas esto a un amigo o cliente. No seas cobarde. Guarda las bendiciones de hacer lo correcto con la chica que te gusta. No dejes que se vaya por tu estupidez.

Hace poco, uno de los hijos de mi cliente vino a la tienda con su mamá para cortarse el cabello. Es la temporada de vacaciones, por lo que se iba con su padre a visitar a la familia, pero su madre se iba a quedar en el estado por una razón que desconocía. Me pidió mi número de teléfono en caso de que renunciara o me despidieran de la tienda para que tuvieran un número donde pudieran encontrarme. Pasaron un par de días y me envió un mensaje de texto preguntándome si podía ir a su casa y cortarle el cabello. Estuve de acuerdo sin malicia en mi cabeza, pero luego recordé que ella estaba casada, así que no sabía cómo decir que no ahora que decidí hacerlo. En mis años más jóvenes, probablemente iba allí y le cortaba el cabello, y tal vez si coquetea un poco, el corte de cabello se convertirá en otra cosa. Pero ahora sé mejor, e incluso si no soy yo y otro tipo es quien lo hace, no va a estar en mi conciencia que me metí con la esposa de otra persona. No necesito esa maldición en mi vida. Pagé todas mis deudas por los errores del pasado. Así que no quiero ninguna otra deuda.

Toda mi carrera, en algún momento, tuve situaciones como esta. No es raro estar en esta situación. Es divertido, pero los niños saben si le gustas a su mamá. Saben si le estás mirando el trasero o no. La mirada que me dan es bastante incómoda, y se nota que no les gusto. Pero su mamá me los está trayendo, así que ¿qué pueden hacer?, supongo que nada. Tener este tipo de relación no es bueno, es casi como si estuvieras coqueteando con la posibilidad de ser su padrebarbero. No me gusta ninguna relación en el trabajo con las mamás de mis clientes o compañeros de trabajo. Tengo suficiente drama en mi vida para lidiar con ese tipo de problema. Ni siquiera me gusta traer a mi novia a la tienda. Me ahorra mucho drama y conversaciones sobre mi privacidad. Prefiero que piensen que estoy soltero o que piensen en un avatar de lo que sea que crean que es mi novia.

Mantenga su vida personal fuera del trabajo, sea un fantasma. La gente odia ver feliz a alguien. No les des el gusto. Trabajé con un peluquero que siempre invitaba gente a su casa. A veces, clientes con los que apenas conocía por tal vez uno o dos cortes de pelo. Considero que esto es muy estúpido independientemente del trabajo que hagas. Debes separar los negocios de tu vida personal. Sé que algunas personas son demasiado amables. Esto puede traerte problemas en el futuro. Esta persona que invitaste a tu casa, que apenas conoces, puede decirle a alguien más que no conoces qué artículos de valor tienes en tu casa. Las veces que estés fuera, serás un blanco fácil para un robo. Quizás peor, podrías estar pasando por una situación difícil en tu matrimonio, y una de estas personas puede coquetear con tu esposa y con suerte, ella no accede. Sé que muchos matrimonios terminan de esta manera. A menos que estés en la subcultura de intercambio conyugal, no te hagas esto a ti mismo. Mantén tu vida personal en privado.

Mucha gente dirá, si confías en tu esposa, no deberías tener ningún problema. Y probablemente sea así, pero no todo el mundo es igual, y nunca conocerás a nadie por completo. La gente siempre guarda algunos secretos, aunque sea tu esposa. A veces, mirando por la ventana de la barbería, he visto a hombres y mujeres estacionar sus autos y luego irse en el auto donde alguien más estaba esperando. Me preguntaba si estaban siendo infieles. Si van en diferentes autos y luego uno de ellos estaciona el vehículo, por ejemplo, frente a un gimnasio o cualquier negocio, y se van en un solo auto, hay muchas posibilidades de que esté engañando y escondiéndose de su pareja. Lo sé, hice esto muchas veces cuando era más joven. De cualquier manera, yo estaba engañando, o la chica con la que estaba saliendo estaba engañando.

No estás a salvo, aunque tu mujer o tu hombre sea gordo y feo. Solía trabajar con un peluquero que tenía una aventura con una clienta. Trabajábamos en un salón y había clientas que recibían servicios de los estilistas. Sé que la señora fue al baño de mujeres, él la siguió y ella le abrió la puerta. Esta señora estaba casada. Sé que lo estaba porque siempre hablaba de su esposo y de las cosas que estaban planeando. Y era bastante fea, así que no creas que esto no te va a pasar si tienes una esposa fea porque eso no es correcto.

A veces las personas lo hacen para conseguir emoción en sus vidas y salir de la monotonía y la rutina. Si estás engañando con un compañero de trabajo, probablemente sea bueno saber que te descubrirán. La gente del trabajo se enterará. Las personas notarán el patrón de amor a su alrededor y verán la diferencia entre el trato de un compañero de trabajo y el de un ser querido. Esta es la peor situación en la que te puedes poner. Te costará tu trabajo. Hay una etapa en la que todo huele a rosas, todo es muy bonito, pero habrá un momento en el que habrá peleas y diferencias. Todos en el trabajo notarán que no estás hablando con esa persona y, sin suerte, a tus compañeros de trabajo les gustan los chismes y terminan contándoselo a tu pareja. No me gusta salir con compañeras de trabajo porque trae muchos problemas luego en el lugar de trabajo.

Solía trabajar con una recepcionista muy hermosa en Miami. Yo era soltero, pero la diferencia entre las edades era probablemente de diez años. Como sabía que ella era soltera, la invité un par de veces a diferentes restaurantes para salir. En ese entonces no me di cuenta de que le gustaba el otro peluquero que trabajaba en la barbería, pero este tipo estaba casado. Nunca se me pasó por la cabeza que estarían interesados el uno en el otro ya que él estaba casado. Suponía que él estaba fuera de la competencia, pero no lo estaba. Quería mantener mis invitaciones en secreto porque no quería que los otros compañeros de trabajo supieran que la invité a salir. Poco yo sabía, que ella le contó a este tipo todos los movimientos que yo estaba haciendo a mis espaldas. Esto creó una situación muy incómoda en el trabajo. Fui lo suficientemente inteligente como para saber en ese entonces que tal vez salir con una compañera de trabajo me traería problemas, pero aun así quería hacer un esfuerzo porque me gustaba la dama. Ese fue mi último intento de salir con una compañera de trabajo.

Es por eso, que algunas empresas y corporaciones te obligan a firmar un contrato que establece que no puedes salir con un compañero de trabajo o de lo contrario serás despedido. Estos dueños de corporaciones saben que esto traerá problemas y afectará la eficiencia de la empresa. Es una locura pensar que existen aplicaciones de citas y sitios web en la actualidad dedicados a ayudar a las personas a engañar a sus parejas como Ashley Madison. Usan frases pegadizas como "Me siento querido de nuevo" y "Encuentra algo más emocionante hoy". Incluso el CEO de Ashley Madison, renunció después de que alegadamente se filtraron algunos correos electrónicos en 2015 por piratas informáticos que exponían que él también podría haber tenido aventuras. Cuando escuché esta noticia en 2015, me hizo gracia saber que las personas y los afiliados a este sitio web estaban en llamas porque los piratas informáticos tenían en su poder los nombres de los usuarios. Ni siquiera puedo imaginar lo que sintieron cuando supieron que los piratas informáticos iban a exponer sus nombres en el sitio web, por lo que los cónyuges ahora pueden ver si estaban engañándolos.

Digo que es divertido por lo que hablamos antes sobre el karma. Siempre te pasa la cuenta, y tendrás que pagar. No me gusta hacer trampa si estoy en una relación, me cierro y trato de permanecer en ella. Nunca entendí porqué la gente engaña si no quieres estar con una persona, simplemente déjala. Ya es bastante difícil tener una relación, ¿por qué quieren tener más de una?

Una de las historias más increíbles que me contó un cliente fue la historia de una señora que murió en circunstancias misteriosas. Mi cliente era un patólogo forense. Antes de sentarse en mi silla, este cliente estaba participando en un juicio de una persona que estuvo en la cárcel durante diez años. Fue acusado de asesinar a su esposa. Mi cliente me contaba cómo murió esta señora y para mí era una historia increíble digna de una película de Hollywood. Me decía que esta señora supuestamente estaba borracha en el patio trasero disfrutando de su piscina, pero se cayó por accidente. Su cabeza golpeó el suelo haciéndola desmayarse. La señora estuvo en el piso por un largo período de tiempo inconsciente.

Aparentemente, había sangre en el piso y un halcón que estaba posando en la rama de un árbol cerca de la casa, vio a la señora tendida en el piso con la cabeza ensangrentada y la atacó. Este ataque fue suficiente para que la señora muriera. Su esposo fue acusado de asesinar a su esposa. Mi cliente, el patólogo forense estuvo en el juicio explicando a los miembros del jurado que la señora no murió de un ataque violento ni fue asesinada por un humano. Estaba en el camino para explicar que la señora fue atacada por un animal. Las laceraciones que el halcón le hizo a esta señora eran reconocibles por ataques anteriores. Cuando me estaba contando la historia, me costaba creer que fuera verdad. No estaba mintiendo, puedo decir cuándo alguien está mintiendo. Los barberos trabajan cerca de la gente todos los días y sabemos si alguien está mintiendo. Después de que me contó esta historia, hice una búsqueda en Google y vi algunos videos de halcones atacando a perros, gatos e iguanas. Vi cómo pueden levantar animales pesados con su fuerte agarre y atacarlos con su pico. Después de ver estos videos supe que no estaba mintiendo. Tal vez el acusado tenía problemas domésticos antes de este incidente y alguien se lo dijo a la policía. Eso fue suficiente para condenar al tipo. Finalmente, después del juicio, pudo salir de la cárcel. No diré que le fue infiel a su mujer porque no lo sé. Pero este es un ejemplo de lo complicada y extrema que puede volverse tu karma si lo eres.

Capítulo 10

"Colegas"

ste libro no fue escrito especialmente para colegas barberos, pero en este capítulo quiero aconsejar a los nuevos colegas que intentan ganarse la vida con esta hermosa profesión. Los no peluqueros también disfrutarán de la información privilegiada. Al contrario de lo que la gente piensa, cortar el cabello no es fácil. Es un oficio difícil de dominar. Tocar un instrumento musical no es para todos, pintar un cuadro tampoco. Necesitarás cientos de horas para aprender a hacerlo también.

Lo primero que debes tener en cuenta es si te gusta trabajar con personas. Es bueno recordar que trabajar con personas no es fácil. Trabajarás directamente con la gente, y necesitas tener paciencia. Siempre tener una actitud positiva sin importar lo que el cliente te pida que hagas. Algunos clientes te pedirán un corte de pelo extraño, y tienes que trabajarlo para complacer al cliente. A menudo tenía clientes en mi silla que me pedían un corte de pelo que no era simétrico o un corte de pelo que no era el estilo al que estoy acostumbrado. Intento evitar cualquier discusión con el cliente para no crear un ambiente hostil mientras le cortas el cabello. Con el tiempo, aprendí que es más fácil simplemente seguir las órdenes del cliente. Eso, si el cliente ya sabe lo que quiere. Si el cliente, por otro lado, quiere tu opinión sobre un estilo específico, entonces puedes dar tu opinión porque no lastimarás al cliente. Después de todo, él está pidiendo tu opinión en primer lugar.

Cortar el cabello es una forma de arte. Si te gusta el arte y te gusta ser creativo, tendrás una ventaja. Eso es algo que tienes a tu favor. No seas tímido a la hora de expresar tu creatividad haciendo movimientos que algunas personas puedan encontrar extraños. Por movimiento, me refiero a tu lenguaje corporal, la forma en que hablas con tu cuerpo. Si tienes que hacer un movimiento en particular para dar un buen corte, simplemente hágalo. No pienses en lo que otros están pensando.

Limpia siempre tus herramientas. Antes y después de cada cliente debes desinfectar tus herramientas y tu estación. No solo protege al cliente, sino que también te protege a ti. Retira la hoja de la navaja de afeitar después de cada uso y rocíela con virucida. Además, puedes sumergirla dentro de la botella de barbicida. Esta es una buena práctica porque algunos clientes no confían en el peluquero y le preguntan si cambiaron la hoja de la navaja. Si no hay una cuchilla adentro, entonces no hay nada que cambiar; te verán colocando la hoja nueva en la navaja de afeitar. Siempre gire la silla hacia el espejo para que el cliente pueda ver el proceso mientras lo hace si es un cliente nuevo. Si es un cliente habitual, confiará en usted.

Si no estás seguro de algo relacionado con el corte de pelo que vas a hacer, siempre es bueno preguntarle al cliente antes de hacer algo que no le guste. Algunos clientes pueden estar muy molestos por los errores que se cometen en la silla del peluquero. Algunos de ellos pueden ser comprensivos, pero otros no. Si te equivocas al cortarle el cabello al cliente y no le gusta, siempre puedes hacerle un descuento. En el peor de los casos, puedes hacerles un corte complementario. Raramente hago cortes de cabello gratis. Siempre trato de complacer al cliente antes de salir de la barbería. Por eso es muy importante preguntar al cliente antes de cada paso del corte de pelo para evitar malentendidos.

Debes conocer la historia de tu profesión. Me sorprende que algunos clientes conozcan la historia de la barbería. Antes de los médicos, los barberos solían hacer cirugías, conserjería, pequeñas amputaciones y extracción de dientes. Los barberos eran los médicos del pueblo. Es una historia increíble y deberías poder contársela a tus clientes. Los clientes, especialmente los niños, sienten curiosidad por conocer los colores del polo de barbería. En el pasado, solíamos usar solo dos colores, blanco y rojo. La razón es que en la Europa medieval no había ventanas grandes delante de los edificios y esa era la forma en que solían decirle a la gente que adentro había un barbero. Usando un vendaje ensangrentado y envolviéndolos alrededor de un palo y colocándolos fuera del edificio. Las barberías solían estar dentro de un sótano. De esa manera la gente sabía que había un barbero en el edificio. Más tarde, cuando se trajo la barbería a América, incluimos el color azul, que simboliza las venas y que se sumaba al blanco que representaba las vendas y al rojo que representaba la sangre.

No le tengas miedo al espejo. El espejo siempre estará ahí, y tienes que aprender a ignorarlo. Mientras eres creativo, debes ignorar lo que el cliente está pensando sobre su corte de pelo. Por lo general, cuando un cliente no está satisfecho con el corte de pelo, sacará las manos de la capa y tocará el área con la que no está satisfecho. En ese caso, te detienes y le preguntas al cliente si está bien. Si hay algún problema con el corte, el cliente te dirá que arregles algunas áreas, así que lo escuchas y las arreglas. Cuando estaba empezando a cortar el cabello, le tenía miedo al espejo. Verás unos barberos que lo primero que hacen cuando el cliente se sienta en la silla es darle la vuelta a la silla lejos del espejo. A veces, no quieren que el cliente vea lo que están haciendo mientras se corta el cabello, por lo que pueden dar rienda suelta a su creatividad sin preocuparse por lo que está pensando el cliente. Ahora que soy mayor, cuando el cliente se sienta en mi silla, suelo apartar la silla del espejo. No lo hago para ocultarle nada al cliente. Si lo hago es porque así no tengo que andar todo el día dando vueltas en la silla. Me acerco a la estación cerca de mis herramientas para agarrarlas fácilmente e intercambiarlas, tanto como quiera, mientras hago el corte de cabello. Especialmente en los tiempos modernos, con todos los nuevos cortes y estilos que requieren mucho trabajo y son muy elaborados, tendrás que cambiar de sobre peine un millón de veces en un solo corte de pelo.

Nunca olvides que tienes que buscar tu comodidad porque el cliente en tu silla estará ahí solo de 30 a 45 minutos. Pero tú estarás allí todo el día, cortando a veces de 15 a 18 personas por día. Por eso ya no me importa tanto si el cliente no se siente cómodo conmigo teniendo la silla lejos del espejo.

Si recién estás comenzando a cortar el cabello, te recomiendo reunir diferentes técnicas de distintos barberos y crear la tuya propia. No existe una técnica perfecta. Algunos peluqueros agarrarán las maquinillas con la mano derecha. Algunos barberos los agarrarán con la izquierda. Te recomiendo que, si eres diestro como yo, de vez en cuando utilices la mano izquierda y la entrenes para cortar también o viceversa. Uno de los profesores que tuve cuando estudiaba en el instituto de barbería, me recomendaba usar las dos manos porque nunca sabrás si las vas a necesitar en algún momento de la vida. Podrías lesionarte por algún accidente, y de esa forma, si entrenas ambas manos para cortar el cabello, podrás utilizarlas, si lo necesitas.

Personalmente, nunca me gustó la técnica de la maquinilla sobre el peine, así que no la uso. Eso no quiere decir que no sea una buena técnica para cortar el pelo. Simplemente pienso que hay mejores maneras de lograr el mismo resultado con una técnica diferente. Vi esa técnica hace mucho tiempo y la probé, pero no me gustó, así que no la incluí en mi técnica.

Uno de los problemas que tenía cuando empezaba a cortar el pelo era que la maquinilla se calentaba demasiado. La razón es que las personas que están comenzando a cortar el cabello, a veces pasan más de una hora con un cliente tratando de que se vea bien. Cuando estaba empezando a cortar el pelo, solo podía tener una maquinilla. Lo que yo hacía era ponerme un calcetín a modo de guante para protegerme las manos del calor de la maquinilla. También puedes usar un guante similar a los que usa la gente en el gimnasio. Otra forma económica de enfriar las maquinillas es usar un aerosol refrigerante para maquinillas. El precio ronda los seis dólares por lata. Si puede permitirse el lujo de tener al menos dos cortadoras, será perfecto. Cuando una de sus máquinas se calienta demasiado, puede encender la otra y usarla.

Establece una meta para el tiempo que estarás haciendo el corte de cabello. Es bueno llevar la cuenta del tiempo mientras se hace un corte de pelo. De esa manera, puedes ver cuánto tiempo lleva el corte. A algunos clientes no les gusta estar demasiado tiempo en la silla. Otras personas, por el contrario, disfrutan de darse un capricho y estar en la silla durante un período prolongado. No me gusta pasar demasiado tiempo con el cliente. Porque ese tiempo extra que estoy usando para pulir a un cliente, puedo usarlo con otro que pagará una cantidad extra de dinero que no obtendrás si pasas demasiado tiempo con un solo cliente. Si el cliente va a estar satisfecho con tu corte de pelo, lo estará, aunque le dediques una hora o treinta minutos. Si al cliente no le va a gustar el corte de pelo, puedes dedicarle una hora y media, y simplemente no le gustará el corte de pelo. En mi opinión, no vale la pena pulir demasiado al cliente. Si mimas demasiado al cliente, se acostumbrará y cada vez que te visite en la barbería, esperará el mismo trabajo. Si desarrolla una clientela de clientes mimados, tendrá menos tiempo para otros que también quieran cortarse el cabello. Después de todo, es solo un corte de pelo. No es una escultura que va a durar siglos. Después de tres días, no se verá igual que cuando salió de la barbería. Recuerde, el tiempo es dinero.

Tienes que estar agradecido de tener un trabajo en el que puedes si quieres, ganar más dinero. Puedes "jugar con el tiempo" y "apurarse" para aumentar tus ingresos. Algunas personas trabajan por hora, y esas son las que pueden darse el lujo de ser lentas porque no importa lo duro que trabajen, se les pagará lo mismo. Ese no es tu caso. ¿Por qué cortar a una persona en una hora cuando puedes cortar a tres? Aprovecha esto. Es una de las bellezas de ser barbero.

Te recomiendo vestirte siempre de forma profesional. No necesitas usar una camisa de manga larga o una corbata para lucir profesional, pero es muy fácil lucir poco profesional como peluquero. Nunca use pantalones cortos, eso es una falta de respeto para el cliente. Además, es una falta de respeto para ti como trabajador porque la gente te juzgará según lo que vean. Si te ven con pantalones cortos, quizás la propina que te den sea menor. Porque lo que el cliente lee cuando te mira es que no te importa mucho tu trabajo y eres "solo un barbero". Pero, por otro lado, si estás vestido profesionalmente, al cliente le gustará eso porque recuerda que lo vas a tocar y estarás en contacto directo con el cliente. Si estás limpio y te ves profesional, al cliente le gustará eso, así que cuando se levante de la silla, lo apreciará y te dará una mejor propina.

El profesionalismo es algo que puedes usar como arma a tu favor para obtener mejores resultados financieros. Antes de empezar con el corte de cabello, es bueno que el cliente te vea limpiando las herramientas antes de cortarle el cabello. Eso es algo que el cliente también agradece, y que se suma al trato que te dará al final del corte de pelo. Cuando recibo un servicio que requiere que deje una propina, observo el esfuerzo que se está haciendo y eso me hace querer reducir o aumentar la propina que voy a dar. Si das el mínimo esfuerzo, no esperes buenas propinas. El cliente se da cuenta de todo.

No seas un peluquero barato. Utiliza las herramientas y productos necesarios para dar un buen servicio. Si quieres ahorrarte los productos o herramientas, puedes preguntarle al cliente si quiere lo que estás ofreciendo. Estos, por ejemplo, pueden ser el uso de una navaja de afeitar. A algunas personas les gustará, pero a otras no, puedes preguntarles si quieren ese servicio. Si no lo desean, puedes guardar la cuchilla para otro cliente. Lo mismo puedes hacer con productos como gel, pomadas y productos para después del afeitado. Al final del servicio, puedes preguntarle al cliente si quiere este producto en su cabello. Si no lo quieren, guarda ese producto para otro cliente. No use papel higiénico para envolver el cuello de su cliente. Eso es algo muy barato de hacer y muy poco profesional, y los peluqueros profesionales no hacen esto. Estás cortando cabello, no limpiando traseros. En tiendas de artículos de belleza en linea, puedes comprar cajas económicas de toallas de papel de barbero.

Siempre limpie el cabello en el piso que queda después de cada cliente. Esa es otra forma de faltarle el respeto a tu cliente diciéndole que se siente en una silla con un montón de cabello de diferentes colores y texturas en el suelo. A los ojos del cliente, eso es muy desagradable. Para ti como barbero puede que no sea porque llevas mucho tiempo cortando cabello, y estás acostumbrado a mirar el pelo en el suelo, pero para ellos no lo es.

A veces es difícil, pero hay que tratar de estar de acuerdo con lo que sea que esté hablando el cliente. A veces, si refuta lo que dice el cliente, tendrá problemas. Recuerde, el cliente solo estará en su silla durante 30-45 minutos. ¿Por qué arruinar la relación con un cliente para toda la vida si el tiempo del corte de pelo es tan pequeño?

Algunos temas pueden traer problemas a la tienda, por ejemplo, deportes, política y religión. Puedes hablar de deportes. Es un tema común en las barberías. Pero no discrepes demasiado con el cliente y no arruines la relación; ¡Es solo un juego de basquetbol estúpido que probablemente fue manipulado de todos modos!

Cobra al cliente de acuerdo con lo que crees que vales. En mi experiencia, a lo largo de los años, noté que el cliente pagará lo que le pidas que pague. No tenga miedo de pedir el precio que usted cree que vale su servicio. No te rebajes a ti mismo. Siempre habrá uno o dos clientes con los que tendrá que hacer un arreglo. Algunos clientes están pasando por situaciones difíciles. Un descuento en un corte de cabello será algo bueno para ellos. Un ejemplo puede ser una persona enferma, alguien con discapacidad o un veterano necesitado.

Tienes que construir tu clientela en base a personas que sabes que no les importará pagarte lo que estás pidiendo. Si construyes una clientela con clientes baratos, eso no va a estar a tu favor a largo plazo. Cuando estás empezando a desarrollar una clientela, puedes pensar que tu trabajo tiene que ser más barato, pero no necesariamente es así. El problema de crear una clientela de esta manera es que puede encontrar problemas cuando desee aumentar sus precios.

Cuando compré mi barbería, el dueño anterior cobraba muy poco por los cortes de cabello. Estuve de acuerdo por un tiempo, pero luego aumenté los precios. Los clientes a los que solía cobrar menos tuvieron que entender que el precio estaba desactualizado. El servicio que estaba brindando era diferente y, finalmente, lo notaron. Tienes que aprender a separar la amistad de los negocios. Nosotros, como peluqueros, a veces somos amigos de nuestros clientes, pero eso no debería dictar lo que cobras por tu servicio porque ese es tu trabajo al final del día.

Aprende a cortar todo tipo de cabello. Eso dice mucho sobre las habilidades del barbero. El cabello es cabello, y siempre lo cortas de la misma manera, quizás con diferentes técnicas, pero la textura del cabello no debe ser un obstáculo para que lo cortes. Tuve la suerte de nacer en Puerto Rico, donde tenemos diferentes etnias, y siempre corté diferentes tipos de cabello. Además, quería aprender, y siempre me interesó cortar todo tipo de cabello. Porque así podría aprender a hacer más grande mi clientela. Si crees que no tienes la habilidad o la experiencia en un tipo específico de corte de cabello, siempre puedes decirle al cliente que no podrás hacerlo. El cliente lo entenderá, y no le importará irse a otro lado o cortarlo con otro peluquero en la misma tienda.

Nunca te disculpes por tu talento y lo que eres capaz de hacer. Si a un cliente no le gusta tu servicio es mejor que vaya a otro. No te sientas mal si pierdes a ese cliente porque ese espacio estará disponible para alguien más que apreciará tu trabajo.

Tener buenas herramientas es esencial pero no es vital. Puedes tener las mejores del mundo, pero si no sabes cortar el pelo, no lo harán por ti. Si estás satisfecho con tener 15 máquinas y puedes permitírtelo, está bien. Pero al final del día, usted es el maestro y sus herramientas son su títere. Puedo hacer un desvanecido con solo una tijera, un peine y una navaja de afeitar. Las herramientas son útiles para usted y facilitan el trabajo. Cuando domine su oficio, notará que no necesita muchas herramientas para hacer un buen servicio.

Te sugiero también que de vez en cuando, tomes educación continua. Si no puedes asistir a ningún seminario, no hay problema. Siempre puede encontrar educación continua en YouTube siguiendo videos de nuevas tendencias, herramientas y formas de hacer las cosas. Admito que a veces los clientes me hablan del nombre de un corte de cabello que no reconozco, tal vez porque, en ese momento, no estaba tomando ninguna educación continua. A veces un cliente puede decirte el nombre de un corte de pelo, pero no es lo que busca. Un cliente puede pedir un blowout, pero lo que quiere decir es que quiere un desvanecimiento bajo. Además, pueden pedir un taper que puede significar diferentes estilos en diferentes ciudades. Cuando note que la conversación sobre el corte de cabello está tomando demasiado tiempo, simplemente dígales que le muestren una imagen. Esa es la forma más fácil de poner al cliente en la misma página.

Ten siempre tus documentos en orden. Cada dos años, tendrás que renovar tu licencia de barbero o cosmetólogo. No es difícil y es económico. Es bueno informarse sobre las enfermedades transmisibles para evitar contagiar a un cliente o contagiarse uno mismo. Por ley, se le exigirá que realice una educación continua sobre el VIH/SIDA de unas dos horas de duración. Puede tomar este curso en línea por $15 a $20 dólares, y recibirá su certificación de inmediato en su correo electrónico. También es importante aprender sobre la hepatitis y sus diferentes tipos. Esta enfermedad transmisible a veces es más fuerte y sobrevivirá en una superficie durante un período más prolongado en el aire. Protéjase siempre y proteja al cliente rociando aerosol antivirus en sus hojas y la navaja de afeitar.

Te garantizo que tendrás días malos. Habrá días en que tu musa no esté en lo más alto. No dejes que esto te desanime. Recuerde, somos humanos y cometemos errores. Una vez, un colega me dijo que el peine que estaba usando no era apropiado para el corte de pelo que estaba haciendo. Usa las herramientas que crees que son apropiadas y no lo que otros piensan que es. Algunas herramientas que pueden sentirse cómodas en mis manos no necesariamente tienen que ser las mismas para otra persona. Uso lo que sea cómodo para mí porque soy yo quien hace el corte de cabello. Nunca presto atención a comentarios estúpidos como este, y no dejo que eso me desanime de ser un buen barbero. Por lo general, los barberos que hacen comentarios como este son seguidores y no líderes. Están siguiendo lo que otros están haciendo, pero no tienen la capacidad de pensar por sí mismos. Tienes que pensar fuera de la caja. Si una herramienta es buena para usted y cree que le ayudará a hacer un buen trabajo, entonces utilícela. Recuerda, no tienes que complacer a todos, solo tienes que satisfacer al cliente en la silla.

Otro consejo que te puedo dar es que crees una rutina. Corte el cabello de la misma manera cada vez, siguiendo los mismos pasos con cada cliente. Al hacer esto, dominarás tu oficio y sabrás qué hacer después de cada paso. No tendrás que pensar demasiado qué hacer después de cada paso por que tienes una secuencia. Puedes hacer esto con casi todos tus clientes. De vez en cuando, tendrás un cliente que te hará hacer las cosas de manera diferente. Esto será en diferentes situaciones, como tener el cabello largo o, por ejemplo, cuando vengan con el pelo mojado. Como probablemente sepa, las cortadoras de cabello con motor magnético no cortan el cabello húmedo, por lo que es posible que primero tenga que secarlo y luego comenzar a cortarlo. Las máquinas de cortar con motor rotativo pueden cortar el cabello húmedo.

Siempre huele bien mientras trabajas. No hay nada peor que tener un barbero con olor a sudor de axila. Esa es otra forma de mostrar profesionalismo a su cliente. Tenga algunas mentas o goma de mascar al lado de sus estaciones si siente que su aliento no es el mejor.

No proporcione demasiada información sobre su vida privada a los clientes. Esto crea una situación muy incómoda cuando el cliente regresa para el corte de cabello. Quizás no quieras hablar de ese tema pasadas unas semanas, pero lo primero que te preguntan al sentarse en la silla es sobre esa situación personal de la que hablaste con ellos. No hables de los problemas de tu novia o de tu esposa en casa. Mantenga esos temas fuera de la silla de barbero. Algo de lo que estás hablando con un cliente podría dirigirse hacia otra persona o a un amigo y decirle ese problema específico por el que estaba pasando en su vida privada.

Es bueno tomarse un descanso de vez en cuando, según crea que está perdiendo interés en cortar el cabello. Pero no cometas el error que cometen algunos barberos de desaparecer demasiado y no trabajar de manera constante. Si sus clientes están de acuerdo con eso, que no suele ser el caso, entonces puede hacerlo. Pero cuando un cliente decide cortarse el pelo contigo, espera que estés allí cuando vaya a cortarse el cabello. Si me tomo un tiempo libre, suelo anunciarlo al menos un mes antes para que el cliente pueda prepararse y visitarme antes de mi viaje o vacaciones.

Sé que a veces es difícil no contestar tu teléfono porque puede ocurrir alguna emergencia o algo que alguien pueda necesitarte. Pero creo que es muy poco profesional contestar su teléfono y tener una conversación completa con otra persona que no es su cliente sentado en la silla en este momento. He visto a peluqueros, incluso haciendo video conferencias con amigos y haciendo bromas sobre cosas que no están relacionadas con lo que está sucediendo en el momento en la silla. No creo que haya un cliente que aguante para no parecer incómodo después de un minuto. Su boca suele estar a 12 pulgadas de la oreja del cliente y créame, no quieren escuchar su conversación si no están incluidos. Cruzarán los dedos para que no le dañes el pelo mientras te distraes.

Cuando esté cortando el cabello de los niños, intente cortarlo lo más rápido que pueda. Los niños no tienen paciencia, deberías poder cortarles el pelo en quince o veinte minutos. Pasado ese tiempo, se impacientan y se mueven demasiado. Ese es el secreto para cortar el cabello a los niños. Pónles dibujos animados, también puedes usar la pantalla de tu teléfono. No les importa el tamaño de la pantalla mientras estén distraídos. No utilice la navaja de afeitar cuando el niño es menor de trece años. Puedes hacer una excepción de vez en cuando si ves que están estables y no se mueven.

Si puedes, en tu primer trabajo como barbero, intenta trabajar por comisión. Necesitas encontrar una barbería bien ubicada con tráfico peatonal. No vale la pena comenzar una carrera de peluquero en una cadena o franquicia de salones. A la larga, cuando reciba su cheque de pago, se sentirá decepcionado por el poco dinero que ganará. Pronto dejarás ese trabajo. A menos que no tengas otra opción, puedes trabajar en esos lugares. Después de hacer una clientela, puedes mudarte y alquilar una silla. He recibido compensación de casi todos los métodos disponibles. La comisión no es mala si tienes un precio de corte decente. Pero debe recordar que el propietario ganará dinero con todos sus cortes en algún momento, pero si alquilas una silla, solo le darás una tarifa fija y te quedarás con el resto. Ten confianza en ti mismo. Después de todo, no estás haciendo nada diferente de lo que otra persona puede hacer. No tengas miedo de hacer preguntas a los peluqueros experimentados. Por lo general, les gusta ayudar a los barberos nuevos.

Al final del día, puedes hacer lo que quieras y puedes comportarte como quieras. Pero solo te doy algunos consejos para tener éxito en esta profesión. Esto es lo que funcionó para mí, pero no es necesariamente lo que funcionará para ti. Lo que escribí anteriormente suelen ser procedimientos de sentido común. Te garantizo que, si los sigues, tendrás éxito. ¡Buena suerte!

Epílogo

Quiero agradecerte si llegaste hasta aquí leyendo este libro. Me tomó varios años escribirlo. Quería escribir sobre mis experiencias, anécdotas, legado y contribución a la industria. Espero que hayas disfrutado leyendo sobre mi viaje a través de todas las etapas para convertirme en un excelente barbero. Escribí este libro pensando en el cliente habitual. Gente que disfruta yendo a la barbería y ama la historia. Si te diste cuenta, en ocasiones quise hacer que el contenido del libro fuera divertido y fácil de leer. Tuve mucho cuidado de no ofender a nadie. Pensé que era una buena idea escribir sobre todas mis experiencias de todos esos años trabajando como barbero. Reuní las preguntas que me hacían los clientes y sobre las que sienten curiosidad. Tratar directamente con la gente no es fácil. Hay que tener paciencia para trabajar día a día con los clientes. Este libro te ayudará a entender el lado del barbero. Es un placer para mi brindarle información detallada sobre lo que está sucediendo en el mundo de la barbería. La peluquería es una forma de arte. Aprendí estas habilidades a través de la práctica y el interés por ser el mejor en lo que hago. Quiero agradecer a mis padres y a mi amigo Albert, sin ellos no podría escribir esta narrativa. Animo a todos los que estén pensando en meterse en el mundo de la barbería a que lo hagan. Me encanta lo que hago y no siento que esté trabajando. Es una profesión preciosa y si realmente te gusta, la disfrutarás hasta el último día. Muchas gracias, has sido bendecido por la:

Navaja Bendita